CATALOGUE

DE

MES LIVRES

TOME PREMIER

LYON

IMPRIMERIE LOUIS PERRIN

M DCCC LXV

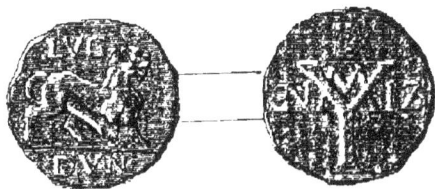

CATALOGUE

DE

MES LIVRES

TOME PREMIER

LYON

IMPRIMERIE LOUIS PERRIN

M DCCC LXV

A MES AMIS

Je cède à vos inftances, & je publie mon Catalogue. Je me fuis livré à ce travail, feul, fans le fecours de perfonne, dans les rares loifirs que me laiffaient mes nombreufes occupations. Je réclame donc votre indulgence pour les imperfections que vous pourrez trouver dans fa rédaction, & dans le claffement des livres.

Je marche à grands pas vers le terme de ma carrière. Ce Catalogue eft un fouvenir que je vous laiffe.

THÉOLOGIE

ÉCRITURE SAINTE

1. BIBLIA Sacra. Grand in-8, mar. noir, tr. dor.

Manufcrit du XIII° fiècle, à deux colonnes, fur vélin, très-fin, orné de lettres initiales peintes, formant de petites miniatures.

2. SACRAE Scripturæ. Veteris, novæque omnia (græce). *Venetiis, in ædib. Aldi & Andreæ foceri,* MDXVIII, *menfe februario,* in-fol., mar. violet, dent. & compart., tr. dor.

Exemplaire en papier fort.

3. BIBLIA Sacra ad optima quæque veteris, ut vocant, tralationis exemplaria fumma diligentia, pariq; fide caftigata. *Lugduni, apud Sebaftianum Gryphium, anno a Chrifto nato* MDL., 3 vol. in-fol., mar. rouge, large dentelle & compart., tr. dor. & gauf., ancienne & riche reliure italienne.

Exemplaire du cardinal Farnèfe, avec fes armes fur les plats.

4. BIBLIA. Infignium hiftoriarum fimulachris, cùm venuftati, tū veritati, accommodis illuftrata. *Excudebat Fran. Gryphius,* anno MDXLII, in-8, à deux col., figures fur bois, veau biftre, filets, tr. dor. (*Cloff.*)

5. BIBLIA Sacra Vulgatæ editionis, Sixti V Pont. maximi juffu recognita, & Clementis VIII auctoritate edita. *Parifiis, apud Sebaftianum Martin,* anno MDCLVI, in-8, mar. rouge, large dent. à petits fers, tr. dor., ancienne reliure confervée dans toute fa fraîcheur.

Exemplaire en grand papier réglé. L'Index Biblicus s'y trouve.

6. BIBLIORUM Sacrorum Vulgatæ verfionis editio, juffu Chriftianiffimi Regis ad inftitutionem Sereniffimi Delphini. *Parifiis, excudebat Fr. Amb. Didot, natu maj.,* 1785, deux tomes divifés en quatre volumes in-4, cartonnés & étiquetés.

EXEMPLAIRE SUR VÉLIN, non rogné.

7. BIBLIORUM Sacrorum Vulgatæ verſionis editio, juſſu Chriſ-
tianiſſimi Regis, ad inſtitutionem Sereniſſimi Delphini.
Pariſiis, excudebat Fr. Amb. Didot, natu maj., 1785, deux
tom. diviſés en quatre vol. in-4, demi-reliure, dos & coins
de mar. bleu, non rognés, tête dorée.

J'ai fait imprimer par Didot de faux titres pour les ſecondes parties du premier & du deuxième tome. J'ai ajouté à cet exemplaire les 400 figures de Muril-
lier, tirées de format in-4, avant la lettre, & les 68 figures de Moreau, pour le Nouveau Teſtament, tirées de format in-4, avant la lettre.

8. BIBLIORUM Sacrorum Vulgatæ verſionis editio, juſſu Chriſ-
tianiſſimi Regis ad inſtitutionem Delphini. *Pariſiis, excudebat Fr. Amb. Didot*, 1785, 8 vol. in-8, dem.-rel., dos &
coins de mar. bleu, tr. dor.

9. BIBLIORUM Sacrorum Vulgatæ verſionis editio, juſſu Chriſ-
tianiſſimi Regis, ad inſtitutionem Sereniſſimi Delphini,
Pariſiis, excudebat Fr. Amb. Didot, 1785, 8 tom. diviſés
en 15 vol. in-8, cart.

Exemplaire ſur vélin, non rogné.

10. La Sainte Bible. *A Lyon, par Jean de Tournes*, MDLIII, 4
vol. — Le Nouveau Teſtament de Noſtre-Seigneur Jéſus-
Chriſt, *ibidem*, 1 vol. — 5 vol. in-16, fig. ſ. bois, mar.
vert, fil. tr. dor.

Le livre des Maccabées, qui ſe compoſe de 222 pages chiffrées à part, & d'un re-
giſtre particulier, ſign. *a — o* par 8 ff., ſe trouve répété ſur les 3ᵉ & 4ᵉ tom. de la
Bible.

11. La Sainte Bible, traduite ſur les textes orignaux, avec les
différences de la Vulgate (par Nic. Le Gros). *Cologne*, 1739,
in-8, réglé, mar. rouge, fil. tr. dor. (*Padeloup*).

12. Sainte Bible, en latin & en français, avec des notes litté-
raires, critiques & hiſtoriques, des préfaces & des diſſertations tirées du Commentaire de don Auguſtin Calmet,
abbé de Senonnes, de l'abbé de Vence..... *Paris*, 1820-
24, 25 vol. in-8, & atlas in-fol. dem.-rel. de veau antique.

13. The Holy Bible containing the Did Teſtament and the
New. — The Wole Book of Pſalmes. *London*, 1674 &
1675, in-12, mar. rouge, compart. à moſaïque, en couleurs, or & argent, fleurons peints ſur la tr. dor., anc. rel.
anglaiſe, d'une parfaite conſervation.

14. PSALTERIUM Græcum. *Venetiis, Aldus Manutius,* in-4, *fans date* (vers 1497).

Un des premiers exemplaires auxquels on a omis d'imprimer la 1ʳᵉ ligne du 65ᵉ feuillet, figne *l i;* elle eſt ici remplie à la main.

15. *Pſalterium* Græcum, e codice m. ſ. Alexandrino, qui Lundini in bibliotheca Muſei Britannici aſſervatur, typis ad ſimilitudinem ipſius codicis, ſcripturæ fideliter deſcriptum, cura & labore Henrici Herveii Baber. *Londini, ex prodo Ricardi Taylor,* 1812. grand in-4, ric. rel. anglaiſe de mar. bleu à compart., doub. de peau de vélin blanc, mors de mar., tr. dor., dans un étui.

Un des 16 exemplaires imprimés ſur vélin.

16. Pſalmorum liber (græce). *Antverpiæ, ex officina Chriſtophori Plantini,* 1584. in-32, mar. rouge à comp., tr. dor., coins & fermoirs en argent, anc. rel.

17. Liber Pſalmorum. *Pariſiis, apud Fredericum Leonard, typographum regium,* 1697. in-16, régl., mar. citron à compart., doub. de mar. noir, dent. à froid, tr. dor., anc. rel.

18. Pſalterium Davidis aliquot metaphraſis græca, Joannis Serrani, adiuncta eregione paraphraſi latina G. Buchanani. Precationes item græco-latinæ. Anno MDLXXV, *excudebat Henricus Stephanus.* in-16, veau fauve, fil.

19. Apollinarii interpretatio Pſalmorum, verſibus heroicis (græce). Ex Bibliotheca Regia. *Pariſiis,* MDLII, *apud Adr. Turnebum.* in-8, mar. bleu, d. de tabis, fil. tr. dor.

20. Les Pſeaumes mis en rime françoiſe, par Cl. Marot & Théodore de Beze. *A Lyon, par Ian de Tournes, pour Antoine Vincent,* MDLXIII, *A-Z. Aa-Pp.,* par 8 ff. — La forme des Prières Eccléſiaſtiques.... *a-q* par 8 ff. in-8, fig. ſur bois, & muſique. Velours rouge gauf., tr. dor. & ciſelées.

Le volume commence par CALENDRIER HISTORIAL. *A Lyon, par Ian de Tournes,* MDLXIII, imprimé en rouge & noir. En tête de chacun des douze mois eſt une jolie figure ſur bois. Toutes les pages ſont entourées d'encadrements ſur bois, & pluſieurs repréſentent des ſujets groteſques. Ce qu'il y a de plus curieux, dans cette traduction des Pſeaumes à l'uſage des proteſtants, c'eſt qu'elle a été publiée avec privilége du roi Charles IX, l'auteur de la Saint-Barthélemy.

21. Les Sept Sealmes en francoys. Cy finiſſent les ſept pſaulmes en frācoys. *Sans lieu ni date.* in-4°, goth. de 6 ff., mar. rouge, fil. tr. dor. (*Niedrée.*)

Sous le titre, une figure fur bois repréfentant Belhfabé au bain.

22. Les fept pfeaulmes penitéciaulx
& letanie en francoys. — En vers, *fans lieu ni date*. in-4°,
goth. de 14 ff., mar. rouge, dent. tr. dor.

Sous le titre, une figure fur bois repréfentant le roi David agenouillé fous l'image
du Père Eternel, figure reproduite au verfo du même feuillet.

Edition non citée, probablement imprimée à Lyon au commencement du
xvi° fiècle.

23. De la diftinction primitive des Pfeaumes en monologues
& dialogues: ou Expofition de ces divins cantiques, tels
qu'ils étoient exécutés par les lévites dans le temps de Jéru-
falem. Nouvelle traduction, accompagnée de notes explicatives, avec des intercalations dans le texte correfpondant
de la Vulgate, pour en faciliter l'intelligence. *Paris, veuve
Nyon*, 1806-7. 2 vol. in-12, demi-rel. de mar. rouge.

24. Vetus Teftamentum (græce), ex verfione feptuaginta
interpretum, fecundum exemplar Vaticanum Romæ editum,
præfationem una cum variis lectionibus, e præftantiffimis
Mff, codicibus bibliothecæ Leidenfis defcriptis, præmiffit
David Millius. *Amftelodami* 1725. 4 vol. in-12, veau jafpé,
filets.

25. Novum Teftamentum (græce). Ex bibliotheca regia,
Lutetiæ, ex officina Roberti Stephani, 1546. 2 vol. in-16,
mar. vert, large dent., tr. dor., anc. rel.

26. Novum Teftamentum (græce). Ex bibliotheca regia,
Lutetiæ, ex officina Roberti Stephani. 1549. 2 vol. in-16,
mar. rouge, fil. tr. dor. (*Derome*).

27. Novum Jefu Chrifti D. N. Teftamentum (græce), cum
duplici interpretatione D. Erafmi, & veteris interpretis:
Harmonia item Evangelica, & copiofo indice. *Ex officina
Roberti Stephani*, 1551. 2 vol. in-16, mar. rouge, riches
compartiments, tr. dor., anc. rel.

On lit fur les plats: PHILIPPUS LE BEL
Infpirate Deo

28. Novum Teftamentum (græce). *Lugd. Batavorum, ex officina
Elzeviriorum*, 1633. 2 vol. in-12, mar. rouge, tr. dor.,
coins & fermoirs en argent, anc. rel.

29. Novum Jefu Chrifti Domini Noftri Teftamentum (græce). *Sedani, ex typographia & typis noviſſimis Joannis Junnonii*, 1628. in-32, mar. rouge, fil. tr. dor., anc. rel.

30. Novum Teftamentum (græce). *Lugd. Batavorum, ex officina Elzeviriorum*, 1641, in-12. mar. rouge, filets à compart., tr. dor. (*Duſſeuil*).

31. Novum Teftamentum (grecæ). *Amſtelodami, ex officinâ Elzeviriana*, 1678. in-12, demi-rel. de mar. brun, non rogné.

32. Novum Teftamentum Græcum. *Londini, Gulielmus Pinkering*, 1828. in-32, chag. noir, tr. dor.

33. Teftamenti Novi editio vulgata. *Apud Seb. Gryphium, Lugduni*, 1547. in-16, mar. rouge, compart. tr. dor. (*Thompſon*).

34. Novum Jefu Chrifti Teftamentum, vulgate editionis, Sixti V Pont. Max. juſſu recognitum, atque editum. *Pariſiis, e Typographia regia*, 1649. 2 vol. in-12, mar. rouge, filets à compart., tr. dor. (*Duſſeuil*).

35. Novum Teftamentum (græce), poft priores Steph. Curcellæi, tum & D. D. Exonienſium labore..... *Amſtelodami*, 1711. in-12, veau brun.

36. Le Nouveau Teftament de Notre-Seigneur-Jéfus-Chrift. *A Lyon, par Jean de Tournes*, MDLIII. 2 vol. in-16, fig. f. bois, mar. noir, large dent. à froid, tr. dor., anc. rel.

37. Il nuovo ed Eterno Teftamento di Giefu Chrifto. *In Lione, per Giovanni di Tornes e Guillelmo Gazeio*, 1556. 2 vol. in-16, fig. f. bois, mar. citron, tr. dor., anc. rel.

38. Le Nouveau Teftament de Notre-Seigneur-Jéfus-Chrift, traduit fur l'ancienne édition latine corrigée par le commandement du pape Sixte V, & publiée par l'autorité du pape Clément VIII. nouvelle édition revûe & corrigée par le P. Amelote, preftre de l'Oratoire, doƈteur en théologie. *A Paris, chez F. Muguet*, 1668. 2 vol. in-12, mar. rouge, d. de mar. rouge, dent., tr. dor. (*Duſſeuil*).

Le titre eft précédé d'un frontifpice gravé.

39. Le nouveau Teftament de Notre-Seigneur Jefus-Chrift,

traduit en françois selon l'édition Vulgate, avec les différences du grec. *A Mons, chez Gaspard Migeot*, 1667.
in-12, mar. bleu, d. de mar. rouge, tr. dor., aux armes de
Saint-Ange.

40. Le Nouveau Testament de Nostre-Seigneur Jésus-Christ,
traduit en françois selon l'édition Vulgate, avec les différences du grec. *A Mons, chez Gaspard Migeot*, 1699,
2 vol. in-12, figures. demi-rel. de mar. bleu, non rogné.

PHILOLOGIE SACRÉE

41. Histoire critique du Vieux Testament (par Richard
Simon). *Sans lieu ni date*, in-4, veau jaspé.

Édition originale, & l'un des six exemplaires qui ont été conservés après la sup-
pression ordonnée.

42. Lettre (de Spenheim) à un amy où l'on rend compte d'un
livre qui a pour titre : Histoire critique du vieux Testament,
publié à Paris, en 1678. *A Amsterdam, chez Daniel Elzevir*,
1679. in-12, veau jaspé, filets.

43. La Cosmogonie de la Révélation, ou les quatre premiers
livres de la Genèse en présence de la science moderne, par
M. N. P. Godefroy, avec une introduction par M. Ern. de
Breda. *Paris*, 1841, in-8.

44. L'Antiquité dévoilée au moyen de la Genèse; nouvelle
édition, augmentée de la chronologie de la Genèse, confir-
mée par les monuments astronomiques dont on s'est servi
pour l'attaquer. *Paris*, 1808, in-8, demi-rel.

45. Dissertation sur le XXIIᵉ chapitre de la Genèse, sacrifice
d'Abraham, par Leroux-Moisand. *Paris* 1831, in-8, br.

46. Haymonis episcopi Alberstattensis longe exactissima in
Isaiam prophetam cōmentaria, nunc primum typis excusa,
& nunc recens edita, non sine accuratissima plurimorum
pariter & vetustissimorum exemplarium collectione. His
accessit ad studiorosum utilitatem index. *Parisiis, ex officina*

Petri Gaudoul, 1531. in-8, mar. jaune, fil. tr. dor., aux armes de de Thou.

Ouvrage d'une infigne rareté, que Ch. Nodier a omis dans fa *Bibliothèque facrée*, ainfi que l'avaient fait Mauro Roni & Gumba. Il eft inexactement cité par Bauer,qui, ne l'ayant pas connu, dit édition *princeps* comme imprimée à Cologne.

47. In Pfalmum feptimum & Pfalmum XXXIII Paraphrafis per Carolem Smarthanum Frontebraldenfem. *Lugduni, apud Principem*, 1543. petit in-8, mar. rouge, armorié, fil. tr. dor.

48. Etudes fur le texte des Pfeaumes, ou le Livre des Pfeaumes, expliqué à l'aide des notions acquifes fur les ufages, les croyances, les mœurs, les connaiffances, l'hiftoire...... des peuples anciens, par J. B. M. N. (Nolhac). *Lyon*, 1836-37, 4 vol. in-8, demi-rel.

LITURGIE.

49. Pandecte grecque ; livre contenant les Offices de toute l'année de l'Eglife Grecque. *Lipfiæ*, 1761, gros in-4, demi-rel. de veau antiqué.

50. Eucologion. Rituale Græcum. *Venetiis, Petr. Zanetti*, 1859, in-4, imprimé en rouge & noir.

51. Office du Clerc, de l'Eglife Grecque, fervant à la Meffe. *Venetiis, apud Fredericum Turrifunum*, MDXLIX, petit in-8, imprimé en rouge & noir, Ancre Aldine, une figure f. bois au verfo du titre. mar. bleu, fil. tr. dor. (*Niedrée*).

52. MISSALE ECCLESIAE ARGENTINENSIS, fcriptum anno 1467, in-4. mar. bleu, riches compartiments, tr. dor.

Manufcrit fur vélin, dans lequel on a intercalé trente-huit peintures curieufes par leur ancienneté. Elles paraiffent appartenir à l'époque des premières croifades, & enlevées d'un manufcrit hiftorique. Une d'elles repréfente, au premier plan, une bataille, & au fond, l'entrée triomphale dans une ville ; le principal perfonnage, couronné, tient à la main un bâton à la fleur de lis. Une autre repréfente, au premier plan, un combat naval, & dans le fond, l'attaque & la défenfe d'une ville. Dans une autre, on voit un perfonnage couronné, probablement Richard-Cœur-de-Lion, lifant une dépéche, & derrière un groupe de figures, dont une tient déployée la bannière de faint Georges.

53. Breviarium Romanum, ex decreto lancrofacti Concilii Tridentini reftitutum; Pie V Pont. Max. iuffu editum. Additis aliquot officiis ex præcepto S. D. N. Clementi VIII & foel. record. Gregor. XIII, Sixti V & Gregor. XIIII Pontif. Max. Ac kalendario Gregoriano. Parifiis, apud Societatem typographicam librorum Officii Ecclefiaftici, ex decreto Concilii Tridentini, MDXCVII (à la fin). *Parifiis, apud Sebaftianum Nivellium, Guillelmum Chaudiere, Guillelmum de la Noüe, Michaelem Sonnium, Claudium Chappelet, via Jacobea, & Joann. Corbon, fub fignum Cordis boni, in monte D. Hylarii, & Joann. Metayer, typographium Regium,* gros vol. in-16, imprimé en rouge & noir, mar. rouge, couvert de riches compartiments fleuris, tr. dor., délicieufe reliure ancienne.

54. Liber Sacerdotalis nuperrime ex libris Sancte Romane ecclesie ; & quarundam alias ecclefias : & ex antiquis codicibus apoftolice bibliothece : & ex iurius fanctionibus : & ex doctorum ecclefiafticorum fcriptis : ad reverendorum patrum facerdotum parrochialium : & animaru; curam habentium commodum : collectus atq; compofitus. In quo continentur officia omnium facramentor.: & refolutiones omnium dubior. ad ea pertinentium : & omnia alia que a facerdotibus fieri poffunt; que q; funt pulchra & utilia : ex indice collige. Addita utili enchyridiolo ad agéd; de feria tempore aduétus : quadragefime : tempore pafchali : & de menfe feptembris : nec non infra annum. & curiam Romanum. Ex declaratione rubricarum generalium : & ad inveniendum pafcha : & alia fefta mobilia : que in aliis hactenus impreffis minime reperiuntur. *Victor a Rabunis, & focii excudebunt* anno MDXXXVII, menfe Maio; in-4, goth., imprimé en rouge & noir, figures f. bois & mufique, veau antique, filets.

55. Liber Sacerdotalis, feu Rituale fecundum ufum Primæ Lugdunenfis Ecclefiæ ; de mandato Ill. & Rever. Camilli de Neufville, Archiepifcopi & comitis Lugdunenfis. *Lugduni, fumptibus Joan. Bapt. de Ville,* 1692. in-4, mar. bleu, armorié, filets à compart., tr. dor.

On lit au bas du titre : *Ex dono fuprafcripti Bibliopolæ*, & fur la feuille de garde : *A M. le doyen Chafteneux, tréforier.* L'exemplaire porte les feuillets 425 à 452 doubles marqués d'un *.

56. LOrdinaire des creſtiens. *Imprime a Rouen devant la prieure de ſaint Lo a lymage ſait Euſtace a la reǭste de Jehan richart libraire demourant devant loſtel du grant conſeil audit lieu de Rouen.* Sans date (vers 1485), in-fol. goth. mar. rouge, tr. dor. (*Trautʒ Bauʒonnet*).

Sans chiffres ni réclames. Sign. A-r par 8 ff. S de 10. Initiales en rouge & bleu ; une grande figure ſ. bois au recto du 4ᵉ feuillet ; ſous le titre la marque de l'imprimeur.

57. Evangelia et Epiſtolæ, quæ diebus Dominicis et feſtis ſanctorum in Eccleſia, Vſitate, more, proponi ſolent, Græcis verſibus reddita, à Joanne Poſſelio. *Vuitebergue*, 1576, in-8, fig. ſ. bois.

58. Les Epiſtres, et Evangiles des cinquante deux Dimanches de l'an, avecques briefves, et treſutiles expoſitions d'ycelles. *A Lyon, chès Eſtienne Dolet,* 1542, in-16.

59. Evãgelios : Epiſtolas : leciones : y prophecias ꝗ la ſancta ygleſia càta en la Miſſa per todo el ãno. nuevamente hyſtoriados. Da al principio una ſpiritual conſideracion en los paſſos de la Miſſa y ſignificaciones de los myſterios della. Cõ los ſietes pſalmos : y la Miſſa de nueſtra ſénora. *En Burgos in caſa de Juã de Jũta*: Anno 1555. petit in-8, goth., fig. ſ. bois, vélin.

Au recto du dernier feuillet, qui eſt blanc, un fleuron avec ce mot : *Wighilſinegaus.* Ni Brunet, ni Salva en ſon catalogue, ne font mention de ce volume, dont je n'ai jamais rencontré d'autre exemplaire.

60. Meſſe Grecque, en l'honneur de S. Denys, Apôtre des Gaules, premier Evêque de Paris, et de S. Ruſtique et S. Eleuthere, martyrs : ſelon l'uſage de S. Denys en France, pour le jour de l'octave de la fête ſolemnelle de S. Denys, au XII jour d'Octobre : Avec la Meſſe Latine qu'on chante à S. Denys le jour de la fête et dans l'octave. *Paris, Lottin l'aîné,* 1777, in-12.

61. L'Interpretation et ſignification de la Meſſe. (ſuit une figure ſ. bois). Icy commence vng tres deuot ʒ tres proffitable liuret a tous bons catholiques aſcauoir cõment on oira deuotement meſſe. Et ſalutairement on ſe confeſſera. Et comment reueramment ʒ dignement on oira au ſaint Sacrement ou table de noſtre Seignʳ, auec pluſieurs autres proffitables documens ʒ oraiſons ou prieres icy contenues

| composé *z* ordonne par Frere Gerard de la Goude frere mineur de l'ordre des obseruans.

Ce titre, imprimé en rouge & noir, occupe le recto & le verso du premier feuillet. Suit le calendrier imprimé de même. Viennent ensuite le prologue & la table. Le texte commence au feuillet C 1.

Icy fine le tresdeuot liuret de la messe alhonneur de Dieu *z* de Marie sa benoiste mere : saint franchois *z* to' chiers saïts *z* amis de Dieu | ordonne par frere gerard de la goude de lordre de saint franchois nomme des obseruans. *Imprime en Anvers par moy Guillaume Vosterman | demourant hors de la porte de la Chambre a la licorne dor.* l'an MCCCCC et XXIX. (Au verso les Armes Impériales), in-8, goth., fig. s. bois, veau noir à compartiments gauffrés.

Sur les plats sont, d'un côté, un buste de femme, & de l'autre, un buste d'homme, au-dessous duquel est un écusson avec les chiffres J C (Imperator Carolus).

62. La passion de N. Seigneur Jesus-Christ et les Actions du Prêtre à la Sainte Messe, avec des prières correspondantes aux tableaux. gravé par Sébastien Le Clerc. *A Paris, chez François Chereau, graveur, et chez Jacques Gosse, imprimeur.* 1729, petit in-8, veau marbré.

63. Lordre et maniere quon tiet en administrant les saincts Sacremens : assauoir | le Baptème | et la Cene de nostre Seigneur. Item | en la celebration du Mariage *z* en la visitation des malades. Auec la forme quon obserue es predications | principalemét quant aux exhortations *z* prieres quon y faict. Es lieux lesquels Dieu de sa grace a visite | faisant que selon sa saincte parolle ce quil a deffendu en son Eglise soit reiette | *z* ce quil a commande | soit tenu. *Imprime par Jehan Michel demourant en la place sainct Pierre deuāt la grād Eglise,* 1532. — Declaration de la Messe | Le faict dicelle | La cause | et le moyen | pour quoy *z* comét on la doibt maintenir. — Petit traicte tres utile | et salutaire de la saincte euchariftie de nostre Seigneur Jesuchrift. 1542. *Acheue de imprimer* le 26 iour de iuillet 1542. petit in-8, goth., filets, tr. dor., anc. rel.

Joli volume imprimé à Lyon. La première partie porte une marque qui a été employée par Claude Nourry.

64. Les anciennes liturgies, ou la manière dont on a dit la Sainte Messe dans chaque siècle, dans les églises d'Orient

et dans celles d'Occident, avec la recherche de toutes les pratiques, prières et cérémonies qui s'obfervent dans le faint facrifice (par M. Grancolas).—L'ancien Sacramentaire de l'Eglife, ou la manière dont on adminiftroit les Sacrements chez les Grecs et chez les Latins..... par M. J. Grancolas. *Paris, Jean de Nully*, 1697 & 1699. 3 vol. in-8, veau brun.

65. La Liturgie ancienne et moderne, ou Inftruction hiftorique fur l'inftitution des prières, des fêtes et des folemnités de l'Eglife ; et fur les différentes pratiques et cérémonies qui ont été ou qui font à préfent ufitées. *Paris, Vincent*, 1752, in-12, veau brun.

66. De la réunion de l'Eglife Ruffe avec l'Eglife Catholique, ouvrage du R. P. Rozaven, de la compagnie de Jéfus, difpofé et mis dans un ordre nouveau par le prince Auguftin Galitzin. Nouvelle édition précédée d'une lettre de Monfeigneur Dupanloup, évêque d'Orléans. *Paris*, 1864, in-12, br.

67. Voyages Liturgiques en France, ou Recherches faites en diverfes villes du Royaume, par le fieur de Moleon ; contenant plufieurs particularitez touchant les rits et les ufages des églifes, avec des découvertes fur l'antiquité Ecclefiaftique et Payenne. *A Paris, chez Florentin Delaulne*, 1718, in-8, figures. veau fauve, fil., tr. dor.

68. Petit traicté de la manière de célébrer la fainte Meffe, en la Primitive Eglife, par le faint Père Nicolas, Archeuefque de Conftantinople, faict françois par M. René Benoift, Angeuin, Docteur en théologie à Paris, et dédié par luy à tres chreftienne et tres vertueufe Princeffe, madame Marie Stuart, Royne d'Efcoffe et douairiere de France. *A Paris, chez Nicolas Chefneau, rue Sainct-Iacques, à l'enfeigne de l'Efcu de Froben et du Chefne Verd*, MDLXIV. *Réimprimé à Paris*, l'an MDCCCLVIII, avec les caractères de M. Firmin Didot, aux fraix du Prince Auguftin Galitzin, in-12 de 6 ff.

Tiré à cinquante exemplaires, non mis en vente.

HEURES, OFFICES, ORAISONS.

69. Praeces Piae.   in-4, mar. bleu, riches compartiments, d. de moere d'or, dent., tr. dor., fermoirs en vermeil cifelé. dans un étui.

Manufcrit fur vélin, du commencement du xv° fiècle. Toutes les pages ont de larges encadrements avec des fruits, oifeaux & figures grotefques, peints avec un fini précieux. Outre les petites miniatures, trente-huit grandes peintures décorent ce volume; on dirait autant de tableaux peints par de grands maîtres. On voit, au fond de prefque toutes, d'admirables deffins d'architecture. L'or, les couleurs, & tout le volume font d'une grande fraîcheur.

Ce manufcrit a dû être exécuté pour une dame de SALUCE, qui eft repréfentée a genoux devant la Sainte Vierge fur la miniature qui fuit celles des quatre Evangé-liftes. Les Armes de la maifon de Saluce d'Italie, d'argent au chef d'azur, fe trouvent plufieurs fois dans les encadrements, compofés & faifant partie intégrante des orne-ments de ces encadrements. Il a paffé enfuite, par héritage ou par don, à la maifon des D'URFÉ, non moins illuftre que celle de SAULCE ; car on voit les armes des D'URFÉ peintes après coup, avec des couleurs moins brillantes, & fuperpofées fur une partie des encadrements. On fait que, vers le milieu du xvi° fiècle, Jacques Paillard D'URFÉ époufa Renée de SAVOYE, la quelle époufa plus tard (car elle a eu trois maris) Jacques de Saluce. Voilà une parenté bien établie entre les enfants de Renée de Savoye & de Jacques Paillard d'Urfé, & ceux de Jacques de Saluce & d'Anne de Savoye. Et c'eft ainfi que ce beau manufcrit a pu paffer, par héritage ou par don, dans le courant du xvi° fiècle, de la maifon de Saluce dans celle de d'Urfé.

On lit, dans ce manufcrit, plufieurs prières en français.

70. Livre de Prieres, en flamand. in-4, relié en bois
eftampé. (On lit la ligne fuivante en tête de la feconde
miniature : *Dit is onfe moume ghetide Aue Maria.*)

Manufcrit fur vélin du xv° fiècle. 8 grandes miniatures, 8 petites comprifes, cha-cune dans une lettre initiale de grande dimenfion. 57 lettres initiales, accompagnées d'ornements en or & couleurs de toute la hauteur de la page. De ces 57 lettres, fix repréfentent des perfonnages.

Ce joli manufcrit, de 300 feuillets du vélin le plus fin, eft remarquable par le ton des couleurs, la délicateffe des ornements, & le caractère particulier du deffin. Chaque alinéa a une lettre initiale ornée de fleurs. Les pages qui portent les grandes minia-tures, & les pages en regard, font entourées d'ornements riches & variés. Les orne-ments des autres pages imitent des deffins de broderies. Le calendrier eft en flamand.

71. Officium B. Mariæ Virginis. petit in-4, peau de truie,
riches ornements, à froid, fermeoirs en médal occidé, dans
une boete de peau de truie. (Trautz Bauzonnet.)

Précieux manufcrit, de la fin du xv° ou du commencement du xvi° fiècle, de 120 feuillets, fur vélin noir, en lettres courantes en argent, & capitales en or fur fond de couleur. Chaque feuillet eft entouré d'une bordure en or repréfentant des fleurs & des oifeaux peints fur fond bleu. Il eft orné de quatorze grandes minia-tures en or & couleurs, exécutées avec beaucoup d'art & une grande délicateffe.

72. Horae B. Mariæ Virginis ad uſum Romanum. in-32, mar. bleu, compart. d. de mar. rouge à compart.

Charmant manuſcrit en lettres romaines ſur vélin d'Italie, orné de 24 grandes miniatures & de 4 petites. Ces 24 grandes miniatures ſont autant de tableaux de la Bible ; le deſſin & la peinture ne ſe reſſentent en rien du gothique ; c'eſt le goût d'Italie pur. Des encadrements variés d'architecture accompagnent ces tableaux. La date de 1529 ſe lit dans le premier, celle de 1539 dans le ſecond ; on voit au troiſième un Ecu parti des Armes de Bourgogne & de celles de la maiſon de Bourbon, & enfin à pluſieurs autres une marguerite dans un écu. Il ſemblerait que ce manuſcrit aurait été fait pour une princeſſe de la maiſon de Bourgogne, & dont le nom était de la fleur ci-deſſus indiquée.

73. Praeces Piae, in-4. mar. jaune, à compartiments eſtampés, en creux et relief, fermeoirs en cuivre gravé et doré.

Précieux manuſcrit ſur vélin, orné de quinze grandes miniatures, d'un calendrier & de riches encadrements.

Dans le volume, une longue deſcription de ce manuſcrit par M. Anatole de Montaiglon.

74. Officivm Beate Marie Vir. ſéc. Ō Romane Cvrie. Incipit Officivm Mortuor; ad ves. Incipit VII Pſī Penitentiales. Officivm Séc Crvcis ad matut. in-32, mar. rouge à compartiments, ancienne reliure riche italienne, larges fermeoirs en argent.

Manuſcrit de 192 ff., du commencement du XVIᵉ ſiècle, ſur vélin très-fin d'Italie. A chacune des quatre parties ſont deux délicieuſes miniatures de la grandeur des pages. Quatre lettres initiales forment auſſi de petites miniatures accompagnées d'une bordure d'ornements. Toutes les majuſcules & les petites initiales ſont peintes en or & couleurs.

75. Evangelia, Pſalmi et Præces. in-fol. veau fauve, compartiments noir et or, genre Grolier.

Manuſcrit ſur vélin, à 2 colonnes encadrées d'or ombré, enrichi de douze miniatures d'un travail très-fin & de la plus grande fraîcheur, écrit en rouge & noir. Les lettres initiales & les fins des alinéas peintes en or & couleurs.

76. L'Exercice de la Messe, et l'Office de la Vierge, écrits par N. Jarry, eſcrivain et notteur de la Muſique du Roy. 1663. in-24, relié en velours bleu, d. de tabis, fermeoirs en vermeil repréſentant des fleurs de lys.

Délicieux manuſcrit de 188 ff., orné de quatre miniatures, peintes avec la plus grande délicateſſe. Les vignettes & les initiales, rehauſſées d'or, ſont également traitées avec cet art inimitable dont Jarry ſeul a eu le ſecret. Chaque page eſt entourée d'un filet d'or. M. Duchêne parle de ce joli volume dans ſon *Voyage d'un Iconophile*, p. 326.

77. Officivm conceptionis B. Mariæ. petit in-12, mar rouge, fil. tr. dor. (*Bauʒonner Trautʒ.*)

Manufcrit de Jarry fur vélin, de 800 pp. encadrées d'un filet d'or. Les initiales peintes en or & bleu. On lit au bas de la dernière page : *N. Jarry, Paris, fcripfit anno* 1645.

78. EXERCICE durant la Meffe. A Paris, 1723. in-4, mar. jaune, avec des incruftations de mar. rouge et vert, riches compartiments à petits fers, repréfentant une bordure en mofaïque : au milieu eft un grand vafe de fleurs, au fupport duquel repofent des oifeaux. Reliure ancienne, très-curieufe et d'une belle confervation.

Manufcrit fur vélin de 79 pp. Initiales & vignettes en or & couleurs. On lit à la fin : *Jarry fecit.*

79. L'EXERCICE et Pratique journalière du Chreftien à Bruxelles, efcrit par George Herman Wilmart. 1660. petit in-12, chagrin noir, fermeoirs en argent.

Joli manufcrit en lettres rondes, fur vélin, encadré de filets d'or, orné de lettres grifes, de fleurons en grifaille & or, & de trois miniatures, peintures vives.

80. PRIERES pendant la Meffe à l'ufage de Madame la Premiere. fait à la plume par fon tres humble et tres obeiffant ferviteur Phil. Gallonde, Chanoine Reg. de Sᵗᵉ Geneviève. 1751, petit in-12, mar. vert, d. de tabis, fil. tr. dor.

Charmant manufcrit fur papier, orné de vignettes & d'encadrements variés. Armoiries fur le titre.

81. PRIERES journalières et choifies. à fon Alteffe Séréniffime Monfeigneur le Prince de Soubife. pet. in-8, mar. rouge, dent.

Manufcrit du XVIIIᵉ fiècle, fur papier, avec des peintures de monogrammes, de fruits & de fleurs. Armes du prince de Soubife. Il eft enrichi d'un portrait de la Sainte Vierge en miniature, & de divers ornements, tels que fruits, fleurs & infectes.

Charles de Rohan, prince de Soubife, duc de Rohan & Ventadour, pair & maréchal de France, né en 1715 & mort en 1787. Il eft à préfumer que ce livre de prières lui aura été offert.

82. Le falue Regina en francoys fait à la louange de la vierge Marie. Cy finift le falue regina en francois, nouvellemēt imprime a *Paris par Alain Lotrian : demourant en la rue neufue noftre dame a lenfeigne de lefcu de France.* Sans date, 8 ff.— Senfuyt une tres belle falutation faicte fur les fept feftes de noftre Dame | laquelle lon chante au falut a fainct innocent a Paris. Et la fift et compofa frere Jehan tiffarant auec laleluya du iour de pafques. et auecques les Graces a Dieu

en francoys. *Sans lieu ni date.* 8 ff. petit in-4, goth., fig. f. bois, dem. rel. de mar. grenat, non rogné.

Au recto du 8ᵉ feuillet de la feconde partie on voit la figure & les Armes qu'on trouve dans plufieurs ouvrages de Symphorien Champier.

83. Lamour de Dieu chafcun bon creftien
Doit acquerir en fon cōmencement
En defirāt pfeuerer en biē
Affin quil puiffe acquerir fauuement
Et applique doit fon entendement
A le feruir au foir et au matin
En recordant fes heures dignement
Tranfatees font au plus pres du latin

Heures de noftre dame en francoys et en latin imprimees a Paris nouuellement. Cy finient les heures en francois imprimees a Paris par Anthoine Verard libraire demourant fur le pōt noftre dame a lymage faint Jehan leuangelifte ou a palays au pmier pilier deuant la chapelle la ou on chante la meffe de meffeigneurs les préfidens. *Sans date.* Petit in-8, fig. f. bois. mar., filets à compart. d. de mar. bleu à riches compartiments, tr. dor. (*Trautᵹ Bauᵹonnet.*)

Sans chiffres ni réclames, figñ. *A — O* par 8 ff.

84. Ad Vfum Romane curie. in-8, figures et encadrements f. bois, lettres teintes et dorées, mar. bleu, fil. tr. dor.

Le titre eft précédé de la marque de Demarnet. Au verfo du dernier feuillet, qui eft blanc, eft une grande marque de Philippe Pigouchet. L'almanach commence à iiiixxviii & finit à V centum viii.

85. Las pfentes horas de nueftra sénora fegun el vfo de Roma con oltras muchas denoçiones en lengua caftellana fueron imprimidas en la muy noble ciudad de paris por Simon Voftre librero a cuyas efpenfus fean impremido (1495). Fenefcen las horas de nueftra señora impreffus en paris p Ɲicolas higmā por Simon voftro librero q̄ biue en paris a la calle d nueftra señora. petit in-8, imprimé en rouge et noir, fig. f. bois. mar. rouge, fil. tr. dor., anc. rel.

86. Les préfentes heures a lufaige de Romme furét acheuees le viii iour de Aouft Lan M.CCCC.IIIIXX. ᵹ dix fept. *pour Simō Voftre libraire demourant à la rue neuue noftre Dame a lenfeigne fainᵭ Jehan leuangelifte.* in-8, mar. bleu, filets à compart., à froid et coins en or., tr. dor.

Exemplaire imprimé fur vélin. figures & encadrements f. bois. lettres en couleur & or.

87. (HEURES à l'ufage de Rome).

Au verfo du dernier feuillet, au deffous de la marque de Verard, on lit : Ces p̄fentes heures à l'ufaije de Rome furent acheuuees le fecond iour de may mil cinq cens, pour Anthoine Verard libraire demourāt a paris près le carrefour faint feuerin a lymaige faint iehan leuāgelifte, ou au palays deuant la chapelle ou lon chante la meffe de meffieurs les préfidens. in-4 de 96 ff., mar. citron, dentelle & ornements à froid, d. de mar. bleu, dent., tr. dor., fermeoirs en argent.

IMPRIMÉ SUR VÉLIN, avec 19 grandes miniatures & 49 petites. Le calendrier commence à 1497 & finit à 1520.

Bel exemplaire qui a appartenu à la ducheffe de Maine. Les plats font parfemés d'abeilles, & au milieu fe trouve, dans un écuffon, une ruche avec cette devife : *Piccola fi Ma fa Pur Gravi Le Ferite*. On fait que la ducheffe de Maine avait fondé, pour fa petite cour de Sceaux, l'ordre de la Mouche à miel.

88. Hore intemerate virginis marie fecund Vfum Lenoma-nenfem.

Jefus foit en ma tefte *ɀ* mon attendemēt
Jefus foit en mes yeulx *ɀ* mon regargement
Jefus foit en ma bouche *ɀ* en mō parlement
Jefus foit en mon cueur *ɀ* en mō pēfement
Jes' foit en ma vie *ɀ* en mon t'paffemēt. Am̃

Les prefentes heures a lufaige du Mans furent acheuees le XXIX iour de May Lan mil cinq cens par *Thielman Keruer pour Jehan petit libraire demourant a Paris en la rue faint Jaques au lyō dargēt ɀ pour Pierre enchery libraire demourant au Mans en la grant rue faint Julien.* Y. F... In-8, figures et encadrements f. bois, légèrement teintés. mar. vert, filets et coins, tr. dor., anc. rel.

89. PRAECES PIAE. grand in-8, mar. bleu, filets à compar-timents, tranches marbrées et dorées (*Niédrée*).

— Sans lieu ni date. Sur le premier feuillet eft la marque de Jehan Poitevin. figures et riches encadrements f. bois, parmi lefquels on remarque une danfe macabre. lettres dorées et coloriées. Almanach pour dix-fept ans, de 1503 à 1520, avec des enfeignements et des pronoftics.

90. Ces prefentes Heures A lufaige de Rome, toutes aulong fans riens requerir, ont efte imprimees *a Paris, pour Germain Hardouyn libraire, demourant audiĉl lieu, entre les deux portes du Palays, A lenfeigne fainĉle Marguerite.* Sans date. in-16 allongé, mar. violet, filets à compart., tr. dor.

Exemplaire imprimé fur vélin, figures peintes en couleurs & or. Les lettres têtes des chapitres, & les majufcules en couleurs & or.

91. Horæ in lavdem beatiffime virginis Mariæ ad vfum Romanum. Accefferunt denuò aliquot fuffragia. *Lvgd. Apvd Gvliel. Rovillivm*, 1550. *Lugduni Mathias Bonhomme excvdebat.* In-8, figures et encadrements fur bois, veau fauve, riches compartiments dorés et peints, tranche dorée et cifelée. belle reliure lyonnaife du xvıᵉ fiècle.

92. Las Horas de nueftra feñora fegũ el vfo romano : en las quales fon ãnadidas muchas efaciones muy deotas. Y de nueuo el rofario de noftra feñora ; y fon ad longũ fine require. *En Lyon per Guillelmo Rovillio.* 1551, *fueron impreffas las prefentes horas en la ciudad de Leon de Francia en cafa de Mathias Bonhomme.* In-8, figures et encadrements f. bois, veau brun, dent., tranches dorées et cifelées, anc. rel.

93. Heures Paris contenant plufieurs oraifons debuotes, en francoys et en latin, et confeffion generalle. *Imprime a Paris par Thielman Heruer, demourant rue fainct Jacques a lẽnfeigne du Cril.* 1552, in-12, fig. f. bois, mar. rouge, tr. dor. (*Niedree*).

Le titre eft entouré de larges & jolies vignettes, au bas defquelles on voit des armoiries & un L, puis un F couronnés. le volume eft imprimé en rouge & noir, fur du beau papier fort. Sans chiffres ni réclames. Sign. *A—O.* Au verfo du dernier feuillet : *Parifiis, apud Thielmānum Keruer, in vico fancti Jacobi, fub figno Gratis.* Vient enfuite : Le moyen de fe préparer pour deuotemẽt recevoir le faint facrement. *A—D.* tous les cahiers font de 12 ff.

94. Horas de nveftra feñora fegun el ufo Romano. *en Lyon,* 1555. *fueron impreffas en la muy noble ciudad de Lyon de Francia, en cafa de Juan Fradin.* A 4 dias del mes de Enero. MDLV. in-16, goth., fig. f. bois, mar. jaune, fil. tr. dor., anc. rel.

95. Horæ in lavdem Beatiffime Marie ad vfum Romanum. Accefferunt denuò aliquo fuffragia. *Lvgd. apvd. Gvliel. Rovillivm.* 1560. *Lugduni, Mathias Bonhome excvdebat.* in-8, figures et encadrements f. bois, riche reliure du temps, en veau fauve, dent. et compart., tranche dorée et gauffrée.

Le cahier v tout entier eft double.

96. Hore della gloriofa Vergine Maria Regina de' Cielli. tradotte femplicimente in verfi fciolti, dal R. Francefco da Trivigi Carmelitano. *in Vinegia appreffo Gabriel Giolitto de'*

Fierrari, MDLXX. in-12, fig. f. bois, mar. vert, large dentelle et Armes, tr. dor., anc. rel.

Toutes les pages font entourées de vignettes. une grande quantité de lettres initiales forment de petits tableaux. On lit fur le titre : *Joannès Ballefdins.*

97. Rofarivm Beatæ Benedictaq; et Almæ Virginis, Dei genitricis Mariæ; Juxta Sanctuon Euangelium facrum; Scripturam triplici lingua Latina, Italica, et Hifpanica, Metricaq'; Meditatione trilingui meditatum, ficut meditabatur Chriftophorus Cabrera Presbyter, D. Theologus. *Romæ, excudebat Vincentius Accoltus* MDLXXXIIII. in-8. fig. f. bois. mar. jaune, dent. et compart., ancienne et riche reliure italienne.

Le volume eft dans toutes fes marges, nombreux témoins. En tête eft une dédicace manufcrite, en vers latins, à François de Médicis, pièce autographe de Cabrera. il y a des verfets au-deffous de quelques figures, & quelques corrections dans le texte, de la même main & avec la même encre que la dédicace.

98. Horæ in laudem beatiff. Virginis Mariæ, ad ufum Romanum. Officium triplex. Parrhifiis, apud Oliuerium Mallard imprefforem Regium. (à la fin) *Parrhifiis, ex officina Oliuerij Mallard..... ad infigne vafis effracti.* Anno Salu. MDXLII. menfe Augufti. in-8. réglé, lettres rondes, figures et encadrements f. bois. mar. vert, à compartiments, tr. dor.

Avant le feuillet E eft une grande figure pliée, imprimée en rouge & noir.

99. Heures à l'ufage de Troyes : toutes au long. *Imprime à Troyes chez Jehan Lecoq.* Calendrier de 1545 à 1566. in-16. goth. réglé, imprimé en rouge et noir, fig. f. bois. veau fauve, compartiments en or et couleurs, tranches dorées et gauffrées, rel. du 16ᵉ fiècle.

Sans chiffres ni réclames, fign. *A—P* un autre cahier *P* (au lieu de Q) & *R*, par 8 ff. pour les Vefpres *A—C* par 8 ff.

C'eft par erreur que M. Corrard de Breban dit que le regiftre s'arrête à *K;* il faut lire *R.*

100. Horæ in laudem beatiffimæ virginis Mariæ, ad vfum Romanum. *Parifiis ex officina Reginaldi Calderij et Claudij eius filii,* 1549. grand in-8. figures et encadrements f. bois. veau fauve, compartiments or et couleurs en relief, tr. dorées et cifelées., anc. rel. On lit à la fin :

Si de Dieu veulx appaifer le courroux,
Veille pecheur, et te metz à genoulx,

Sur efleuant ton cueur a fon hault throfne,
Alors peché ny a qu'il ne pardonne.
Ne double en rien, car en toute faifon
Eft efcoutant du ciel ton oraifon.

101. Heures en Françoys et Latin à l'ufage de Rome, corrigées et augmétées de plufieurs fuffrages et oraifons. *A Lyon
chez Guillaume Rouille*. 1551. A—V. — Les vefpres de la
fepmaine avec complie. *aa—dd*. La doctrine des chreftiens,
extraicte du vieil et nouveau teftament. *AA* et *BB*. *Imprimées a Lyon, par Macé Bonhomme*. in-8. figures et encadrements f. bois, avec le monogramme PV au bas de quelques-
unes. belle reliure du temps en veau fauve à compartiments
en or et noir, fermeoirs en cuivre. On lit fur les plats :
M A R I E P A T I N.

102. Heures a lufaige de Rōme tout au long fans riés requerir. Auec les figures de la vie de lhomme ; et la deftruction
de Hierufalem. Les prefentes heures a lufaige de Rōme ont
efte imprimees *a Paris par Gillet hardouyn demourant au bout
du pont ñre dame deuāt fainct Denis de la chaftre : a lenfeigne
de la Rofe dor*. Et on les vent audit lieu. Almanach de
mDxiiij a mDxxix. grand in-8. encadrements et figures f.
bois, lettres rehauffées d'or. mar. violet, dent. tr. dor., une
grande croix en or à petits fers fur les plats.

EXEMPLAIRE imprimé fur vélin.
Il y a des chofes fort fingulières dans les figures, & dans les cartouches qui fer-
vent de cadre à chaque page. La vignette des titres repréfente Déjanire enlevée par
le centaure Neffus & fecourue par Hercule. Ce fujet eft reproduit dans la plupart
des Heures publiées par Gillet & Germain Hardouin. On a ajouté à la fin une pièce
en vers, manufcrite fur vélin en caractères gothiques, intitulée : Oraifon tres deuote
à ñre Dame. Elle occupe 4 feuillets & commence ainfi :

ROyne des cieulx glorieufe
Fille et mère de dieu precieufe
Je viens a toi mercy crier

103. Heures a lufaige de Romme tout au long fans riens requerir. Auec les figures de la vie de lhomme : et la deftruction de hierufalem.
Tout pour le mieulx.
Les prefentes heures a lufaige de Rōme tout au long fans
riens requerir. Ont efte acheuees a paris le huitième iour de
Mars. Lan mil cinq cés et neuf. *par Gillet hardouyn Imprimeur demourant au bout du pont au change a l'enfeigne de la*

Rose, au deſſoubz de la belle ymage. grand in-8, mar. vert, compart. tr. dor., anc. rel.

EXEMPLAIRE imprimé ſur vélin, avec 20 figures ſ. bois, miniaturiſées, de la grandeur des pages; les petites figures ſont auſſi peintes en couleurs & or, ainſi que les initiales.

On lit au 4ᵐᵉ volume du Manuel, de M. Brunet (4ᵉ édition), des détails curieux ſur les divers livres d'Heures publiés par G. Hardouyn, mais je n'y trouve pas cette édition dont les compartiments diffèrent de ceux de l'article qui précède. Elle ſe compoſe de 92 ff. La marque repréſentant Déjanire, qui eſt au recto du 1ᵉʳ feuillet, eſt répétée ici au verſo du dernier.

104. Hore beate marie ỿginis ſecundũ vſũ Romanum ad longũ abſq; aliquo recurſu cũ illiq miraculis et figuris apocalyſis et biblianis Vna cum triumphis ceſaris. in-8, figures et encadrements ſ. bois. lettres rehauſſées d'or et couleurs. mar. bleu, filets à compart. à froid, et fleurons en or, tr. dor.

EXEMPLAIRE imprimé ſur vélin. Almanach commençant à l'année V cents X pour XXI ans. Le titre eſt précédé de la marque de Simon Voſtre, ayant au centre une pomme de pin en or ſur un écuſſon d'azur.

105. Les preſentes heures a luſaige de Rõme toutes au long ſans requerir : auec aucũs des miracles de noſtre dame | et de la creation du monde | et du ſoleil | et de la lune | et pluſieurs aultres belles hyſtoires | nouuellemẽt imprimees *a paris | par Nicolas hygman | pour la veufue Jehã de brie demourãt en la rue ſaict Jacqs pres ſaict Yues a lẽſeigne de la limace.* (à la fin) Les preſetes heures a luſaige de Rõme ont eſte nouuellemẽt ĩprimees *a Paris p Nicolas higman | pour Loys roger | libraire demourant audict lieu en la rue ſainct Jacques pres ſainct Yues a lenſeigne de la Lymace.* Sans date. almanach de CCCCCXXIII à CCCCCXXXIII. grand in-8, figures et encadrements ſ. bois. mar. rouge, fil. tr. dor.

Au-deſſus du titre eſt la marque de Jehan de brie.

106. Les préſentes heures a luſage de Romme au long ſans requerir ont eſte imprimees par *Nicolas Vivian libraire demourãt a Paris en la rue neufue ñre dame a la courõne.* Les preſentes heures a luſaige de Rõme..... ont eſte imprimees *à Paris par Mathurin le Mere imprimeur pour Nicolas Vivian*..... Et furẽt acheuees le xv iour de feurier lan de grace mil cinq cens z treize. in-8, mar. rouge, dent. et filets en or et à froid. tr. dor.

EXEMPLAIRE imprimé ſur vélin. Les figures & une partie des encadrements ſont peints en couleurs & or.

107. Ces prefentes heures a lufaige de Rōme, toutes au lōg fans riens reꝗrir, ont efte imprimees *a Paris | pour Germain Hardouyn libraire, demourant audiĉt lieu entre les deux portes du Palays, a lenfeigne fainĉte Marguerite.* in-16, caraĉtères rondes, almanach pour XXII ans, de MDVXI (pour XVI) à MDXXXVII. mar. bleu, fil. tr. dor. (*Duru*).

EXEMPLAIRE imprimé fur vélin, avec miniatures. A la fin de quelques feuillets, & d'une écriture du temps, on lit des quatrains amoureux, fuivis d'un monogramme. Ce livre d'Heures paraîtrait avoir appartenu à une maîtreffe de François Iᵉʳ de qui la fignature fe voit au bas du dernier feuillet. Toutes les lettres initiales font en or & couleurs. Un feuillet fur vélin, manufcrit en caraĉtères gothiques, contient une prière à Jéfus.

108. Hore bīe Marie Virginis fecundu3 vfu3 Hierofolytanu3 Explicit hore ꝗ ordiné frm̄ gloriofe virgīs Marie de mōte Carmeli : excerpte ꝯ extraĉte de approbato vfu dr̄nici fepulchri hierofolymitani fanĉte ecclefie. In cuius finibus diĉtorū fratrū Religio fumpfit exordium. Impreffe *Lugduni* anno domini MCCCCXVI, die XVIII Menfis Maii. petit in-8, goth. imprimé en rouge et noir, figures et encadrements f. bois. veau fauve, compart. tr. dor., anc. rel.

Ce charmant volume fe compofe de 96 ff. non chiffrés, fans réclames. fignatures *a—m* placées en tête des pages. Il commence par un calendrier & il contient 16 grandes figures, 192 un peu moins grandes, & 578 petites d'un pouce environ ; toutes remarquables par leur jolie compofition qui diffère de celle des figures des Heures ordinaires. Au verfo du dernier feuillet eft la marque de l'imprimeur avec les lettres *S. B.* Gorgoninus. Heros. (Sᵗ Bufignan Gorgoni).

109. Heures de noftre dame a lufage de Chartres | nouuellement imprimees a Paris | auec plufieurs belles hiftoires tant au Calendrier | aux heures noftre dame | aux heures de la Croix | aux heures du faint Efprit; aux fept pfeaumes que aux vigiles. *A Paris par Jacques Keruer demourant en la grand rue S. Jacques a lenfeigne de la Licorne.* MDLXXI. in-8. goth. fig. f. bois. riche reliure du XVIᵉ fiècle en veau fauve à compart. tr. dor. le nom de Jaqvette Vingtan fur les plats. On trouve à la fin du volume :

Les quinze effufions du fang de noftre Saueur et Redépteur Jefus Crift : En la fin defquelles font adiouftez les douze vendredis blancs. nouuellement imprimees a Paris pour Jvlien du Val, tenant fa boutique au bout du pont au Muriers. 1571. fig. f. bois. 14 ff. Le titre en caraĉtères ronds, les *Effufions* en caraĉtères gothiques pareils à ceux des *Heures*. le feuillet des *Vendredis blancs* en caraĉtères ronds.— La vie de madame Sēicte Marguerite vierge *z* martyre, avec fon antienne *z* oraifon. 12 ff. caractères gothiques pareils à ceux des *Heures*.

110. Hore in laudem beatiffime virginis Marie, multis orationibus figurifq; nouiter inuentis incipiunt feliciter. Venales habentæ in officina Guillelmi Godard librarij iurati Parifiēñ. finiunt hore femper benedicte virginis Marie fecundum vfum Romanum, preuenuftis figuris circumfepte, et imaginibus exornate. Vna cum alphabeto greco, oratione dominicali, falutatione angelice, fimbolo apofto, et falue regina, typis ac caracteribus Grecis nouiter *Parifiis* exactate induftrij bibliographi magiftri *Petri Vidoue, impreffioris peritiffimi,* et ac impendio honefti viri *Guillelmi Godard, commorān. ante horologiū. Palatii regii fub interfignio hominis fylueftris :* Anno a partu virginen. MCCCCXII. ad. calculum Romanum. in-8, de 92 ff. imprimés en rouge et noir, fans chiffres ni recalmes. fign. *A—K* par 8 ff. *L* de 12. figures et encadrements f. bois. mar. bleu et ornements. tr. dor. (*Capé*).

<small>Avant cet exemplaire, M. Brunet n'avait connu que celui de la bibliothèque du Roi. L'almanach commence à 1522 (& non en 1524, felon M. Brunet).</small>

111. Ces prefentes heures a lufaige de Paris toutes au long fans rien reqrir | avec plufieurs belles hyftoires : nouuellement imprimees. Cy finiffent ces p̄fentes heures..... *imprimees a Paris par la veufue de feu Thielmā Keruer | demourāt audit lieu a lenfeigne de la Lycorne | a la grāt rue fainct Jacques | au deffus des Mathurins |* et furent acheuees Lan Mil cccccxxii le XVI iour de feurier. grand in-8, lettres de forme, imp. en rouge & noir. fig. f. bois. veau fauve, fil. tr. dor. anc. rel.

<small>De 134 feuillets chiffrés, fign. *A—P* par 8 ff. Q de 4. fuivent 8 feuillets non chiffrés, fignés *a a*, ayant pour titre : Cōmendationes defuctorū.</small>

112. Ces prefentes heures a lufaige de Rōme toutes au long fans rien requerir | nouuellement imprimees a paris | auec plufieurs belles hyftoires | tant au Kalendrier | aux heures noftre dame aux heures de la croix aux heures du sāit efperit | aux fept pfaulmes penitentiales | que aux vigiles des trefpaffez : Ex alma parifiorum academia | *opera et impenfis Yolande bonhomme viduae fpectabilis viri Thielmani Keruer | in vico sācti Jacobi alfignū Unicornis.* Anno dñi MDXXXIII die

xv iannuarii. in-8. étroit, impr. en rouge et noir, fig. f. bois, mar. bleu, fil. tr. dor.

Au-deffus de chacune des figures, ifolées du texte, eft un quatrain en françois.

113. Horæ Diuæ Virginis Mariæ fecundum ritum ac fuetudinem infignis ecclefiæ romanæ, totaliter ad longum. MDXXVI. *Impreffe Parifiis per Petrum Vidoue, Impenfis honefti viri Germani hardouin.* in-32. mar. bleu, riches compartiments, d. de mar. rouge à compart. tranches dorées et cifelées. dans un étui.

EXEMPLAIRE fur vélin, orné de 16 jolies miniatures, dont la dernière, fort remarquable, eft de toute la hauteur de la page. Sur le premier & fur le dernier feuillet de garde eft la fignature de Jehan de Lofpital (père du Charcelier), avec la date de 1543 & ces mots : *Humiliate vos benedictione epifcopi.*

114. Ces prefentes heures a lufaige de Paris toutes au long fans rien requerir : nouuellemét imprimees audict lieu | auecques plufieurs belles hyftoires. Les prefentes heures font imprimees *a Paris | par la veufue de Thielmã Keruer. demourante a la grãt rue fainct Jacques a lenfeigne de la Licorne.* MDXXXV. *A—R* par 8 ff. fuivent 8 ff. *a a* : Cōmédationes defunctorum. grand in-8, riche reliure du XVIe fiècle en veau à compartiments. Sur les plats on lit : Charles Euftace. Claude Diarde.

Exemplaire fur papier, plus rare, affure-t-on que les exemplaires fur vélin, M. Peignot, dans fes *Recherches fur les Danfes des Morts*, pp. 169 à 172, a donné une longue defcription de ces Heures.

115. Heures a lufaige de Bezenfon au long fans requerir. Imprime *a Troyes | Au petit Coq par Pierre Hadrot en la grant rue deuant fainct Jehan.* fans date (1539) almanach de MDXXXIX a MDLXI. imprimé en rouge et noir. la marque de l'imprimeur fur le titre. fans chiffres ni réclames. fign. *a* de 6 ff. *b—k.* par 12 *L* de 6. *A* de 12. *B* de 6. in-12 allongé, jolies figures f bois. mar. bleu, riches compartiments, tr. dor. (*Niedree*).

Cet exemplaire (à grandes marges & avec témoins) eft le feul connu. C'eft d'après celui-ci que M. Brunet a cité l'édition de ces Heures, tome IV, p. 803 (4me édon), & que M. Corrard de Breban en a fait mention dans la feconde édition de fes *Recherches fur l'établiffement de l'imprimerie à Troyes*, p. 38. Il ne l'avait pas connu lors de la première édition. Il s'eft trompé feulement fur la date qu'il dit être de 1529 au lieu de 1539.

116. Horologium (Græce) nouvellement imprimé et corrigé par Theophilacte Zanfurnare. *Venife, chez Jean Pierre de Pinelli.* 1635. petit in-8, mar. rouge, fil. tr. dor.

117. Horologium (Græce) continens quæ in fequenti pagina funt fcripta. *Florentiæ per hæredes Philippi Juntæ.* Anno Domini MDXX. Die uero Jannuarii xxiii. Leone Decimo Pont. in-8. imprimé en rouge et noir. mar. rouge, filets d'or et à froid, tr. dor.

118. Petites Heures (en Grec), corrigées par Maxime Evêque. *Venetiis, apud Antonium Pinelli;* 1610. in-32, impr. en rouge et noir. cuir de Ruffie, filets d'or et à froid, tr. dor. Au verfo du titre une figure f. bois.

---

119. Officium Beatæ Mariæ Virginis, nuper reformatum, et Pie V Pont. Max. iuffu editum. *Parifiis apud Jacobum Keruer.* 1574. in-8. fig. f. bois. mar. rouge, fil. tr. dor. (*Trautz Bauzonnet*).

Une figure vis à vis des pp. 17 & 55, & du feuillet 167, porte la marque de Worms. A partir du feuillet 169 les figures font d'une exécution différente, & aux figures recto & verfo du feuillet 283, comme à celles des pages 290 & 302, on voit la marque de Jolat.

120. Officium B. Mariæ Virginis, nuper reformatum, et Pii V Pont. Max. juffu editum. *Antverpiæ, ex officina Chriftophori Plantini,* 1573. grand in-8. ancienne reliure en veau brun, entièrement couvert de filets d'or, tranches richement dorées et gauffrées.

Imprimé en rouge & noir, orné de très-belles gravures portant les monogrammes de Jean Wierix, Abraham de Bruyn, Crifpin Van Broeck, Pierre Van der Borekt, P.V.N.S.

121. L'office de la Vierge Marie, a lvfage de l'Eglife Romaine. Auec plufieurs belles prieres Chreftiennes et Catholique. Reuus et corriges de nouueau. *A Paris, chez Houzé, libraire au palais pres la Chancellerie.* 1588. titre gravé, figures de Thomas de Leu.

Dans le même volume :

Le formulaire des prieres. Oraifons et Inftructions Chreftiennes Catholiques, contenant ce que le vray Chreftien doit dire tous les iours, tant à la Meffe, qu'à toutes les heures du jour.

Extraict des efcrits des Saincts Peres et Docteurs de l'Eglife. par F. Jean Robert Religieux de l'ordre de la Charité noftre Dame. Auec le Pfautier de S. Jerofme et S. Auguftin. *A Paris, chez Jamet et Pierre Mettayer*, 1600. en deux parties. in-8. réglé, mar. jaune avec des incruftations de mar. rouge, très riches compartiments à petits fers, tr. dor. ancienne reliure, parfaitement confervée et d'une grande fraîcheur.

122. Officium de paffione Domini noftri Jefu Chrifti | fecundum confuetudinem Confratrie quinq; plagarum | ad utilitatem quoruncûq; chriftianorû pie viuere | z delictorum veniam confequi volentiû nuper contextum. (Au bas du recto du feuillet Kiii) *Lugduni | Excudebat Cornelius de Septemgrangiis | impenfis honefti viri Theobaldi Pagani* | Anno Domini MDI. in-8. mar. noir, dentelle à froid, tr. dor. (Niedree).

Le titre eft en rouge & noir, fuivi d'une figure f. bois repréfentant noftre Seigneur prêt à defcendre au tombeau, entouré d'emblêmes. Au verfo eft une autre figure f. bois repréfentant le corps de noftre Seigneur qu'on enveloppe de linges pour l'enfevelir. L'Office commence au feuillet fuivant. au feuillet Kiii eft une figure f. bois repréfentant noftre Seigneur s'acheminant vers le Calvaire & portant fa Croix. Suivent deux feuillets blancs; au recto du premier eft une figure f. bois repréfentant une adoration de la Sainte Vierge; au bas de cette figure eft la fignature du pieux confrère auquel a appartenu ce volume; ces deux feuillets font remplis par des réflexions pieufes de ce confrère.

C'eft l'Office d'une ancienne Confrérie Lyonnaife, nommée *la Confrérie des fept plaies*, qui n'exifte plus. & c'eft encore un de ces livres de piété détruits par le fréquent ufage. Volume d'une belle impreffion fur du beau papier & parfaitement confervé. Je me fuis plu à le décrire, parce que je confidère cet exemplaire unique. Il eft tout à fait inconnu à Lyon. Il n'en exifte pas dans la bibliothèque de la Ville. M. Péricaud, qui a dreffé la lifte des anciens imprimeurs Lyonnais, ignorait le nom de Corneille de Septgranges, qui a imprimé ce livre pour Thibaud Payan.

123. L'Office de la Semaine Sainte, felon le Miffel et le Bréviaire Romain. Imprimé par le commandement du Pape Pie cinquième, et reveu par l'authorité de Clément VIII. *A Paris, chez Gabriel Clopevav, rue fainct Jacques, à l'Annonciation.* MDCXXVIII. in-8. réglé, riche reliure en mar. rouge, tout couvert de fleurs de lys, au chiffre d'Anne d'Autriche, et à fes Armes.

124. L'Office de la Semaine Sainte, corrigé par le commandement du Roy : conformément au Bréviaire et Miffel de nôtre S. Père le Pape. *A Paris, chez la veuve de Denis Chenault, ruë fainct Jacques, près faint Benoift, à la Réffurection.*

4

fans date. Titre précédé d'un frontifpice gravé. Le privilége,
en faveur de Charles Foffet, imprimeur et libraire, n'eft pas
daté. in-8. réglé, relié en mar. vert, couvert de riches compartiments, aux Armes de France, et au chiffre du Roy.

On lit, fur la feuille de garde, écrit de la main de Mme de Maintenon : *cet office de
la femaine s^{te} a été au Roy Louis quatorze qui s'en fervoit en 1707.*

125. L'Office de la Semaine Sainéte corrigé de nouveau par
le commandem. du Roy conformément au Bréviaire et
miffel de noftre S. P. le Pape Vrbain VIII. *A Paris, chez
Anthoine Ruette, relieur ord. du Roy, rue fainét Jean de Latran deuant la fontaine S. Benoift.* 1644. in-8. réglé, mar.
rouge, couvert de riches compartiments à petits fers, riche
reliure ancienne.

126. L'Office de la Semaine Sainte, en Latin et en François.
felon le Miffel et le Bréviaire Romain, et le nouveau Miffel
du Bréviaire de Paris. Avec des Réflexions et Méditations,
Prieres et Inftruétions pour la Confeffion et Communion,
à l'ufage de Madame la Dauphine, et de fa Maifon. *A
Paris, chez Jean-Baptifte Garnier,* 1752. in-8. reliure de la
plus grande fraîcheur en mar. rouge, couvert de riches compartiments à petits fers, et aux Armes de la Dauphine.

127. Officio de la Semana Sanéta fegun et Miffel y Breviario
Romano, que fe publicaron por mandado de fu Sandidad
Pio V. y fe reconocieron de fa Sandidad Clemente VIII, y
Urbano VIII. *En Amberes. En la emprenta Plantiniana.* 1730.
in-16. veau fauve à compart. tranches dorées et peintes.
curieufe reliure ancienne.

---

128. Heures nouvelles dédiées à Madame la Princeffe, contenant les Offices qui fe difent dans l'Eglife pendant l'année
en latin et en françois. *A Paris, chez Pierre Hériffant.* 1700.
in-12, relié en écaille, coins et fermeoirs en argent.

129. Heures Royales du Covrtifan Celefte, contenant les
Offices, les Hymnes, les Litanies et les Oraifons de l'Eglife.
Accompagnées de prieres et de fainétes Eleuations, pour
tous les exercices du iour. Et un examen pour faire vne

bonne Confeſſion et ſaincte Communion. dédiées au Roy.
*A Paris, chez J. Baptiſte Loyſon, rüe S. Jacques à la Croix
Royale, près la Poſte.* MDCLVIII. petit in-12, réglé. frontiſpice gravé. mar. rouge à compartiments, d. de mar. à
incruſtations de couleurs et à compartiments or à moſaïque,
tranches dorées.

130. Le pſaultier noſtre dāe Imprime nouuellement a Paris.
Imprime *a Paris p̄ la veuſue iehan treperel et Jehan ihannot,
imprimeur et libraire demourāt en la rue neuſue noſtre dame a
lenſeigne de leſcu de France.* ſans date. petit in-8. goth. fig.
ſ. bois. mar. vert, fil. tr. dor. (*Trautz Bauzonnet*).

131. Loraiſon de noſtre ſeigneur Ieſuchriſt appellee le Pater
noſter | Auec laue maria. Le credo contenant les articles de
la foy. Les dix cōmandemēs de la loy. Et Une oraiſon
treſdeuote. *ſans lieu ni date ;* titre encadré, avec une figure
ſ. bois. in-16 goth. veau fauve, fil. tr. dor.

132. Oratio Dominica Polyglotta ſingularum linguarum cha-
racteribus expreſſa et delineationibus Alberti Dureri cincta.
edita a Franz Stoeger. in-fol. dem. rel. dos et coins de mar.
rouge. tr. dor.

133. Precatio Dominica in ſeptem portiones diſtributa per D.
Eraſmum Roterodamum. — Virginis Matris apvd Lavretvm
cultæ Liturgia, adiecta cōcione, per Der. Eraſmum Roterodamum. *Baſileae apud Joannem Frobenium,* Anno MDXXV.
Menſe Maio. z parties en un vol. in-8. 8 jolies figures ſ.
bois à l'Oraiſon Dominicale. veau brun.

134. EXPOSITION DE LORAISON DOMINICALE pater
noſter. Cy finiſt lexpoſitiō de la patenoſtre compoſee en
latin et en francoys | par maiſtre Raoul de mōtfiquet.....
*Imprime a la rue ſaict iaques aupres du petit pont par Pierre
Leu.* Lan Mil quatre cens quatre vingtz et cinq. La Vigille
ſainct Andry. — Expoſition de Laue Maria. Cy finiſt lexpo-
ſition de Aue Maria compilee par maiſtre Raoul de montfiquet. — Declamation faicte par frere guillaume alexis
Religieux de lire z prieur de bazi ſur leuangile miſſus eſt
gabriel. Cy finiſt la declamaciō..... *Imprimee a paris..... par
Pierre Leuet et Jehan aliſſot,* le dernier iour de feburier. Mil

quatre cés quatre vings ꝛ cinq. in-4. goth. fans chiffres ni
reclames. figures f. bois. mar. rouge, tr. dor. (*Duru*).

DESCRIPTION DE CE PRÉCIEUX VOLUME.

Première Partie.

Premier feuillet. Expofition de l'oraifon dominicale pater nofter.

En tête du fecond feuillet. Expofition de l'oraifon dominicale pater nofter compofee
par maiftre Raoul de montfiquet. fign. *a—g* par 8 ff.

En tête du dernier feuillet. Cy finift lexpoficiõ de la patenoftre compofee en latin
& en francoys par maiftre Raoul de mõtfiquet extraiɗe & recueillie de plufieurs et
diuers doɗeurs | et expofiteurs. Plaife au leɗeur de ce liure luy donner Vne pate-
noftre. Imprime a la rue fãiɗ iaquez au pres du petit pont par Pierre Leuet. Ian.....

Deuxième Partie.

En tête du premier feuillet. Lexpofition de laue Maria.

En tête du fecond feuillet. Expofition de la falutation angelicque Aue Maria cõpofee
par maiftre Raoul de montfiquet..... *a—f* par 8 ff. *g* & *h* par 6.

En tête du dernier feuillet du cahier *f*. Declamacion faiɗe par frere guillaume
alexis Religieux de lize ꝛ prieur de bazi fur leuangile miffus eft gabriel. cette décla-
mation eft en vers.

Au verfo du dernier feuillet. Cy finift la declamaciõ faiɗe ꝛ compofee par frere
guillaume Alexis..... Imprimee a paris pres petit pont par Pierre Leuet & Jehan
aliffot le dernier iour de feburier, Mil quatre cés quatre vings ꝛ cinq.

135. Thresor de deuotion contenant plufieurs oraifons
deuotes ꝛ exercices fpirituelles : pour dire en l'Eglife | pen-
dant l'office diuin. *A Douay, de l'imprimerie de Jean Bogard.*
Anno 1574. in-8. fig. f. bois. imprimé en rouge et noir.
texte encadré de larges vignettes hiftoriées. fans chiffres ni
reclames. fign. ✠ 8 ff. ✠ ✠ ff. *A—ꝗ. Aa et Bb* par 8 ff.
mar. bleu, riches compartiments, tr. dor. (*Niedree*).

Le 1ᵉʳ feuillet contient le calendrier. le 2ᵉ une dédicace de l'imprimeur à *MM. les
Echevins, Six-hommes, et Confeil de la ville de Douay.* Le volume fe termine par :
Les quinze effufions du fang de N. S. J. C. & par : L'Oraifon tres belle | la quelle
fouloit dire le tresaugufte Empereur Maximilien. On lit à la fin de la Préface : Ce diɗ
liuret premièrement fut efcript en flameng par un frere mineur natif de Malines |
puis apres par M. Ian Verbruggen | auec d'aucuns bourgeois de la mefme ville |
produiɗ en lumière ꝛ maintenant mis ꝛ traduit en francois par M. Nicolas deleuze
diɗ de frefne Licencie en theologie | a la gloire ꝛ honneur de Dieu | ꝛ pour le
falut de tous hommes | defquels les noms tous par enfemble puiffent demourer
efcriptz au liure de la vie eternelle | Ainfi foit il.

La Bibliographie Dunaifienne dit que le feul exemplaire connu de ce livre fe
trouve chez M. Bigant, Confeiller à la Cour Royale de Douai.

136. Threfor de deuotion..... même ouvrage que le précé-
cédent.

L'extrème rareté de ce livre m'a déterminé à acquérir & à conferver ce fecond
exemplaire, auffi beau de marges que le précédent. Il eft couvert d'une curieufe

reliure du temps en veau à compartiments dorés. on y lit entre les filets : Mademoi-
felle Jenne Barbais. Anno 1586. A l'intérieur de la couverture on lit, en caractères
gothiques manufcrits : Je fuis a Jehanne de Barbaize et a fes amis. Les Barbaize qui
ont réfidé à Douai étaient originaires du Brabant : ils étaient de nobleffe de robe &
portaient d'argent à la croix de fable, chargées de cinq befants du Champ.

137. Le Formulaire des prieres | oraifons z inftructions chref-
tiennes z catholiques | contenant ce que le vray chreftien
doibt dire tous les iours | tant à la Meffe | qu'a toutes les
heures du iour | z le moyen cõme il fe doit gouuerner pour
eftre aggreable a Dieu. Le tout extraict des efcripts des
saincts peres z docteurs de l'Eglise tant anciens que mo-
dernes | z mis en bel ordre. Par f. Jean Robert | Religieux
de l'ordre de la Charite noftre dame. *A Sens | Par Jean
Sauine Imprimeur*, MDLXXXI, in-8 mar. grenat, filets d'or
et dent. à froid. tr. dor.

138. Uita et officium ac miffa cum canto Sancti Antonini
archiepiscopi Florentini, per reuerendũ sacre thologie doctorem celeberrimum magiftrũ Vincentiũ de fancto Semi-
niano predicatorũ ordinis predicatorẽ meritiffimum compofta. *Venatis habetur Parifiis in edibus Engelberti demarnef,
Mace derboys et Nicolai propofiti commorantiũ in vico Sancti
Jacobi* Anno a partu virgineo MDXXVI Viceffimo Januarii,
petit in-4°, goth, 27 feuillets de texte, et 29 de mufique,
mar. rouge, tr. dor. (*Trautz Bauzonnet*).

139. Divi Ambrofii Episcopi Mediolanéfis Officiorum libri VIII.
Ad veterum exemplarium fidem recogniti et emendati.
*Parifiis, apud Sebaftianum Niuellum, fub Ciconis, via Ja-
cobaea*, MDLXXXIII.

On a réuni dans ce volume les ouvrages suivants :

— Epicteti Enchiridion Hoc eft, Pvgio : Sive Ars humanae
vitae correctix. Item Cebetis Thebani Tabvla, qua vitae
humanae prudenter inftituenda ratio continetus : Graecè
et Latinè. *Antverpiae, ex officina Chriftophori Plantini.*
MDLXXXV. — Anicii Manlii Torquati Seuerini Boethii de
Confolatione Philosophiae, libri v. Ex veturtiffimis libris à
Theodoro Palmanno Crameburgio emendati. *Lugd. Bata-
vorum, ex officina Plantiniana apud francifcum Raphelengium.*
CIƆIƆXC.— Excitationes Animi in Deum, Joan. Ludovico
Vive autore. *apud Seb. Gryphium Lvgdvni.* 1556, in-16,

réglé, mar. rouge, riches compartiments, reliure entièrement conforme à celle du n° 51 et aux mêmes Armes.

140. Preces Sancti Verretis Clajenfis Armeniorum Patriar-
chae, viginti quatuor linguis editae. Venetiis in infula
S. Lazari, 1837, in-12, veau jafpé, dent. tr. dor.

FIGURES BIBLIQUES

141. SPECULUM humanae Salvationis. En tête du premier
feuillet. Incipit phemium libri fequentis. au verfo du dernier feuillet. Explicit humaneq3 salutis fûmula plane a me
fratre Johanne tui pater ordinis alme vir bñdicte puto quari
minimo monacho. in-fol°, fig. fur bois, mar. bleu, com-
partimenis, tr. dor. (Trautz Bauzonnet).

Edition décrite par Guichard dans fa *Notice fur le Speculum humanae falvationis*,
p. 40. C'eft l'exemplaire même qu'il avait vu chez le libraire Techener, & que j'ai
acquis ; exemplaire d'une grande beauté pour la pureté & la confervation. Il n'était
pas revêtu alors du riche habit que je lui ai fait donner par Trautz. Heineken, *Idée
générale d'une collection complète d'eftampes*, décrit auffi cette rare édition qu'il attribue, d'après des renfeignements acquis, à Grunther Zeiner, à Augsbourg, vers
1471.

142. Hiftoriarum Ueteris Inftrumenti icones ad uiuum expreffae, Vnà cum breui, fed quoad fieri potuit, dilucida earundem expofitione. *Lvgdvni, fvb fcvto colonienfi*, MDXXXVIII.
Excvdebant Lvgdvni Melchior et Gaspar Trefchel fratres, 1538,
in-4°, fig. f. bois, mar. biftre, fil. tr. dor. Très-belles
épreuves.

143. Hiftoriarum Veteris inftrumenti z Apocalypfis icones.
ad Viuum expreffae. *Parifiis, fvb figno Elephantis (fr. Regnault)* MDXXXVIII, petit in-8°, fig. f. bois, mar. bleu, tr.
dor.

144. Hiftoriarum Veteris Teftamenti icones ad uiuum expreffae, Vnà cum breui, sed quoad fieri potuit, dilucida earundem et Latina et Gallica expofitione. *Lvgdvni, fvb fcvto
colonienfi* MDXXXIX. *Lvgdvni, Melchior et Gafpar Trefchel
fratres excvdebant*, in-4°, fig. f. bois, dem.-rel. de mar.
rouge, tr. dor.

145. Retratos o tablas de las hiftorias del Teftamento Viejo. hechas y dibuxadas por vn muy primo y sotél artifice. Juntamente um vna muy breue y clara expoficion y de la racion de cada vna dellas en Latin, con las quotas de los lugures de la fagrada fcrittura de donde fe tomaron, y la mesma en lengua Castellana, para quo todos gozen dellas. En Lion de Francia, fo el fcudo de Colonia. Año 1543, *apud Jo, et Franc. Frellonios, fratres*, 1543, in-4°, fig. f. bois, mar. rouge, riches compartiments, tr. dor. (*Niedrée*).

Au recto du 4e feuillet du cah. H on n'a pas tiré la figure de 1539 & de 1547, & l'on a repréfenté celle qui eft au verfo du feuillet de ces éditions, de forte que dans cette édition de 1543 (de laquelle cet exemplaire eft le feul que j'aie rencontré) la figure de Salomon béniffant les affiftants eft répétée au recto & au verfo du feuillet.

146. ICONES Hiftoriarū Veteris Testamenti, ad viuum expref-fae, extremáque diligentia emendatiores factae, Gallicis in expofitione homaeoteleutis, ac verfuum ordinibus (qui prius turbati, ac impares) fuo numero reftitutis. *Lvgdvni, apud Joannem Frellonium*, 1547, in-4°, fig. f. bois, très-belles épreuves, mar. rouge, fil. tr. dor. (*Koehler*).

Sous cette même date de 1547 il exifte des exemplaires qui font évidemment d'un fecond tirage. On les reconnait au titre dont les lignes font compofées différemment, & les figures font plus faibles. Au 4e feuillet du cahier H il y a une tranfpofition dans les planches. La planche qui eft au verfo de ce feuillet appartient au verfo du feuillet H m, & vice verfa.

Titre des exemplaires du premier tirage :

Ad viuum expreffae, extremáque diligentia emendatiores factae, Gallicis in expofitione homaeoteleutis, ac verfuum ordinibus (qui prius turbati, ac impares) fuo numero reftitutis.

Titre des exemplaires du fecond tirage :

Ad uiuum expreffae, extremáque diligentia emenda-tiores factae, Gallicis in expofitione homaeo-teleutis, ac verfuum ordinibus (qui priùs turbuti, ac impares) fuo nu-mero reftitutis.

147. Hiftoriarū Veteris Teftamenti icones ad viuum expreffae Vnà cum breui, sed quoad fieri potuit dilucida, earundem et Latina et Gallica expofitione. *Parifiis, apud Petrum Reg-*

nault, ſub tribus coronis Coloniae, via ad diuum Iacobum, 1544, in-4°, fig. ſ. bois, cart. à la Bradel.

Le 3ᵉ feuillet eſt occupé par une pièce en vers français de Gilles Corrozet, *Aux lecteurs.*

148. Bibliorum Vtrivſqve Teſtamenti icones, ſvmmo artificio expreſſae, Hiſtorias ſacras ad vivum exhibentes, et oculis ſumma cum gratia repraeſentantes; adeo'q3 doctis et venuſtis carminibus exhornatae...... *Francofurti ad Moenum apvd Gorgivm Corvinvm, impenſis Hieronymi Fereyerabend,* MDLXXI, petit in-8°, fig. ſ. bois, mar. noir, tr. dor. (*Bauʒonnet*).

149. HISTORIA S. Johannis evangeliſtae ejuſque viſiones apocalypticae. in-fol°, mar. vert, à compartiments, tr. dor. (*Mith.*).

Edition Xilographique, la ſeconde de celles qu'Heineken a décrites. Exemplaire bien complet, figures enluminées. Il parait ſupérieur, pour la qualité des planches, à tous les exemplaires de cette édition décrits par Heineken. La 3ᵉ planche marquée B & ſans diviſion, eſt conforme à la deſcription d'Heineken de la 3ᵉ planche de l'édition qu'il nomme la première. Même obſervation pour la 22ᵉ planche, ſans marque.

150. HISTOIRE D'HESTÈRE. — Hiſtoire du Nouveau-Teſtament et de la Paſſion de Jéſus-Chriſt.— Oraiſon de Madame Sainte Barbe. le tout en vers. in-4, mar. bleu, riches compartiments, tr. dor.

Manuſcrits ſur vélin, ornés de 8 grandes miniatures diviſées en 3 compartiments, repréſentant différents traits de l'hiſtoire d'Heſtère & du Nouveau-Teſtament, & diverſes allégories. Vient enſuite le portrait de l'auteur, avec une exhortation en vers, puis 22 miniatures formées par de lettres initiales de grande dimenſion. Peintures fines & tres-curieuſes. Le tout eſt d'une grande fraicheur.

151. Qvadrins Hiſtoriqves de la Bible (par Claude Paradin). *A Lyon, par Jean De Tovrnes,* MDLIII. — Qvadrins Hiſtoriqves de l'Exode. *A Lyon, par Jean De Tovrnes,* MDLIII. (Un feuillet blanc entre les deux parties), in-8°, fig. ſ. bois, mar. noir, large dentelle à compartiment et à froid, tr. dor. (*Bauʒonnet Trautʒ*).

152. Qvadrins Hiſtoriqves de la Bible (par Claude Paradin). *A Lyon, par Jean de Tovrnes,* MDLIII. — Qvadrins Hiſtoriqves de l'Exode. *A Lyon, par Jean De Tovrnes,* MDLIII. (Un feuillet blanc entre les deux parties). — Les figvres dv Novveav Teſtament (avec les ſixains de Charles Feontaine). *A Lyon, par Jean De Tovrnes,* MDLIIII, in-8°, fig. ſ. bois, mar. rouge, filets à compartim., tr. dor. (*Koehler*).

153. Qvadrins Hiſtoriqves de la Bible. Reuuz, et augmentez d'un grand nombre de figures. *A Lion par Ian De Tovrnes*, MDLVIII. — Figvres dv Novveav Teſtament. *A Lion par Ian De Tovrnes*, MDLVIII, (deux feuillets blancs entre les deux parties) in-8, mar. bleu, fil. tr. dor. (*Bauzonnet Trautz*).

154. Figvres du Novveav Teſtament. *A Lion par Ian De Tournes*, MDLIX. in-8, fig. ſ. bois. mar. rouge, fil. tr. dor. (*Niédrée*).

155. QUADRINS Hiſtoriques de la Bible, Reuuz et augmentez d'un grand nombre de figures. *A Lion, par Ian De Tovrnes*. MDLX. in 8°, fig. ſ. bois, mar. rouge, fil. tr. dor. (*Niedrée*), un feuillet blanc, portant au recto un fleuron.

REMARQUE SUR LES ÉDITIONS DE 1558 & 1560.

Édition de 1558 :

Le titre eſt mieux compoſé que celui de l'édition de 1553, & il eſt entouré d'un riche encadrement. Au verſo du feuillet A 5, & en regard de la première figure de la Genèſe, eſt un Prologue qui ne ſe trouve pas dans l'édition de 1553. Dans l'édition de 1553 la Genèſe ſe termine à la ſign. F2. Dans l'édition de 1558 ce livre ſe prolonge juſqu'à la ſign. G 5 avec une augmentation de figures. Vient enſuite un Prologue qui précède l'Exode, livre qui ſe continue ſans interruption, tandis que dans l'édition de 1553 l'Exode forme une partie nouvelle avec titre ſpécial. Le dernier ſonnet qui eſt à la fin de l'Exode, dans l'édition de 1553, ne ſe trouve pas dans celle de 1558.

Edition de 1560 :

Le titre a un encadrement différent de celui de l'édition de 1558, la lettre C de l'Epitre de Cl. Paradin eſt différemment hiſtoriée. Ce ſont les ſeules différentes qui exiſtent entre ces deux éditions. Ainſi l'édition de 1560 ne ſerait autre que celle de 1558, avec réimpreſſion du titre (accompagné d'un encadrement & de la date de 1560), & des quatre feuillets préliminaires. L'édition de 1560 ſe borne aux *Quadrins hiſtoriques de la Bible*.

En 1559, De Tournes a donné une ſeconde édition des *Figures du Nouveau Teſtament*. ce ſont les figures de 1558, & le texte réimprimé. au verſo du dernier feuillet il a placé une marque qui ne ſe voit pas dans l'édition de 1558.

Ces remarques peuvent intéreſſer les bibliophiles qui recherchent & collectionnent les productions de ce célèbre imprimeur. Elles indiquent auſſi que, pour une collection Lyonnaiſe, ces deux éditions, qu'on pourrait conſidérer comme un double emploi, ſont indiſpenſables.

156. Icones Hiſtoriae Veteris et Novi Teſtamenti, carminibus Latinis et Gallicis illuſtratae, in quibus expoſitus Hiſtoria in ſingulis exhibita figuris. — Figures hiſtoriques du Vieux et du Novveav Teſtament, accompagnées de quadrains en

Latin et en François, qui expofent l'hiftoire repréfentée en chaque figure. *Genevae apud Samvelem De Tovrnes*, MDCLXXXI, 2 parties en un vol. in 8, fig. f. bois, mar. bleu, tr. dor. (*Niedrée*).

Bel exemplaire lavé & emollé.

157. Hiftoriarvm memorabilivm ex Genefi defcriptio, per Gulielmem Paradinum. — Hiftoriarum memorabilivm ex Exodo, per Gulielmum Borluyt. *Lvgdvni apud Joan. Tornaefium*, MDLVIII, 2 parties en un vol. in 4, fig. f. bois, mar. noir, filets à froid, et fleurons en or. tr. dor. (*Niedrée*).

Edition Latine des Quadrins de la Bible.

158. Figvres de la Bible, illvftrees de hviĉtains francoys. *A Lyon, par Gvillavme Roville*, MDLXX. — Figvres dv Novveav Teftament, illuftrees de huiĉtains Françoys. *A Lyon, par Gvillavme Roville*, MDLXX. in-8, fig. f. bois, mar. vert, filets à compart. tr. dor.

Huiĉtains françois par Cl. de Pontoux, figures de Moni. Sur le titre de la première partie eft la fignature du Duc de Valentinois.

159. Figvres de la Bible declarees par ftances, par G. C. T. (Gabriel Chappuys Toulongeau), augmentees de grand nombre de figures aux Actes des Apoftres. — Figvres dv Novveav Teftament declarees par ftances, par G. C. T. *A Lyon, par Eftienne Michel*, 1582. *Imprimé à Lyon par Bafile Bouquet*, MDLXXXII, in-8, fig. f. bois, mar. rouge, filets, coins à petits fers, tr. dor. (*Niedrée*).

Deux feuillets blancs entre les deux parties. Au recto du premier la vignette au vafe, appartenant à Barthelemi Honorati.

160. Figvres de la Bible declarees par ftances, par G. C. T. augmentees de grand nombre de figures aux Actes des Apoftres. *A Lyon, par Barthelemi Honorati*, 1582.—Figvres dv Novveav Teftament declarees par ftances, par G. C. T. *A Lyon, par Barthelemi Honorati*. MDLXXXII, *Imprime a Lyon par Bafile Bouquet*, MDLXXXII, in-8, fig. f. bois, mar. rouge, filets à comp. tr. dor.

En tête de la feconde partie eft une planche pliée : *Defcription de la Terre Sainte*.

161. Argumenta Singuloru (népre. 80) capitu gñalia : quuor euagelifta7 : hõ i libello carmé : foluta orõne : z Imaginibs defcripta : cõtinétur : *Impreſſum Antuerpie : per me Joanem*

deglen : .....Anno uirginei partus : 1533. Die uero 13 Janij. petit in-4, goth. de 16 ff. 15 figures f. bois de la grandeur des pages. mar. citron, filets tr. dor. anc. rel.

162. Suite de 38 planches tirées d'un livre d'Heures, de format in-8, imprim. fur parchemin, montées fur papier in-4, avec des encadrements, repréfentant divers fujets de la Bible gravés fur bois vers la fin du xvᵉ fiècle. in-4, dem. rel. dos et coins de mar. rouge (*Traut͡z Bou͡zonnet*).

163. Collection de 56 belles eftampes fur bois, enlevées d'un livre d'Heures, et collées fur des feuilles petit in-folio. au bas de chacune eft un quatrain en français et en caractères gothiques. à la tête du volume on a placé un beau portrait gravé fur cuivre. l'ancien poffeffeur de ce volume l'a intitulé : Vie de l'Homme. mar. vert, fil. tr. dor. anc. rel.

164. La Vie de Moïfe repréfentée par figures. *A Lion par Jan de Tournes*, 1560, in-4, fig. f. bois. Exemplaire extraordinaire tiré fur grand papier in-folio. veau écaillé, filets.

165. Tréfors de la Bible. Bibels Trefoor, Ofte der zieben tufthof, vytgebeelt in figueren, doov verfcheyden Meefters. Ende gerneden, doov Chriftoffel van Sichem. *Amfterdam*, 1646. in-4, figures. dem. rel. de mar. rouge.

166. Figures de la Bible. Biblifche figuren..... *Franckfurt am Mayn. Sigmand Feyrabend*, MDLXXII. in-4 oblong. mar. brun, fil. tr. dor. (*Niedrée*).

Belle fuite de figures f. bois, avec des quatrains en Latin & en Allemand.

167. Matthaeus Merian. Jeones biblicae praecipuas Sacrae fcripturae hiftorias eleganter et graphice reprefentantes..... *Strafzburg in Verlengung La͡zari Zetners*. in-4 oblong. mar. rouge, filets à compart. tr. dor. (*Duffeuil*).

Voir la defcription de ce curieux volume dans Brunet, tom. III, p. 363.

168. Biblifche hiftorien figürlich fürbeldet Durch den Walberū meten Sebald Vehem/von Nuremberg. *francoforti Chriftianus Egenolphus excudebat*, (à la fin) MDXXXVI. petit in-4, fig. f. bois, veau brun.

Première édition, avec toutes les pièces indiquées par Baitch.

169. Biblicae Hiftoriae, magno artificio depictae, et utilitatis

publicae caufa Latinis epigrammatibus à Georgio Aemilio illuftratae. *Francoforti Chriftianus Egenalphus excudebat*, MDXXXIV. petit in-4, fig. f. bois, mar. bleu, filets à compart. tr. dor.

170. Icones Biblicae veteris et novi Teftamenti. Fleuren biblifcher hiftorien altenund neuen Teftaments proprio aeri incifae, et venales expofitae a Melch. Kyfel auguftano. *Aug. Vindelicor*..... 1679, in-4, dem. rel. dos et coins de mar. rouge, non rogné.

Exemplaire auffi complet que l'indique Brunet, tom. 11, p. 786, moins toutefois la dernière qui n'aurait que 42 figures, plus un fleuron fur un feuillet.

171. Neuwe Biblifche figuren..... *Franckfurt*, 1571. petit in-8, fig. f. bois. vélin.

Recueil de 200 jolies figures, de Jort Amman, pour l'Ancien & le Nouveau Teftament, & l'Apocalypfe. Sur le titre eft la fignature : Ballefdens.

172. Icones Biblicae, arte chalcographica et poetica praecipus S. Scripturae hiftorias perquam eleganter repraefentantes. *Francof. impenfis Joh Ammonii*, 1638. 3 parties en un vol. in-12 oblong. demi rel. de veau antique.

Les quatrains font en latin, Allemand & Français.

173. Novae Sacrorvm Bibliorvm figurae verfibus Latinicis et Germanicis expofitae, a Samuelem Glorerum. *Straſburg*, MDCXXV. in-8, fig. f. bois, veau fauve, filets.

174. Recueil des figures de la Bible, de l'édition de la Bible de Royaumont, de Hollande, tirées fur papier in-8 fans texte. Epreuves d'artifte. dem. rel. dos et coins de mar. rouge, non rogné.

175. Les peintures facrées de la Bible. Ancien et Nouveau Teftament. Recueil de figures gravées en taille-douce par des artiftes du XVIIᵉ fiècle. in-4 oblong, dem. rel. de veau fauve.

Les figures réunies dans ce volume appartiennent à l'ouvrage intitulé : *Les peintures facrées de la Bible, par le R. P. Antoine Girard. Paris, Ant. de Sommarville*, 1656, *in-folio*, dont il exifte auffi une première édition de 1653. Elles avaient paru pour la première fois dans l'ouvrage fuivant : *Bible Francoife felon la Vulgate..... par Pierre Frizon..... Paris, J. Richer et P. Chevalier*, 1621. L'abbé Zani (*Enciclop. delle B. A.*), qui indique cette traduction de la Bible, parle, avec éloge, des figures qui la décorent. Elles font en effet remarquables & méritent d'être confervées.

176. Biblia Veteris Teftamenti et Hiftoriae. *Franc. apud Hermannum Gulffericum*, Anno MDLI. — Novi Teftamenti Jefv Chrifti hiftoria effigiata. Vna cum alijs quibufdam iconibus. *Franc. apud Herm. Gulffericum.* — Sanctorvm et Martyrvm Chrifti icones quaedam artificiofiffimae. *Franc. apud Chr. Egenolfum.* — Apocalypfis S. Joannis. *Francofvrti excudebat Hermannus Gulffericus.* 1551. 4 parties en un vol. pet. in-8, fig. f. bois, veau antique, filets d'or & compart. à froid, tr. dor.

177. XL, heerliich afbeeldindinghen..... Johannis Wierix.

Repréfentation de N.-S. Jéfus-Chrift, avec fes Apôtres & les Evangéliftes, les fept vertus & péchés capitaux, & les fept planètes, gravée par Jean Wierix. *Tot Delff, Nic. de Clerck,* 1609. petit in-8, vélin.

178. Figures (219) de la Bible, par Tempefta, fans texte, in-8, dem. rel. dos et coins de mar. rouge.

179. Endwolge. Recueil de figures pour le Nouveau Teftament, gravées fur bois. *Francfort,* 1587, in-4.

180. Figures des Evangeliftes, gravées fur bois. *Impreffum Francoforti ad Moenum, per Ioannem Freyerabendi. impenfis Sigifmondi Freyerabendi.* Anno MDLXXXVII, in-4, mar. rouge, fil. tr. dor. (*Niedree*).

Sans chiffres, avec des réclames, fign. A.-L. par 4 ff. Le titre eft en Allemand. Chacune des figures eft accompagnée d'un quatrain en latin & d'un huitain en Allemand.

181. Harmoniae Evangelicae libri quatuor, in quibus Evangelica hiftoria ex quatuor Euangeliftis. ita in vnv eft contexta, et nullius verbum vllum omiffum, nihil alienum immixtum, nullius ordo turbatus, nihil non fuo loco pofitum omnia vero literis et notis ita diftincta fint, vt quid cuiufq3 Euangeliftae proprium, quid cum alijs, et cum quibus commune fit primo ftatim afpectu deprehendere queas. Elenchus Hamoniæ. autore Andrea Ofiandro. *Antuerpiae, apud Matthaeum Crommicum.* Anno 1540. in-8, fig. f. bois.

182. Harmonię Euägelicae libri quatuor... deprehendere queas. *Parifiis apud Galeotü à prato, in prima columna aulae Regii Palatii.* 1544. in-8, fig. f. bois, mar. raifin de Corinthe, filets à froid, tr. dor. (*Bauȝonnet Trauȝ*).

183. Harmoniae Evangelicae libri quatuor..... deprehendere queas. *Parifis, apud Hieronymü de Marnef, et Gulielmu*

Cauellat, fub. Pelicano, monte D. Hilarij. 1564. in-8, mar.
biftre, tr. dor. (*Duru*).

184. Les Figvres de l'Apocalipfe de Saint Ian, Apoftre, et dernier Euãgelifte, expofées en Latin et vers Françoys. *A Paris,
de l'imprimerie d'Eftienne Groulleau.* 1552. petit in-8, fig. f.
bois. mar. vert, compart. d. de mar. vert, tr. dor.(*Thompfon*).

Ouvrage de Jean Mauguin, dit le petit Angevin. Exemplaire non rogné.

185. Les figvres de l'Apocalipfe de faint Ian Apoftre, et dernier Euangelifte, expofées en Latin et vers françois. — Dix
hiftoires du Nouveau Teftament, expofées tant en Latin, que
rithme françoyfe, par le petit Angevin. *A Paris,* 1557, *de
l'imprimerie d'Eftienne Groulleau.* petit in-8, fig. f. bois, mar.
bleu, tr. dor. (*Koehler*).

186. Il fiore di tutta la Biblia hiftoriato z di nouo in lingua
Tofca corretto. Con certe predicationi, tutto tratto dal teftamento uecchio, comminciando dalla creatione del mondo
in fino alla natiuita di Jefu Chrifto. *Stampato in Vinegia,
per Giouanne Padouano,* nel 1553. petit in-8, fig. f. bois,
veau fauve, fil. tr. dor. (*Hering*).

187. Recueil de figures de la Bible, gravées fur bois, in-12
oblong, dem. rel. dor et coins de mar. rouge.

188. Hiftorifche Bilder liber. Recueil de Figures de la Bible.
188 pages chargées, chacune, d'une figure à mi-page, avec
des médaillons au bas, le tout gravé par Krauffen. 1703.
grand in-8, veau fauve, fil. tr. dor.

189. Icones Veteris Teftamenti. Jlluftrations of the Old
Teftament, engraved on wond, from defigns by Hans Holbein. *London, William Pickering.* 1830. in-8, cart. à dos
de maroquin, non rogné.

190. Sommario hiftorico raccolto dalla Sacra Biblia, dal
Flauio, da Egefippo, et da altri fcrittori, e di belle e varie
figure ornato, del Sig. Chrifoftomo Miliani, nel quale fi
racconta breuemente tutto quello di notabile, che dalla creatione di Adamo fino all'ultima diftruttione di Gierufalemme,
nella continuatione di quattro mila e trentanoue anni
auuenne al popolo Hebreo. *In Bergamo, appreffo Comino*

Ventura. CIƆIƆXC. in-4, figures fur bois dans le texte. veau fauve, fil. tt. dor.

191. Opera noua contemplatiua ꝓ ogni fidel chriſtiano laquale tratta de le figure del teſtamento vecchio : le quale figure fono verificate nel teſtamento nuouo : con le due expoſitione : et con el detto de li propheti fopra eſſe figure : ſicome legendo trouerete : et nota che ciaſchuna figura del teſtamento nuouo trouareti due del teſtamento vecchio : lequale fono affigurate a quella del nuouo et ſempre quella del nuouo fara poſta nel meggio di quelle dua dil vecchio : coſa belliſſima da ītédere achi ſe dilectano de la ſacra ſcrittura. nouamente ſtampato.

Ce titre, entouré d'un très-joli encadrement, occupe le recto du premier feuillet, blanc au verſo. les deux derniers feuillets font blancs au recto. au verſo du 7ᵉ feuillet du cah. H on voit la figure de la Vierge, & au recto du 6ᵉ du même cahier, entouré du même encadrement du titre, on lit :

Opera di Giuāniandrea Uauaſſore ditto Vadagnino. *ſtamparo nouamēte nella inclira cirta di Vinegia.* Laus Deo. fans date, fans chiffres ni réclames. fign. A-H, par 8 ff. total 64 feuillets au lieu de 62 indiqués par Brunet (tom. III, p. 561), qui n'a pas copié fidèlement le titre, en corrigeant un peu les mots. petit in-8. caract. goth., fig. f. bois, mar. rouge, dentelle et coins, tr. dor. dans un étui. (*Niedrée*).

192. L'Hiſtoire dv Vieux et du Nouveau Teſtament, avec des explications édifiantes, tirées des Saints Peres pour regler les mœurs dans toute forte de condition, dédiée à Monſeigneur le Dauphin, par le fieur de Royaumont Prieur de Sombreval. *fuivant la copie imprimée à Paris cheʒ Pierre le Petit.* 1680. 2 vol. in-8, figures dans le texte, mar. vert, large dentelle, d. de tabis. tr. dor. (*Dérome*).

193. Hiſtoire Sacrée en tableaux, Avec leur explication et quelques remarques chronologiques. *A Paris, cheʒ Charles de Sercy.* 1670 (titre du 1ᵉʳ volume). Hiſtoire facrée en tableaux, pour Monſeigneur le Dauphin, avec leur explication fuivant le texte de l'Ecriture, et quelques remarques chronologiques, par M. de Brianville, abbé de S. Benoiſt de Quinçay lès-Poitiers. chez le méme. 1671 et 75. (titre du

2ᵉ et 3ᵉ vol.). 3 vol. in-12, figures de Sébastien Le Clerc. mar. bleu, dent. tr. dor.

194. Jesv Christi Dei Domini Saluatoris ñri Jnfantia. petit in-4, veau fauve, fil. tr. dor.

Recueil de jolies figures de Wierx, avec un sixain en Latin au bas de chacune.

195. L'Enfance de Jesus, tableaux flamands, poëme tiré des compositions de Jérôme Wierix ; par L. Alvin, avec quatorze planches et une notice biographique sur les trois frères Wierix, graveurs du xvɪᵉ siècle. *Imprimerie de Louis Perrin*, 1860. petit in-8, br.

Protographies de Michelet faites sur les originaux de Wierix.

196. Speculum passionis domini nostri Jhesu christi. Jn quo relucét omnia singulariter vere et absolute : puta. Omnis pfectio yerarchie omniũ fidelium beatitudo. Omnes virtutes. Dona. Fructus. Et spiritualiũ bonorũ omnium efficacia. Quod in fine prime partis huius speculi manifestissime cõprobat! Speculum de passione domini nostri Ihesu christi cum textu quatuor euãgeliftarũ. et qm̃ plurimorum doctorũ vberrimis desup glosis : cum figuris puleris et magistratibus et cum mirũ immodum contẽplationibus et orationibus deuotis : non minus et de duodecim admirãdis fructibus ligni vite : et stupendis mysteriis sanctissime crucis per doctorem Vdalricũ Pinder cõuexũ : et in ciuitate impiali Nurembergen. bene visum et impressum finit feliciter Anno salutifere incarnationis Mcccccvii, Die vero xxx mensis Augusti. in-fol°, fig. s. bois, magnifique exemplaire, relié par Trautz Bauzonnet en mar. cramoisi, couvert de riches compartiments, tranches marbrées et dorées.

Dans ce livre, outre les petites figures répandues dans le texte, on remarque 40 grandes figures gravées par Stans Schauffelein, élève d'Albert Durer. Son monogramme se trouve a la figure en regard du feuillet Lxɪɪɪɪ, il est accompagné de deux petites pelles par allusion à son nom qui est le diminutif du mot Allemand *Schauffel*, pelle.

197. Speculum passionis. in-fol°, cuir de Russie, tr. dor.

Même ouvrage que le précédent. On lit sur le titre : Monasterium Althominster. 1542. Sermones et exhortationes ad Monachos, Johannis Tritemij. D. Dionysij Areopagite de mystica theologia. De vita sancti Corbiniani episcopi.

198. Paffionis Chrifti vnvm ex quatuor euangeliftis textum.

Ce titre est fuivi de fix vers de Ringmannus Phileinis ad lect. dont les premières et dernières lignes forment ces mots :

Mors Xrifti. Vita noftra.

On lit au bas du 6° feuillet D :

Ioannes Knoblouchus imprimebat Argeñ. fans date, in-folio, fig. f. bois, mar. biftre, filets d'or à compart. et dentelle à froid, tr. dor.

On a ajouté en tête du volume l'eftampe du Chrift par L. Jogan, d'après A. Safario, & fur l'intérieur des plats on a collé deux anciennes gravures fur bois, figures de Saints en pied, tirées fur papier bleu.

199. Paffio Domini noftri Iefu Chrifti / ex euangeliftarum textu q3 accuratiffime deprompta additis fanctiffimis exquifitiffimis q3 figuris. *Ioānes Knoblmëchus imprimebat, Argeñ.* Ann. MDVII. in-fol°, figures fur bois de V. Gemberlein (les mêmes que celles de l'article qui précède, mais de tirage différent. Il y a auffi des différences dans la compofition du texte). veau fauve, fil. tr. dor.

200. Paffio Domini litteraliter et moraliter ab Henrico de Firmaria explicata. *Impſſuȝ Oppëheym.* Sans autre indication et fans date. A-D par 4 ff. in-4, fig. f. bois. mar. vert, tr. dor. (*Trautȝ Bauȝonnet*).

201. Paffio Jefu Chri amarulenta, certis et primarijs effigiata locis, uario carmine Benedicti Chelidonij, et tandem Chriftiani Jfcherij illuftrata. *Coloniae in officina Quenteliana.* Anno uirginei partus MDxxvi. petit in-8, fig. f. bois, veau marbré, filets.

202. Contemplatio totius vitae et paffionis Domini Noftri Jefu Chrifti. *Venetiis, apud Joannem Oftaum, et Petrum Valgriſſum.* MDLvii. *in officina Erafmiana venundatur.* petit in-8, fig. f. bois, dem. rel. dos et coins de mar. rouge (*Capé*).

203. Hiftoria paffionis, mortis, fepvltvrae, et refurrectionis Iefu Chrifti, interrogationibus et obiectionibus explicata : et iconibus artificiofè expreffa. in gratiam et vfum fcholarum puerilium, ut feparatim praelegi et ennarari pueris poffit. Luca Loffio Luneburgenfi autore. *Francoforti, apud Chr. Egenolphum* (à la fin) MDLiii. très-petit in-8, fig. f. bois, mar. bleu, large dent. tr. dor. (*Niedrée*).

204. Chriftvs crucifixvs : Carmen cothvrnatvm catraftrophi-

cumq3, cruedelis Chrifti cunctorum credentium conferua-
toris, cruciatus caedemq'3 cruentam contumeliofum'que
contiones, Chriftumq'3 celebrandi cohoneftandiq'3 caufa,
cunctis Chrifti crucifici cultoribus, caftalidumque candidatis
communicandi caufa, commiffum. concinnatore, Chrifti
crucifici, caftalijq'3 chori cultore, Chriftiano Pierio Colonienfi. *Francoforti ad Moenvm*, MDXXVI. *Impreffum Francoforti ad Moenvm, ex officina haeredum Chriftiani Egenolfi,
impenfii Adami, Loniceri, Ioannis Coipij, Doctorum, et Pauli
Steinmeyers.* MDXXVI. petit in-8, fig. f. bois, caract. italiques, huitains en Latin et en Allemand. mar. vert, filets à
compart. tr. dor. (*Niedrée*).

205. Paffion Dauitique du benoift ʒ trefdoulx Iefuchrift compofée par Reuerend pere en Dieu Jehan (Jean Lothon)
frere ʒ Abbe de la Noe, au diocefe Deureux. On les vend
*a Paris par Jehan Petit libraire iure en luniuerfite : demourant
en la grant rue fainct Jacques : a lenfeigne de la fleur de Lys.
Imprime a Paris par Maiftre Pierre Vidoue / pour..... Jehan
Petit......* le XVII iour de Mars, Lan mil cinq centz vingt et
troys. in-4, goth. fig. f. bois, mar. rouge, tr. dor. (*Duru*).

a de 6 ff. b-d par 8, e & f par 4, G-y par 8 & 4.

206. Chebedt on fes heeren onde Zalighmaerckers Iefu
Chrifti, Twelckmen ghemeynbijck noen ﬀ Pater nofter, oft
den dader ong ; Ghebedts-ghwijs-uyt-gheleyt, Dooz P. Carolus Scribani Priefter der fouet'eyt Iefv. ʒ *Amfterdam, by
Pieter Jacobfʒ. Paets.* Anno 1631. in-4 de 8 ff., une grande
figure fur bois à chaque feuillet, mar. vert, tr. dor. (*Trautʒ
Bauʒonnet*).

Figures remarquables par la fineffe du deffin. Ce font des fcènes de la Paffion,
elles portent le monogramme M. H. inv. C. V. S. gravées, felon Brulliot, par Chrif-
tophe Van Sichen, d'après Martin Henskerten.

207. De XV bloetftoringen ons heeren Ihefu Chrifti mer die
fevenwenen onfer lieuer vrouwen. *Leyden, by mi Claer Adriaen-
foon.* Sans date. 13 figures de la Paffion gravées fur bois.
Dans le même volume : Die Paffie verrifeniffe onde hemeluaert
ons heeren Iefu Chrifti. *Lyden, Simon Van Op.* Sans date.

Très-petit in-8, dem.-reliure de mar. vert.

208. Crvciatvs Beatae Mariae virginis fuper félij morte, autore
Francifco Bonado. in-8 de 26 feuillets chiffrés, fans lieu ni

date. fig. f. bois, mar. rouge, doubles filets, tr. dor. (*Bau-zonnet*).

209. Rappresentatione della Passione del nostro Sig. Giesv Christo. nel modo che si recita e rappresenta dalla dignis-sima Compagnia del Confalone, di Roma il venerdi santo nel Colifeo. Aggiuntovi di nuouo la Rappresentatione della Resurretione. *in Piacenza per Giovanni Razachi*, 1608. très-petit in-8, fig. f. bois, veau fauve, fil. tr. dor.

210. La perpetua cruz o Passion de Iefv Christo nueftro Sénor dende le principio de fu incarnacion hafta fv mverte. repre-sentade en quarenta estampas que se reportent de balde. y explicada con differentes razones y orationes de deuocion. *en Amberes, en le emprente de Cornelio Woons*. 1650. in-12, fig. f. bois. veau antiqué, fil. tr. dor. relié fur brochure.

Les figures font de Criftophe Zeglaer, d'après Antoine Sallort.

211. Decada de la Passion de Nveftro Redemptor Iefv Christo; con oltra obra intitvlada Cantico de fv gloriofo refurreccion; compuefta per el illvftriffimo fénor Don Juan Coloma, Sénor de la Baronia de Elda, Alcayde del Caftillo de Alicante, Viforrey y Capitan General per fu Mageftad en efte Reyno de Cordéna. *En Caller*, MDXXVI *por Vincencio Sembenino, impreffor del Reuerendo Doctor Nicolas Cañyellar, Canonigo y Vicario General de la Yglefia de Caller*. petit in-8, figures. mar. rouge, tr. dor. (*Trautz Bauzonnet*).

8 ff. préliminaires. A-k par 8 ff. L de 6. Les chiffres fautent de 86 à 89 fans lacune dans le texte, la réclame au bas du feuillet 86 correfpondant au commencement du feuillet 89. Q-S par 8 ff. le 8 feuillet de la fign. R qui devait porter le chiffre 136 eft blanc. la fign. T s'arrête au 5ᵉ feuillet & au chiffre 149, c'eft la fin de la *Decada*. fui-vent 3 ff. blancs. Vient enfuite le *Cantico de la Refvrreccion*, occupant 15 ff. chiffrés 152 à 166 & fignés V & X.

212. (La grande Passion d'Albert Durer) 1511.
Epitome in Divae Parthenices Mariae hiftoriam ab Alberto Durero Norico per figvras digeftam cvm verfibus annexis Chelidonii. Impreffum Nurnberge par Albertum Durerum Anno chriftiano Millefimo quingentefimo undecimo. — Paffio domini noftri Iefu, ex Hieronymo Paduano, Dominico Bancino, Zedulio et Baptifta Mantuano, per fratrem Che-lidonium collecta cum figuris (Alberti Dureri). idem. in-folº, veau brun.

Il manque à cet exemplaire le feuillet A11 & les feuillets C111 à v. on a compofé ces 4 feuillets en ajoutant à la fin 4 autres figures d'Albert Durer, détachées.

213. Petite Paſſion d'Albert Durer. ſuite de 36 pièces. on lit la date de 1510 à la ſeconde planche, de 1502 à la 12ᵉ et à la 35ᵉ. in-4° oblong. demi-rel.

214. Figure Paſſionis Domini noſtri Ieſu Chriſti, *Bruxellae apud Iannem Momardum.* Anno MDLxxxvii. petit in-4, mar. rouge, tr. dor. (*Duru*).

Figures de la Petite Paſſion d'Albert Durer.

215. Paſſio, Reſvrrectio, atq3 in coelis Aſcenſio Dñi noſtri Ieſu Chriſti, inventa et adumbrata à Joh. Jacobo â Sandrant. neo-coelatis iconib3 expreſſa. publicaq3 luci exhibita â Chriſtophoro Weigelio. *Auguſtae*, A. MDCxciii. Recueil de figures, in-8, veau brun.

216. La Paſſione di N. S. Gieſv Chriſto d'Alberto Durero di Norimberga. Sporta in ottaua rima dal R. P. D. Maurilio Moro, Canon. della Congr. di S. Giorgio in Alega. *in Ve-netia* MDCxii. *Apreſſo Damiel Biſſuccio*, in-4.

Ce ſont encore les figures de la petite Paſſion d'Albert Durer. Son portrait, gravé ſur bois, ſur le titre.

217. Suite de 38 planches montées ſur 20 feuillets avec des encadrements, gravées ſur bois par un habile artiſte de l'école de Sienne, repréſentant la vie et la paſſion de J.-C. avec ce titre : Sopra i Miſterii della Corona, del Sig. del Padre Don Franceſco Pifferi dal Monte San Sauino Camul-dolenſe, Dottor Theologo in Sienna, *appreſſo Matteo Florini in Banchi* MDCii. in-4, dem.-rel. dos et coins de mar. rouge (*Trautz Bauzonnet*).

218. Hoe Chriſtus ons leert bibden. Den Vader onſe. die xii articulen. *Amſterdam, Henrich Welbertſoon.* ſans date, 32 figures ſur bois.

Dans le même volume, dits een devote ende innige verma-ninge totten..... *Leyden, bi my Ian Mathuzoan.* ſans date. très-petit in-8, dem.-rel. de mar. vert.

BIOGRAPHIES BIBLIQUES.

219. LE GRANT VITA CRISI en francoys.

(Titre en tête du premier feuillet, dont tout le reſte eſt blanc.)

Tome Ier.

1re partie, a-t par 8 ff. v de 6, dont le dernier blanc.
2e partie, a a-xx par 8 ff. (au recto du 7e feuillet xx on lit)
Cy finiſt la ſeconde partie ſelon le tranſlateur, et la première
ſelon lacteur de ceſtuy prouffitable liure de la grãd vie de
iheſucriſt. Senſuyt la premiere table de cette tierce partie
qui eſt ſelõ lordre des chapitres. (au verſo du 8e feuillet de
ce cahier) Cy finiſſent les trois tables de ceſte partie.

Tome IIe.

Seconde partie des meditacions ſur la grand vie de iheſucriſt. A-N par 8 ff. viennent enſuite trois cahiers qui ſem-
bleraient avoir été imprimés après la fin de l'ouvrage ; ces
cahiers ſont ſignés I de 8 ff. II de 6. § de 6. ſuivent les
ſignatures O-z par 8 ff. (Il faut remarquer que les deux
colonnes du recto du 6e feuillet de ce dernier cahier ſont
l'une de 4 lignes, l'autre de 5 lignes, de moins que les
colonnes courantes de l'ouvrage). AA-MM par 8 ff. NN de
6. O de 10 dont le dernier blanc. En tête du verſo du 8e
feuillet de ce dernier cahier eſt la ſoufcription ſuivante, et
la marque de l'imprimeur. Cy finiſt le tresbel et proffitable
liure des meditacions ſur la vie de Jehſus Criſt prins ſur les
quatre euangeliſtes. Et compouſe par venerable pere Ludolphe religieux de lordre des Chartreux, et tranſlate de latin
en francois par venerable..... frere Guillaume Lemenand
maiſtre en theologie de lordre de monſeigneur ſaint François..... *Imprime en la cite de Lyon ſur le Roſne par maiſtre
Jacques Buyer bachelier en cheſcun droyt citoyen. et Matthieu
Hus de la nacion dallemaigne imprimeur habitant dudict Lyon.*
Lan mil quatre cens quatre vingtz et ſept et le ſeptieſme iour
de iullet. gros in-folº goth. fig. ſ. bois, diviſé en 2 volumes

reliés en mar. biſtre, ornements à froid, tr. dor. (*Trautʒ Bauʒonnet*).

J'ai décrit la compoſition de cette édition, parce qu'elle eſt d'une inſigne rareté. Je conſidère mon exemplaire (d'ailleurs dans toutes ſes marges, rempli de témoins et preſque non rogné) comme unique. elle n'exiſte dans aucune bibliothèque de Paris ni de Lyon. La bibliothèque de Beſançon en poſſède un exemplaire qui eſt très-imparfait. il avait appartenu à un couvent de religieuſes qui s'en ſervaient comme de livre de prières & qui l'ont horriblement mutilé. Je donne la deſcription de celui-ci dans mon exemplaire de la *Bibliographie Lyonnaiſe du XVᵉ ſiècle*, de M. Pericaud.

220. LE PREMIER (et le ſecond) volume du grāt vita xp̄i trāſ-late de latin en francoys. Cy finiſt le tresbel ʒ prouffitable liure des meditatiōs ſur la vie de Jeſuchriſt : prins ſur les qua-tre euāgeliſtes. Et cōpoſe par venerable pere Ludolphe / reli-gieux de Lordre des chartreux Et trāſlate de latin en frācoys p̄ venerable ſciétificque ʒ eloquéte perſonne frere Guillaume lemenand / maiſtre en theologie de lordre de mōſeiḡr ſainct Frācoys : a la requeſte de treſpuiſſant treſexcellant ʒ treſma-gnificque prince moneiḡr le duc de Bourbon / cōſtable de France. *Imprime a Paris par Guillaume de boſſoʒel impri-meur demourant en la rue ſainct Jacques au Chaſteau rouge pres les Mathurins.* ſans date. in-folᵒ goth. à 2 colonnes, fig. ſ. bois. mar. biſtre, dentelle et compart. à froid, tr. dor. Signature : Larochefoucauld ſur le titre.

221. Vita Jeſu Chriſti redéptoris noſtri ex ſecundiſſimis euāge-liorum ſententiis et approbatis ab eccleſia doctoribus excerpta per Ludolphum de Saxonia ſacri chartuſianorū ordinis obſer-uātiſſimū cum tabulis ſerie alphabetica cōcinnatis Aeſeté Anne vita ſummiſq3 diui Joachim laudibus : reuuolſoq3 antiquorū errorum cumulo. exactiori lima c̄p prius Lugd. ipreſſa atq3 ornato figurarū culta inueſtita. 1522. à la fin : Vita dn̄i noſtri..... *Lugd. coimpreſſu Opa magiſtri Guilhelmi huyon calcographi ſeduli, ſumptibus vero honorati viri Jacobi q. frāciſci de Giunta : ʒ ſociorum florentini.....* Anno..... Mccccij, die xͦo xii menſis Aprilis. in-4 goth. à 2 col. fig. ſ. bois.

222. Jeſv Chriſti vita, iuxta quatuor Euāgeliſtarū enarrationes, artificio graphicer perquam elegāter pincta, vna cum totius anni Euangeliis ac Epiſtolis. *Antverpiae, ex officina Matthaei Crommij, ſub interſignio ſcuti Delphici.* An. MDXLI. in-12. fig. ſ. bois, mar. rouge, tr. dor.

223. De vita et beneficiis Saluatoris Jesu christi. in-16, goth. veau fauve, fil. tr. dor. (*Hering*).

Le titre est suivi d'une marque, au bas de laquelle on lit : Gilles de Gourmont. Une figure sur bois au verso du titre, & une autre au recto du dernier feuillet qui est blanc.

224. La Vie de ihẽsucrist. *On les vend à Lyon en la maison de Claude Nourry / dict Leprince* (a-c par 8 ff.). Cy finist le liure intitule la vie de nostre saulueur et redempteur iesucrist tres vtile et profitable a tous bons chrestiens z chrestiennes / Auquel ont este adiouxtez plusieurs beaulx vers selon la matiere / cõe il appert dedãs le liure. — La mort et passion de Jesuchrist / laquelle fut cõposee par les bons z experts maistres Gamaliel / Nycodoumes / z Joseph dabarimathie disciples secretz de Jesuchrist les quelz en ont traicte bien au long / car ilz estoyent tousiours presens mieulx que les euangelistes. Cy finis la mort et passion de iesucrist. La demande de sainct Augustin des douleurs de nostre dame. Les complaintes de la glorieuse vierge marie. La resurrection de nostre saulueur Jesucrist. (f-i. par 8 ff.) — Le trespassemét de nostre dame. Cy finist le trespassement de nostre dame. — De sainct iehan leuangeliste. Cy finist de sainct Jehan leuangeliste et de son martyre en brief. (v de 4 ff.) — La destructiõ de iehurusalem et Végeance de nostre saulueur et redempteur iesuchrist / faicte par Vaspasien empeur de Romme / et par Tytus son filz. (A de 8 ff. B de 4, C de 6.) Cy finist la végeance de la mort z passion de nostre saulueur et redempteur iesucrist. *Imprimee a Lyon sur le rosne par Claude Nourry / dict le Prince.* le xxv de May, lan de grace Mccccxxvii. in-4, goth. à longues lignes, fig. s. bois, mar. rouge, dentelle et fleurons, tr. dor. (*Trautz Bauzonnet*).

225. La historia del iudicio del figliolo de dio Iesu cristo (titre suivi d'une grande figure sur bois). in-4 de vingt feuillets, sans lieu ni date, imprimé probablement à Venise, lettres rondes, à longues lignes. 9 figures s. bois à pleines pages, cuir de Russie, dentelles à compartiments à froid.

226. La Vie de nostre Seigneur, selon les quattres Euangelistes. *Imprime en Anvers par Matthieu Crom.* Lan MDxli. petit in-8, goth. fig. s. bois suivies de dixains. mar. bleu, fil. tr. dor.

227. La Vie de noftre feigneur Jefus Chrift par figures / felon le texte des quatre Euangeliftes / ʒ les Euangiles / Epiftres ʒ Propheties de toute lannee / chantees en la Meffe / auec aulcunes oraifons. *En Anuers, cheʒ Jean Richard a lefcu de Bourgoingne.* Lan Mcccccxliiii. *Imprimee par Jehan de Graue.* in-8, goth. fig. f. bois, mar. rouge, filets à compart. à froid, d. de mar. rouge, dent. tr. dor.

228. Figures hiftoriques, reprefentant en abrégé la vie de N. S. Jefus Chrift; les Actes des Apotres, et l'Apocalypfe, tirés du Nouueau Teftament par J. C. (Jean Carteron). *A Lyon, chés Jean Carteron.* MDCLxxii. in-12, fig. f. bois, mar. vert à compartim. tr. dor., non rogné.

229. Hierothonie de Iefvs-Chrift; ou Difcovrs des fainct Svaires de noftre Seigneur, extrait et traduit du Latin de Jacques Chifflet, par A. D. C. P. *A Paris, cheʒ Sebaftien Cramoify.* MDcxxxi. in-8, veau fauve, fil. tr. dor.

La planche du faint Suaire de Befançon s'y trouve. Une note manufcrite fur le faint Suaire de Cahors.

230. Jefv Chrifti vita, iuxta quatuor Euangeliftarŭ narrationes, artificio graphicer perq eleganter pincta, vna cŭ totius anni Euāgelijs ac epiftolis, nec non pijs precationibus magna cōmoditate adpreffis. *Antverpiae, apud Matthaeum Cromme, pro Adriano Kempe de Bouchout.* Anno MDxxxvii. 24 Dec. in-8, fig. f. bois, veau marbré.

231. Je fuis F. F. Jo. de mōte Parifienfis minorite cum cantu Verfibus elegis accomodo. in-4, fans chiffres ni reclames, fign. A-F par 4 ff. mar. vert, large dent. tr. dor. (*Capé*).

Ouvrage en vers, imprimé par Nic. de la Barre, dont la marque fe voit fur le titre. Il exerçait à Paris dans les premières années du xvie fiècle. Au verfo du titre eft une Epître : F. Io. de Monte Anthonio de Stagno Engolifinorum epifcopo viro integerrimo. elle eft fignée : Ex cenobio noftro Parifieñ. Octavo idus Jullij. fuivie de deux vers avec mufique notée.

232. Defenforiŭ inuiolate perpetaeq3 virginitatis factiffime dei genitricis Marie. Jn quo adducuntur xlvi naturalia et mirabilia exempla : davorŭ fcriptorŭ auctoritate roborata. in-4, goth. de 30 ff. fans nom d'auteur, fans lieu ni date, fans chiffres ni réclames, fign. a-c par 8 ff. d. de 6. mar. vert, filets à compart. tr. dor.

Imprimé en Allemagne vers 1480. 53 figures fur bois, au-deffous de chaque figure, à partir de la 3ᵐᵉ, eſt un diſtique en Latin avec la traduction en Allemand ; vient enſuite l'explication du ſujet en Latin. L'auteur veut prouver la virginité de la Sainte Vierge par comparaiſon avec des anecdotes plus ou moins merveilleuſes, tirées de différents auteurs, et repréſentées par les figures.

OUVRAGES DE DÉVOTION.

233. Senſuivent les quinze effuſions de ſang de noſtre Sauueur ꝫ redempteur Ieſus Chriſt / que toutes perſonnes doibuent dire deuotement..... Cy finent les quinze effuſions..... *Imprimee a Paris / pour Guillaume Merlin / marchant libraira iure en luniuerſite de Paris / demourant ſur le pont au change e lenſeigne de lhomme Sauuage / deuat lorloge du Palays.* ſans date, in-8, goth. fig. ſ. bois. mar. vert, fil. tr. dor. (*Niedrée*).

234. Les quinze effuſions du ſang de noſtre Seigneur ꝫ redempteur Jeſus Chriſt que chacune perſonne doit dire deuotement. *A Paris pour Guillaume de la Noue / demeurant rue ſainct Jacques au nom de Jeſus.* ſans date. fig. ſ. bois, 8 ff. — Extraict de pluſieurs Saincts Docteurs, propoſitions, dicts ꝫ ſentences, contenāt les graces, fruicts profits Utilitez ꝫ louanges du tres ſacre ꝫ digne ſacrement de lautel. fig. ſ. bois. 40 ff. — Cy commence Vne petite inſtruction et maniere de viure pour une femme ſeculiere : ꝫ comme elle ſe doit conduire en penſees parolles ꝫ oeuures au long du iour, pour tous les iours de ſa vie, pour plaire a noſtre Seigneur Jeſus Chriſt, ꝫ pour amaſſer richeſſes celeſtes au profit ꝫ ſalut de ſon ame. 24 ff. — Senſuiuent pluſieurs deuotes oraiſons et meditations ſur la mort et paſſion de noſtre Seigneur Jeſus Chriſt, auec le voyage ꝫ oraiſon du Mont de Caluaire, et auſſi une meditation pour leſpace d'une baſſe Meſſe. fig. ſ. bois. 24 ff. in-8, goth. mar. rouge, tr. dor. (*Koehler*).

235. Les quinze effuſions de ſang de noſtre Seigneur Ieſus Chriſt, *imprime a Troyes / par Nicolas du Ruan.* ſans date. petit in-8, goth. fig. ſ. bois, mar. violet.

236. Les quinze effuſions du ſang de noſtre Sauueur et redempteur Jeſuchriſt. en la fin des quelles ſont adiouſtez les douze

vendredis blancs. *nouuellement imprimees a Paris.* MDLxxvii.
in-8 de 16 ff., fig. f. bois. mar. bleu, filets à froid, tr. dor.
(*Bauʒonnet*).

237. Les xv effufions du precieux fang de noftre Sauueur ʒ
redempteur Jefus Chrift / que lon doit dire deuotement.
a Anvers, de l'imprimerie d'Arnould Coniox. MDxciii. petit
in-8, goth. fig. f. bois. mar. rouge, filets à froid, tr. dor.
(*Bauʒonnet*).

238. Horologiũ deuotionis circa vitam Chrifti. Orationes
fiue collecte illius preclariffime virginis beate Brigide, quas
dicebat ante ymaginem Ihefu crucifici. Oratio pulchra de
fancta Veronica. *Augufte in Anthonii Sorg officina impreffum*
Anno domĩ Mcccclxxix. petit in-8, fig. f. bois. veau
fauve, fil. tr. dor. (*Niedrée*).

a-n par 8 ff. o de 10. au recto du 9ᵉ eft la figure du faint fuaire.

239. Le liure de nouuel imprime faifant mention des fept
parolles que noftre benoift faulueur ʒ redépteur Jefuchrift
dict en larbre de la croix : auec aucunes expofitions ʒ contemplations fur icelles : extraictes des dictz et fentences des
docteurs autétiques ʒ approuuez de faincte eglife auec aucunes additions utiles ʒ prouffitables contenans lefdictes
parolles. MDxxxviii. *imprime a Paris / pour les Angeliers /*
tenãs leur boutique en la grand falle du Palais / au p̄mier
pillier / deuãt la chappelle de meffieurs les Prefidens. Cy fine le
liure de nouuel imprime..... *imprimees nouuellem̄t à Paris /*
par Eftienne caueiller / imprimeur / demourant a la rue du Bon
puuʒ / a lenfeigne des cinq mirouers. in-8 goth. fig. f. bois.
ancienne reliure en veau noir, filets et fleurons.
On lit fur l'un des plats : Vng. qv il touiours dvre. FG.
Et fur l'autre :   En tout, pacience.   EG.

Volume de 195 ff. chiffrés, plus un blanc, réglés. Entre le 4ᵉ feuillet (lequel eft
chiffré xciii) & le 5ᵉ on trouve deux feuillets fupplémentaires non chiffrés, contenant
au verfo du 1ᵉʳ & au recto du 2ᵉ un errata imprimé en caractères romains. Le recto
du 1ᵉʳ & le verfo du 2ᵉ font occupés par deux grandes figures de Jéfus fur la croix. A
la fin de l'errata on lit ce naïf avertiffement : Nota que es hiftoires de ce prefent liure
ou les Larrõs font attachez de cordes (qui eft vng erreur) fault quilz foyent clouez de
cloux, ainfi que eft touche en ce premier liure. L'ouvrage eft imprimé en caractères
gothiques & en caractères ronds. L'exemplaire eft dans toutes fes marges.

240. Le liure de nouvel reimprime faifant mention des fept
parolles que noftre benoift faulueur et redempteur Iefuchrift

dit en larbre de la croix : auec aulcunes expofitions ⁊ con-
téplations fur icelles : extraictes des dictz ⁊ fentéces des
docteurs autentiques et approuvez de faincte eglife / auec
aulcunes additions utiles ⁊ prouffitables concernans les dictes
parolles. *imprime a Paris par Chreftien Wechel / demourant a
lefcu de Bafle.* MDxxxv. in-4. fig. f. bois. veau fauve, fil.
tr. dor.

241. Le viat de falut trefneceffaire ⁊ vtile a tous chreftiens
pour paruenir a la gloire eternelle. imprime a Troyes par
lautorite du Reuerend pere en Dieu Monfieur leuefque du
dit lieu. lequel commanda a fon § enne dernier Mccccxxvi
celebre le xv de May a tous curez / chapellais / vicaires / ⁊
maiftres defcolle auoir ce prefent liure, pour le lire ou faire
lire au Profne les dimenches et feftes, et aux efcolles / aux
enfans capables de lentendre. et a cefte fin a donne le dict
Reuerend a tous fes fubgetz qui deuotement liront ce prefent liure ou efcouteront lire : auec bon propos de foy
amender / ⁊ viure felon la doctrine de noftre feigneur : qua-
râte iours de vray pardon : toutes les foys ⁊ quantes qui le
liront ou efcouteront lire. *Imprime a Troyes chez Jean Lecoq
imprimeur et libraire demourant deuant noftre dame.* fans date.
très-petit in-8 goth. fans chiffres ni reclames. mar. bleu,
tr. dor. A-E par 8 ff. F de 7. au recto du dernier une figure
fur bois, et au verfo la marque de l'imprimeur. Le dernier
cahier doit fe terminer par un feuillet blanc.

242. Ce que l'on doibt feauoir de néceffité abfolue et par
commandement, pour eftre fauué. le tout reprefenté avec
cinquante et deux images en taille de bois, qui font gratui-
tement données : et expliqué par le P. Iudocus Andrien.
à Anvers, chez Cornille Woons. 1654. petit in-12, veau
fauve.

243. Jl non plus vltra di tvtte le fcienze, richezze, honori, e
diletti del mondo, con l'aggionta della via ficura del Para-
diffo, ed altre varie curiofità. *In Venetia* MDCLxxxii. *per
Steffano Curti.* petit in-12, fig. f. bois. dem. rel. dos et coins
cuir de Ruffie.

244. Petit traicte appelle Larmeure de pacience en aduerfite /
trefconfolatif / pour ceulx qui font en tribulation / auquel

font bien au long declarez plufieurs grand prouffitz qui font
et fe trouuent es tribulations et aduerfitez paciemment en-
durees. mil cinq cens xxxvii. Cy finift le liure appelle Larmeure de pacience *nouuellement imprime a Paris, et fut acheue
de imprimer* le iiii iour de Januier Mil cinq cens xxxvii. in-8,
goth. mar. vert, fil. tr. dor. (*Koehler*).

Deux figures fur bois au recto & au verfo du titre. une autre au recto du dernier
feuillet qui eft blanc.

245. Ein allerhailfamfte warnung vor der fulfchen lieb difer
Werlt. (Très falutaire avertiffement du faux amour de ce
monde). fans lieu ni date. petit in-4 de 11 ff. cuir de Ruffie,
fil. tr. dor.

Trois curieufes figures fur bois. la feconde, qui reprefente le dernier jugement, fe
fait furtout remarquer.

246. Hortulus anime (en Allemand).

Les deux mots du titre, imprimés en rouge & noir, font au recto du 1er feuillet,
au verfo duquel commence le calendrier. Au verfo du dernier feuillet fe lit le lieu de
l'impreffion : *Zñ Strasburg Durch Iohannē Knoblouchan.....* hundert und fybēcar. &
au-deffous la marque de l'imprimeur. très-petit in-8 goth. imprimé en rouge & noir.
fig. f. bois. mar. bleu, fil. tr. dor.

247. Ortulus rofarum de valle lachrymarum.

Une figure fur bois, et au bas :

Claude Saumar. Ortulus Rofarum de valle lachrymarum finit
feliciter. fans lieu ni date, fans chiffres ni réclames. petit
in-8, gothique de 12 ff. fignés a—c, fig. f. bois. dem. rel.
de mar. violet, à grandes marges.

248. Le Jardin des rofes de la vallée des larmes. trad. du latin,
par J. Chenu. *A Paris, typographie Panckoucke.* 1859. petit
in-12, pap. de Hollande. mar. rouge, fil. tr. dor. (*Trautz
Bauzonnet*).

249. Le manuel des Dames. Cy fine le manuel des dames
compofe par vng ieune celeftin a la louange de Dieu et au
prouffit de celles a qui fadreffe le prefent efcript. *Imprime a
Paris pour Anthoine Verurd marchāt libraire demourāt a Paris
deuant la rue neufue ñre dame pres loftel dieu a lenfeigne fainct
iehan leuāgelifte | ou au palais au premier pillier deuant la
chapelle ou lon chāte la meffe de meffeigneurs les prefidens.* Sans
date. in-8, goth. fig. f. bois, légèrement coloriées. mar.
biftre, filets d'or et dentelle à froid, tr. dor.

250. MEMORIAL de la vie chreſtienne contenant la maniere de parfaitement former un chreſtien, et tout ce qu'il eſt obligé de faire depuis le commencement de ſa conuerſion, iuſques à ſa perfection. compoſe par le Reverend Pere Loys de Grenate de lordre des Preſcheurs. traduit de l'eſpaignol en· françois, du commandement de feu Monſeigneur illuſ-triſſime Cardinal de Lorraine, par N. Colin, Chanoine et Treſorier de l'Egliſe de Reims, Secretaire dudit Seigneur. *A Rheims, chez Jean de Foigny, à l'enſeigne du Lion.* 1582. petit in-12, réglé. mar. jaune, couvert de compartiments, tr. dor.; au dos, la tête de mort, les Armes de France, et le : *Spes mea Deus.* Reliure de Henri III.

251. Hieropaediae, id eſt, Doctrinarvm piarvm ex Euangelijs anniuerſarijs pro pueris libri quatvor. M. Johannis Clau Hertzbengenſis. *Lipſiae,* CIƆIƆXXCVII. *Lipſiae imprimebat Zacharias Bernuardus.* Anno MDLXXXVII. petit in-8 , fig. ſ. bois, veau brun.

A l'intérieur des plats on a collé deux anciennes figures ſur bois. la première repréſente la Cène, la ſeconde une ſcène de ſympoſium dans laquelle N. S. bénit des vaſes.

252. Itinerarium ſiue peregrinatio beate virginis z dei geni-tricis marie. finis itinerarij ſeu peregrinationis beate marie virginis. Sans lieu ni date. Sans chiffres ni réclames. Sign. a—d par 8 ff. e de 4. petit in-4, goth. fig. ſ. bois. vélin blanc.

Imprimé à Memmingen, par Alb. Kune, ſelon Haine.

253. La Peregrination ſpirituelle : vers la terre ſainte en Jeru-ſalem, Bethleem, au Jordan etc. compoſée en langue Thyoiſe par feu F. Jean Paſcha, D. en theologie. et nouuel-lemét tranſlatée par vénérable Seigneur Nicolas de Leuze, dict de Fraxinis, chanoine de ſaint Pierre à Louuain, et licentié en la ſacré theologie. *A Louuain, de l'imprimerie de Jean Bogard à la Bible d'or.* Sans date, petit in-4, encadre-ments et figures ſ. bois. veau brun, filets, ornements ſur les plats, tr. dor. anc. rel.

ACÉTIQUES ET PARAENETIQUES SERMONAIRES.

254. Gerſon de Ymitatione criſti cum tractaculo de meditatione cordi. (à la fin) Tractatulus aureus et perutilis de per-
fecta ymitatione xp̄i et vero mundi contemptu cum tractaculo de meditatione cordis finiunt feliciter *per Johannem
Zeiner vlmen C.* Anno LXXXVII (1487). petit in-8, mar.
biſtre, tr. dor. (*Trautʒ Bauʒonnet*).

8 ff. préliminaires pour le titre & la table, le dernier blanc. 182 ff. chiffrés, ſans
ſignatures ni réclames. Les lettres initiales ſont remplies en encre rouge. Zeiner a
publié la première édition, indiquant Th. a Kempis comme auteur, & celle-ci ſous
le nom de Gerſon.

255. Thomas de Kempis. De imitatione chriſti, ʒ de contemptu omniū vanitatū mundi. De interna cōuerſatione.
De interna locutiōe chriſti ad animam fidelem. Cum quanta
reuerentia Chriſtus ſit ſuſcipiendus. Itm̄ Johannes Gerſon
de meditatione cordis. (à la fin du recto du 8ᵉ feuillet) Fratris Thome de Kēpis de imitatione criſti et de cōtemptu
mūdi deuotū et utile opuſculū finit feliciter. Incipit tractatus
de Meditatiōe cordis mgri Johis gerſon. (à la fin) Tractatulus venerabilis magiſtri Joānis Gerſon de meditatione
cordis. *Luneborch , impreſſus p̄ me Johannē Luce :* Annn dn̄i
MCCCCXCii. die Mens'May. finit feliciter. petit in-8, goth.
mar. biſtre, tr. dor. (*Thompſon*).

Sans chiffres ni reclames, 6 ff. liminaires dont le dernier blanc B—X par 8 ff. Les
majuſcules remplies en encre rouge.

256. Incipit liber primus fratris Thome de Kēpis canonici
regularis ordinis s̄ti Auguſtini. De imitatione chriſti ʒ de
contēptu omniū vanitatū mundi.(au verſo du LXIIIᵉ feuillet)
Fratris Thome de Kempis de imitatiōe chriſti : deq3 ᷾ temptu
mundi deuotū ʒ utile opuſculū finit feliciter. Incipit tractatus de meditatione cordis magiſtri Johannis gerſon. (au
recto du LXVI et dernier feuillet) Tractatus venerabilis m̄gri
Johānis Gerſon de meditatiōe cordis. *Lugduni impſſus p̄
Johēʒ treſchel artʒ impreſſorie magiſtri.* Anno n̄re ſalūt.
MCCCCLXXXIX, die vō XI menſis octobris finit feliciter.
petit in-4, goth. veau biſtre, ornement gauffré.

A de 4 ff. b—h par 8 i de 12. Sans réclames. Les folios chiffrés en tête. On a cousu à la fin du volume le cah. a qui contient la table des chapitres.

257. Joannes Gerſon de Imitatione Chriſti et de Contemptv Mundi in Vvlgure ſermone. Fine della deuota operetta de Joanne Gerſon della imitatione de chriſto et del diſpregio del mōdo. Et duna epiſtola di Joāne Neapolitano ad Siluia uergine : la qual exhorta a la religiōe. *Impreſſa a Venetia per Matheo di codeca da Parma ad inſtātia de Meſtro Luca Antonio florentino* nel anno del Signor MCCCCLXXXVIIII. adi XXVI de nouembrio Regnante lo inclyto principe Auguſtino barbarico. in-4, lettres rondes, ſans chiffres ni réclames, ſign. a —kVII. mar. rouge, fil. tr. dor.

258. Thomas à Kempis, Canonici Regularis, Ordinis Sancti Auguſtini, de Imitatione Chriſti, libri qvatvor, recenſiti ad fidem autographi anni MCCCCXLI. *Pariſiis, apud Sebaſtianum Martin, typographum iuratum, viâ Scotiae, ſub ſigno S. Ioannis Euangeliſtae.* MDCLVII. in-8, mar. rouge, fil. t. dor. anc. rel. Exemplaire en grand papier.

259. De l'Imitation du Chriſt, livres quatre, traduits en grec par P. G. Maïp. *Paris, impr. de Firmin Didot.* 1825. in-18. veau racine, dent. tr. dor.

260. De l'Imitation de Jeſus-Chriſt. traduction nouvelle. *A Paris, chez Antoine Dezallier.* MDXCII. in-12, figures. veau brun, tr. dor. dans ſa première reliure avec la Croix de la maiſon de Saint-Cyr ſur les plats.

A la première feuille de garde on lit, écrit de la main de Mme de Maintenon :

Madame de Saint-Pars.

Un des rares exemplaires avec la figure, Audi filia, à la tête de ſecond livre. Voir ſur cette célèbre traduction l'article que M. Barbier lui a conſacré dans ſon *Dictionnaire des Anonymes*.

261. Le Livre de l'Internelle Conſolation, nouuellement reueu, et diligemment corrigé. MDXL. *On les vend à Lyon, chez Frācoys Juſte, deuāt noſtre dame de Cōfort.* in-16. goth. dem. rel. dos et coins de veau bleu.

262. Le livre de l'internelle conſolation. Et y ſont adiouſtées les Tentatiōs du diable, auec la defenſe du bon Ange. *A Lyon, par Jean de Tournes,* MDXLIII. in-16. mar. rouge, fil. tr. dor. (*Trautz Bauzonnet*).

263. Le liure intitule Internelle confolation nouuellement corrige. Cōfolationes tue letificauerūt animā meā. *On les vend
a Paris | en la rue fainct Jaques a lenfeigne de la Licorne.* Cy
fine le liure de l'internelle confolation | *nouuellement imprime
a Paris par Joland bonhomme demourant a la rue Sainct Jaques
a lenfeigne de la licorne pres les Maturins.* et fut acheue lan
MDLIIII, le XXVIII iour de May. in-8, goth. mar. vert, tr.
dor. (*Trautz Bauzonnet*).

Au dernier feuillet la marque de Thielman Kerver.

---

264. Le Lucidaire.

Ce feul mot, pour titre, eft à la tête d'un feuillet blanc, dont le verfo eft occupé
par une figure fur bois, repréfentant la Sainte Vierge debout, tenant l'enfant Jéfus
dans fes bras, entourée de rayons, & pofée fur un croiffant. Le Saint-Efprit eft
placé auprès d'elle.

Sans lieu ni date. petit in-4, goth. de 32 feuillets à longues lignes. mar. rouge,
dent. tr. dor.

265. Lucidaire. Au prefent liure deffus nōme eft cōtenu
diverfes matieres fubtilles et merueileufes en maniere d'in-
terrogation comme le difciple demande a fon bon maiftre.
Maître | quelle chofe eft Dieu. Ou eftoit il deuant qu'il fift
le monde. Des faces | gibelayns | forcieres | z des fonges.
Comment on fe doit confeffer | et a qui. Deladuenement
du faulx antecrift. Pourquoy la lune pert la clarte aul-
cune ffoys. Qu ceft de larc au ciel. Dont viennēt les ventz
| tonnerres | gelees | neiges | pluyes | rosees | z telles
chofes femblables. Pourquoy la mer eft falee. Du grant
iugement | et plufieurs aultres chofes. Cy finift Lucidaire
tres vtile. *Imprime a Lyon fur le Rosne par Claude nourry.*
Sans date. in-4, goth. à longues lignes, fans chiffres ni
réclames. a—f par 4 ff. le dernier blanc. mar. bleu, fil.
tr. dor. (*Koehler*).

266. Cy cōmēce vng petit liure intitule les douze deuotes
contemplations prerogatiues excellences et graces indicibles
du triomphāt et victorieux nom de Jefus nouuellement imprime. *On les vend à Bourges a lenfeigne de la fleur de lys
pres le cymetiere fainct Pierre le puellier.* Cy finent les douze
deuotes contemplations...... *nouuellement imprime a Bourges*

par *Barthelemy hurtault marchant et libraire demourant à Bourges*...... Sans date. in-8, goth. mar. vert, fil. tr. dor. (*Koehler*).

267. Thesauro fpirituale vulgare in rima z hyftoriato, compofto nouamente da diuote perfone de Dio z della gloriofa vergine Maria a côfolatione de li catholici z deuoti chriani. (*Stampato nella*) *iclita citta di Venetia*, p *Nicolo Zopino e Vicêtio côpagno*. nel MDXXIIII Adi II de Nouêb. Regnâte lo iclito principe meffer Andrea Gritti. petit in-8. fig. f. bois. mar. violet, filets à comp. tr. dor.

La grande figure du titre eft fignée : Sovan Andrea de Vavafori.

268. Le Dialogue de confolation entre lame et raifon faict z compofe par Vng Religieux de la reformation de lordre de fonteurault : *nouuellement imprime à Paris*, MDXXVIj. *On les vend en la rue neufue noftre dame a lêfeigne Sainct Jehâ Baptifte | pres saincte Geneuiefue des ardans : par Denys Janot*. in-8, goth. Sans chiffres ni reclames. A—V par 8 ff.. veau fauve, fil. tr. dor. (*Niedrée*). Dans toutes fes marges.

269. Manuel d'oraifons et prieres deuotes, fur la vie de Jefus-Chrift felon la defcription des Euangeliftes, par frere Ludolphe Carthufian : Auquel eft adioufte une oraifon de la mifere de la condition humaine, et du refuge que deuons auoir à Chrift notre redempteur. Le tout traduit de latin en françois par Georges Farinant, natif de la ville d'Ath. *En Anvers, de l'imprimerie de Chriftofle Plantin*. MDLXXXVIII. in-16. fig. f. bois. mar. bleu, fil. tr. dor.

270. L'AIMABLE MÈRE DE JÉSUS. Traité contenant les divers motifs qui peuvent nous infpirer du refpect, de la dévotion et de l'amour pour la très-fainte Vierge. traduit de l'Efpagnol par le R. P. D'Obeilh, de la compagnie de Jéfus. *à Amiens, pour la veuve de Robert Hubant*. 1671. in-12. mar. rouge, compartiments & incruftations de mar. vert, d. de mar. bleu à riches compartiments à petits fers, tr. dor. belle reliure de Niedrée, dans un étui. exemplaire pur et dans toutes fes marges.

Ce volume, imprimé par Daniel Elzévir, eft un des plus rares de la collection elzévirienne. Il y a des exemplaires dont le titre porte : *Amfterdam, chez Daniel Elzevier*. Daniel Elzevier avait probablement fait cette édition à frais communs avec

la veuve Hubant, à qui il en aurait vendu à l'avance une partie. Au refte, l'impreffion de ce volume eft toute avec les caractères elzéviriens, & pareille à celle des
exemplaires à l'adreffe de Daniel Elzévir, d'Amfterdam.

271. Cy commence vne petite inftruction et maniere de viure
pour vne féme feculiere | cōmét elle fe doibt cōduire en
péfees | en parolles z oeuures | tout au long du iour | pour
tous les iours de fa vie | pour plaire à noftre Seigneur Jefu-
chrift | et amaffer richeffes celeftes au proffit z falut de
fon ame. *Imprime à Paris, par Guillaume Merlin, libraire iuré.*
fans date. in-8, goth. figure fur bois. veau orange, fil.
tr. dor.

272. Inftitvtion de la femme chreftienne, tant en enfance,
mariage, que viduité; enfemble le deuoir de mari. Le tout
mis en françois du latin de Louïs Viues, par L.T. C. *A Lyon,
par Jean de Tovrnes*, MDLXXX. in-16. vélin blanc, tr. dor.
dans fa première reliure du temps.

On lit fur les plats : Catherine Dv Soleil, avec un foleil au centre & une fleur
marguerite au dos. En tête du volume il y a une épître dédicatoire de De Tournes,
A trefuertueufes & trefnobles Damoifelles Marguerite et Catherine de Mandelot,
filles du tres-preux..... François de Mandelot, Seigneur de Paffi..... Gouuerneur et
Lieutenant General de Sa Majefté à Lyon, Lyonnois, Forefts et Baujolois. Le volume
paraît avoir appartenu à *Catherine.* François de Mandelot eut deux filles de fon
mariage avec Éléonore de Ruberftet; Marguerite, l'aînée, époufa, en 1588,
Charles de Neufville d'Alincourt; la feconte, Catherine, mourut fort jeune. Il y
eut, en 1578, un abbé du Soleil, Cuftode de Sainte-Croix, fils de George du Soleil.

273. Le chevalier chreftien, compofe en latin par Erafme, et
puis traduit en langue françoyfe. *A Lyon, par Jean de
Tournes*, MDXLII. in-16. mar. rouge, filets et fleurons, tr.
dor. (*Koehler*).

274. Les grands Iours du Parlement de Dieu, publiez par
monfieur S. Matthieu. Où tous chreftiens font adiournez à
comparoiftre en perfonnes, pour refpondre fur les grands
blafphemes, tromperies, et deceptions du regne qui court,
qui font les fignes de l'Antechrift. *A Paris, par René Ruelle,
demourant rue S. Jacques, à l'enfeigne S. Nicolas.* 1615.
in-12, fig. f. bois dans le texte. mar. bleu, filets et riche
dentelle, tr. dor. Dans toutes fes marges.

275. Quadragefimale opus Parrhifiis declamatū in ecclefia
fancti Johannis de grauia : per venerabilem Patré facre

scripture interpretem diuini verbi preconem eximium : fratrem Oliuerium Maillardi ordinis fratrum minorū, Parisius sub eodem recollectū : ac nouissime magno labore correctū impressioniq3 traditū. Venundatur Parrhisiis ab Johāne paruo in via ad diuū Jacobum sub Lilio aureo. finiadest... sermonum per fratrem Oliueriū Maillardi...Anno MCCCCXCVIII declamatorum...... *ac typis Petri gromors excusorum. expensii..... Johānis parui bibliopole......* Anno dñi Millesimo quingentesimo vigesimo. die uero quarto octobri. (Suivent 4 ff. de table non chiffrés). — Opus quadragesimale egregiū Magistri Oliuerii Maillardi...... quod quide3 in ciuitate nannetēn, fuit per eūdem publice declaratū ac nuper Parisiis impressum. Sermonum quadragesimalium hactenus nusq̄ impressum per fratrem Oliuerium Maillardi..... impensis honesti viri Johannis petit..... finis adest die xxvj Junii Anno domini Millesimo quingentesimo decimo octauo.

2 parties, portaut chacune, sur le titre, la marque de Jehan Petit.

En un vol. in-8, goth. à 2 colonnes. veau antiqué.

276. Diuini eloquij preconis celeberrimi fratris Oliuerii Maillardi ordinis minorū professoris : Sermones de aduentu : declamati Parisiis in ecclesia sancti iohannis in grauia. finis..... sermonū de aduentu..... *opera philippi pigouchet.....* Anno..... Mcccc. die vii mensis maij. — Quadragesimale opus declamatū parifiorū vrbe ecclesia sancti Johannis in grauia : per..... fratrem Oliuerium Maillardi... finis sermonū quadragesimaliū..... *opa Philippi pigoucheti...* Anno.... Mcccc. xxvi Junii. (Suivent 7 ff. de table chiffrés et un blanc). — Diuini eloquij preconis..... fratris Oliuerii Maillardi..... Sermones Dominicales..... fratris Oliuerii Maillardi sermones..... *Parisius..... per Philippū pigouchet impressi.....* Anno dñi Millesimo quingentesimo. die uero xiiij mensis Augusti. (Suivent 5 ff. de table non chiffrés). Diuini verbi preconis..... Oliuerij Maillardi..... Sermōes finiūt feliciter. *impssi Parisius p philippū pigouchet : impēsis eius ac iohānis petit. iohānis richard : durādi gerlier parisiēsiū librariorū.* Anno dñi Mccccxiiii mensis Augusti.

3 parties, portant chacune la marque de Philippe Pigouchet.

En un vol. in-8, goth. mar. citron, fil. tr. dor.

277. QUADRAGESIMALE nouum editū ac predicatū a quodam

fratre minore de obferuantia in inclita ciuitate Bafilien̄. de filio prodigo ꝫ de angeli ipfius ammonitoē ꝑ fermones diuifū. Explicit quadragefimale de ꝑfec̄ta cōuerfione peccatoris ad deum per veram penitentiam fub parabola filii ꝑdigi erarātū. *Impreffum Baȝileae per Michaelem fufter ciuē Bafilien̄.* Anno incarnationis dn̄i Mccccxv. in-8, goth. à 2 col., figures f. bois fingulières. mar. bleu, tr. dor. (*Trauȝ Bauȝonnet*).

278. Diuinū ac proinde ineftimabile : fed ꝫ omniūque hueufq3 de chriftifera virgine fcripta funt : preclariffimū ariale opus a Santio portafacri ordinis predicatoū cōuētus Cefarauguftani | facrarū litterarū exemio profeffore eo dēq3 predicatore facundiffimo | facriq3 palatii magiftro | feliciter editū : nuperq3 diligentiffime recognitu et accuratiffime caftigatū. (Titre en rouge, encadré de figures et de vignettes en noir). Pars hyemalis fermonum venerabilis Santii portafacri ordinis predicatorum..... finitur. *impffa Lugd. opera atq3 induftria probi viri Joānis Cleyn alemāni chalcographi atq3 bibliopole.* Anno a natiuitate chrifti faluatoris noftri decimo feptimo fupra millefimū ꝫ quingentefimū : extrema manus appofita fuit circa finem Januarij. (Suit le regiftre et la marque de l'imprimeur). in-4, goth. à 2 colonnes.

279. Prediche di Savonarota.
Predica del arte del ben morire.

Suit une grande figure fur bois, & au verfo :

Predica dellarte del bene morire, fac̄ta dal Reuerendo Padre frate Hieronymo da Ferrara aldi 11 di novembre MCCCCLXXXXVI. et raccolta da Ser Lorézo Violi da la uiua uoce de ꝑdec̄to Padre métre eū predicaua. — Trac̄tato o uero Sermone della oratione compofto du frate Hieronymo da Ferrara. — Trac̄tato del facramento et de myfterii della meffa et regola utile cōpofta da frate Hieronymo da Ferrara. — Libro della vita Viduale. — Operetta molto diuota cōpofta da fra Girolamo da Ferrara dellordine de frati predicatori fopra edieci comādamenti di dio diritta alla Madonna o uero Badeffa del muniftero.

280. Sermon dv Jvgement final, vniuerfel et general, de

Jeſus Chriſt noſtre Seigneur et Sauueur, colligé et aſſemblé des Oracles Prophetiques, Sermons euangeliques, Epiſtres Apoſtoliques, propres et pures ſentences des ſainćts Doćteurs Grecs et Latins : dédié et conſacré à monſeigneur Monſieur M. Pierre d'Apinac, Comte et Chamarier de l'Egliſe cathedrale de ſaint Jean de Lyon : traduit et tourné de Latin en Françoys par Léonard ſanier, preſtre de ſainćt Eſtienne de Furan, et Chanoine de ſainćt Rambert en Foreſt, au diocèſe de Lyon. *A Lyon, par Pierre Merant*, 1567. *Imprime à Lyon, par Francoys Durette*, 1567. petit in-4 de 22 ff. veau fauve, fil. tr. dor.

281. Diſcours de Monſeigneur Guillavme Le Blanc Eveſque de Graſſe, et Vance. A ſes diocéſins, touchant l'afflićtion qu'ils   des loups en leurs perſonnes, et des vermiſſeaux en leurs figuiers en la preſente annee mil cinq cens nonante ſept. *A Tournon, par Claude Michel, imprimeur de l'Vniuerſité.* MDXCVIII. petit in-8, veau marbré.

SUITE DE LA THEOLOGIE MORALE

MÉDITATIONS, PENSÉES ET INSTRUCTIONS CHRESTIENNES

PRÉPARATION A LA MORT.

282. Johannis Lambergij Carthuſiani, in artū, uitam, paſſionem et glorificationem Saluatoris noſtri Jeſu Chriſti, eiuſq3 ſacratiſſimae matris uirginis Mariae, Theoriae centū et quinquaginta, ex ſacris Biblijs aptiſſime concinnatae. *Coloniae apud Juſparē Gennepaeum.* MDXLV. in-8. fig. ſ. bois. mar. bleu, tr. dor.

283. Deuotiſſime meditationes de vita ; beneficiis : et paſſiōe Saluatoris Jeſu chrī cū gratiarū aćtione. In officina excuſoria Sigiſmūdi Grim : Medecine doćtoris : ac Marci, wyrſung : *Auguſte Vindelicor*, quinta die Aprilis. Anno TC. DDD xx. (Sur la vignette du titre) MD. xx. petit in-8, fig. ſ. bois. vélin blanc, tr. dor.

284. Compendio di cento meditacioni facre, fopra tutta la vita, e la paffione fi del Signore, come della Madonna, e fopra tutti gli altri efercitij della vita fpiritua'e. Raccolta dal R. P. F. Chriftoforo Veruch'no dell' ordine de' frati Minori Capucini. Aggiuntevi in quefta vltima impreffione le meditationi della paffione di N. S. Giesù Chrifto, diftribuite per i fette giorni della fettimana dell' if*effo autore. *In Venetia,* MDCIIII *apreffo Nicolò Mifferino.* pet. in-12, fig. f. bois, vélin.

285. Paraphrafe, ou Meditation fur l'Oraifon Dominicale, avec autres opufcules, comme verrez en la page fuyvante, de nouveau reveux, corrigez et augmentez. le tout par M. Claude d'Effence, Doéteur en theologie. *A Lyon, par Jean de Tournes,* MDXXXXX. in-16. mar. rouge, fil. tr. dor. aux Armes de De Thou.

286. Horologium deuotionis circa vitam Chrifti. Explicit horologiū deuotionis. Sans lieu ni date, fans ch'ffres ni réclames. A—GVIII. plus un feuillet. petit in-8, fig. f. bois, dem. rel. de mar. violet.

Exemplaire dans toutes fes marges. Les majufcules remplies à la main en encre rouge.

287. Pfalteriū virginis matris marie deuotis medita exornatū. Sans lieu ni date, fans chiffret ni réclames. a—e par 8 ff. g de 6. petit in-16, goth. mar. bleu, tr. dor. (*Niédrée*).

Joli volume, dans toutes fes marges, imprimé fur beau papier fort. La marque de l'imprimeur fe voit au-deffous du titre & au verfo du dernier feuillet qui eft blanc. Plufieurs mots font imprimés en rouge. Les majufcules font remplies à la main en encre rouge. On a peint fur le titre un écuffon d'azur avec double lambel d'or.

288. D. Dionyfii Carthufiani de quatuor hominis nouiffimis liber, nunc in quatuor partes diuifus, qvarvm 1 de Morte, 11 de Judicio, 111 de Inferni paenis, 1111 de Gaudiis beatorum. Eivsdem item de particulari iudicio animarum dialogus. Acceffit R. P. Ioannis Polanci è Societate Jefu ad adiuuandos morituros methodus et nonnula alia quae in epiftola dedicatoria continentur. *Lvgdvni apud haeredes Gulielmi Rouillij.* 1591. in-16, réglé. délicieufe reliure en mar. rouge, très-riches compartiments, tr. dor.

289. Liber quattuor nouiffimorum. Libellus quattuor nouiffimorum finit feliciter. Sans lieu ni date, la marque de Jehan

Petit fur le titre. Sans chiffres ni réclames. a—f par 8 ff. dem. rel. de mar. violet.

A la fin on lit la table fuivante des chapitres :

I. Primũ nouiſſimoⱲ eſt de morte corpo i.
II. Quod mors facit hoĩem de humiliare.
III. Quod mors facit omnia contennere.
I. Secũdum nouiſſimoⱲ eſt de extremo iudicio.
II. Quod iudicium timendum eſt ꝓpter multiplicimem accuſationem.
III. Quod iudiciũ timẽdũ eſt ꝓpter reddẽdũ rõem.
IIII. Quod iudiciũ timẽdũ eſt ꝓpter ſm'e ꝑlatõem.
I. Tertium nouiſſimoⱲ eſt de inferno.
II. Quod multimoda eſt nõtatio locoⱲ ifernaliũ.
III. Quod multimoda eſt afflictio ſodaliũ ĩfernoⱲ.
IIII. Quod varia eſt cõditio infernaliũ tormetoⱲ.
I. Quartũ nouiſſimorum eſt de celeſti glĩa.
II. De ſumma claritate regni celeſtis.
III. De multiplici honorum copia regni celeſtis.
IIII. De maxima et ſtabili letitia regni celeſtis.

290. Les tableaux de la pénitence par Meſſire Antoine Godeau, Eveſque de Vence. *Jouxte la copie, à Paris, chez Thomas Joly.* 1665 (à la ſphère). petit in-12, figures. veau grenat, filets.

291. Méditations ſur la rémiſſion des peſchez, pour le temps du Jubilé et des indulgences, tirées principalement du Concile de Trente. *A Paris, chez Jean Aniſſon,* 1696. in-12, veau fauve, fil. tr. dor.

292. Méditations chreſtiennes, par l'Auteur de la Recherche de la Vérité (Mallebranche). *A Cologne, chez Balthazar d'Egmond,* 1683 (à la ſphère). petit in-12. mar. vert, fil. tr. dor. anc. rel.

293. Reflexions ſur la Miſéricorde de Dieu, par une Dame penitente (Mᵐᵉ de La Valliere). *A Paris, chez Antoine Dezallier,* 1680. in-12. maroquin noir, tr. dor. fermeoirs en argent.

294. Méditations pour la Semaine Sainte. Aux quelles on a joint le portrait de Jeſus Chriſt. à l'uſage de Madame C.

F. M. Choifeuil, Sérant. imprimees par G. E. J. Montmo-
rency-Laval-Luynes, fa tante. à Dampierre, An X (1801).
in-4, dem. rel. non rogné.

295. Ars Moriendi.
Edition Xylographique, petit in-fol, mar. bleu, large dentelle à froid. (Trautz Bouzonnet). Exemplaire non rogné.

13 feuillets de texte, imprimés d'un feul côté. 11 figures. Elles ont été coloriées
avec beaucoup de foin, du temps de l'impreffion. Les feuillets du texte & des figures
font encadrés d'un double filet noir. Voici les commencements des feuillets :

I.   Qvānis fecundû philofophū... .
II.   dientia. Secundo uti recognofcati.....
III.   Templatio dyabole de fide
IV.   Bona infpiratio angeli de fide
V.   Templatio dyabole de despacione
VI.   Bona infpiratio angeli contra despcioné
VII.   Tempatio dyabole de ipaciencia
VIII.   Bona infpiracio angeli de paciencia
IX.   Templatio dyaboli de vana gloria
X.   Bona infpiracio angeli contra vanā gloriā
XI.   Templacio dyaboli de auaricia
XII.   bona ifpiracio angeli contra auariciā
XIII. aganifaus loqui et Vfum.....

296. Ars moriendi ex varijs fententijs collecta cum figuris
    ad refiftendū in mortis agone diabolice fuggeftioni valens
    cui libet Chriftifidelivtilis ac multum neceffaria. petit in-4,
    goth. fans date, fans chiffres ni réclames. A de 6 ff. B et C
    par 4. 13 figures fur bois anciennement coloriées. On lit
    au bas du recto du 13ᵉ feuillet : Impreffum Nürberge ß Ven.
    dñm. Jo. W. Presbm. et la fignature de Joannes Weiffen-
    burger. veau biftre, dentelle et compartiments à froid.

297. Arfmoriédi ex uarijs fcripturarū fententijs collecta cū
    figuris, ad reftitendum in mortis agone dyabolice fugeftiōi
    ualens, cuilibet chriftifideli utilis ac multum neceffaria.
    in-4, goth. Sans lieu ni date, fans chiffres ni réclames.
    14 feuillets fignés A de 8 B de 6. 14 figures f. bois. mar.
    bleu, filets et compartiments en or, dentelle à froid,
    tr. dor.

298. Tractatus de arte bene viuendi beneq3 moriendi. petit
in-8, goth. Sans lieu ni date, fans chiffres ni réclames. A—C
par 8 ff. Sur le titre une grande marque, probablement de
l'imprimeur, et au verfo une figure fur bois. à la fin :
Artis bene moriendi cunctis perutiliffime felix eft finis, et
14 vers, Ad omnes Angelos et precipue ad fanctum
michaelem. Les lettres têtes de chapitre en bleu et rouge.
mar. rouge, fil. tr. dor.

299. Incipit plogus in librum de arte moriēdi magiftri mathei
de Cracouïa facre theologie profefforis. Explicit liber vtilis
de arte moriendi Mḡri Mathei de Cracouïa. in-4, de 18 ff.
(dont le dernier blanc), à longues lignes, au nombre de 27
fur les pages pleines. Sans lieu ni date, fans chiffres,
réclames ni fignatures, imprimé (vers 1465 ou 1475) avec
les caractères d'Ulric Zell, à Cologne. mar. bleu, fil.
tr. dor. (*Trautz Bauzonnet*).

Les majufcules, dont la première eft accompagnée d'ornements, font remplies
à la main en bleu & rouge.

300. L'ART DE BIEN VIVRE. Cy finift le livre de bien
vivre | *imprime a Paris* le xv iour de decébre milcccc nonãte
z deux | *pour anthoine Verard libraire demourant fur le pont
noftre dame a lymage fainct iehan leuangelifte | ou au palais
au premier pillier deuãt la chapelle ou on chante la meffe de
mefshrs les prefidês.* AA-DD par 8 ff. EE de 6. FF-HH
par 8. SS de 10. — Le liure intitule lar de bien mourir,
finift le liure intitule lar de bié mourir *iprime p pierre le
rouge imprimᵣ du roy por ãthoine Verard.* a-c par 8 ff. marque
de P. le rouge. — Leguyllon de crainte diuine pour bien
mourir. Cy finift le traicte des paines Denfer et du Purgatoire. *Imprime a paris par Gillet coufteau et Jehan menard lan
de grace mil quattre cens nonante et deux le dixhuitiefme
iour du moys de iuillet | pour cAnthoine verard marchãt libraire
demourant fur le pont noftre dame*....... d-h par 8 ff. i de 6.
le 6ᵐᵉ feuillet du cah. i eft blanc, et il contient au verfo
ces mots : Les païnes denfer et les païnes du purgatoire.—
Cy commence le traicte de laduenement de antechrift. Cy
finift le traicte de laduenement de antechrift. Des quinze
figures precedens le iugemét general de dieu et des
ioyes de paradis. *Imprime a Paris* le xxviii iour Doctobre
Lan milcccc nonãtezdeux, *pour cAnthoine Verarde*..........

k de 8 ff. l de 10. m de 8. n et o par 6. p de 8. q et r par 6. au dernier feuillet la marque de Verard, et au verſo : Laduenement de Antechriſt Les quinze figures hiſtoríes precedens le iugement general de Dieu auecques le ioyes de paradis. In-fol. goth. à 2 col. ſans chiffres ni réclames. belles et curieuſes figures ſur bois. mar. bleu, très-riches compartiments, tr. dor. chef-d'œuvre de reliure de Nie-drée.

Exemplaire dans toutes ſes marges & rempli de témoins.

301. Le liure intitule lar de bien Viure : et de bien mourir.

> Gens qui voulez et deſirez ſcauoir
> Lart et facon de bien viure et mourir
> Pour en la fin des cieulx la gloire auoir
> Liſez ce liure qui montre a lacquerir
> Quant eſtes oyseux | ſans ca et la courir
> Pendant le temps | dont fauldra rendre compte :
> Car homme oyſeux tantos peult encourir
> En maint peche | qui lame et corps perit
> Fait par la chair qui leſperit ſurmonte.

Cy fine ce preſent liure intitule lar de bien viure et bien mourir : nouuellement *imprime a Paris pour Hēry paſquot libraire iure deluniuerſite.* Sans date, ſans chiffres ni réclames. A-x par 8 ff. y de 4. in-4, goth. à 2 col. fig. ſ. bois. mar. bleu, dent. tr. dor.

302. Le traicte ſainct Ambroiſe du bien de la mort nouuelle-ment tranſlate de latin en francois. Cy fine le liure de ſaīct ambroiſe du bié de la mort tranſlate de latin en frācoys p notre venerable cōfeſſeur frere iehan Voirier a la louange de dieu et pour le ſalut de nos ames. *Imprime a Paris par maiſtre Pierre Vidoue pour Frācoys Regnault z Jehan d'la Porte demourãs au dict lieu* Lan de grace Mil cinq cens et dix ſept le viiii iour de Octobre. très-petit in-8, goth. mar. rouge, fil. tr. dor. (*Niedrée*).

303. Queſta operetta tracta Dellarte del ben morire Cioe in gratia di Dio. Suit une figure ſur bois repréſentant un per-ſonnage en habit religieux , un chapelet à la main et offrant une couronne à la Sainte Vierge. *Impreſſum Venetiis per Jo. Baptiſtam Sersa.* Sans date, ſans chiffres ni réclames. a-f par 4 ff. in-4. grandes et belles figures ſur bois. demi rel. de mar. jaune. Dans toutes ſes marges.

304. Kunſt wol zu ſterben..... (Art de bien mourir, liure très-utile et très-néceſſaire, tiré des SS. Ecritures...... par Adam Waloſſer) *Dilingen, Johan. Mayer,* 1603. in-8, fig. ſ. bois, peau de truie, fermoirs.

La dédicace porte la date de M D L X I X. & à la fin, avant la table, on lit la date de M D L X X. L'édition & les figures (de la grandeur des pages & non détachées du texte) feraient donc du x v I° ſiècle, & le volume porterait un titre rajeuni.

OUVRAGES DIVERS DES SAINTS PÈRES.

305. Sancti Cypriani epiſtolae. in-4. bas. marb.

Manuſcrit du x v° ſiècle ſur vélin, d'une parfaite conſervation & pureté. Initiales, & bordure au 1ᵉʳ feuillet, peintes en or & couleurs.

306. Sancti Juſtini Philoſophi et Martyri Apologia prima pro Chriſtianis ad Antonium Pium. Graece, cum Latina Jo. Langi verſione, cum notis variorum, edita a Jo. Ern. Grabe. *Oxoniae, e theatro Scheldoniano.* 1700. — Eiuſdem, Apologia ſecunda pro Chriſtianis, Oratio cohertatoria, Oratio ad Graecos, et de Monareſia liber. Graece, cum Latina Jo. Langi verſione, et notis variorum, edita ab. H. Hutchin. idem, 1703. 2 vol. in-8. veau brun.

307. Lactance Firmian Des divines inſtitutions, contre les gentils et idolatres. traduit de Latin en François, et dédié au Treschretien Roy de France, par Rene Fame, Notaire et Secretaire du dit Seigneur. *A Lion, par Jan de Tournes et Guill. Gazeau.* 1555. in-16. veau antiqué, filets d'or. et à froid, tr. dor.

308. Lactrance Firmian des divines inſtitutions, contre les gentils et idolatres...... traduit de Latin en Francoys par Rene Fame. *A Paris, par Eſtienne Groulleau,* 1555. in-16. fig. ſur bois. portrait ajouté. mar. vert, fil. tr. dor. (*Derome*).

Dans la ſignature des cahiers le premier alphabet s'arrête à y.

309. Sancti Aurellii Auguſtini, Hippomenſis epiſcopi Confeſſionum libri XIII. emendatiſſimi, et notis illuſtrati. *Pariſiis, tupis Joannis Baptiſtae Coignard,* 1687. in-12. mar. rouge, fil. tr. dor. anc. rel.

310. Les Confeſſions de S. Auguſtin, traduction nouvelle ſur l'édition Latine des Peres Benedictins de la Congréga-tion de S. Maur. avec des notes et de nouveaux ſommaires des chapitres. a *Paris, che*ꝫ *J.-B. Coignard*, 1688. in-8. reglé. veau ſauve, filets.

311. La Cité de Dieu de S. Auguſtin, traduite en François et revue ſur pluſieurs anciens manuſcrits. avec des remar-ques et des notes qui contiennent quantité de corrections importantes du texte Latin ; et la vie de M. Lambert. *à Paris, che*ꝫ *Jacques Rollin,* 1726. 4 vol. in-12. mar. citron, dent. tr. dor. (*Thouvenin*).

312. Flores D. Auguſtini ex ſvis libris de civitate Dei excerpti : vnà cum aliquot ſententiis et auctoritatibus inſignioſibus, et omnibus illius operibus ſelectis. *Lvgdvni, apud Gulielmum Rouillium.* 1580. in-16. mar. rouge, compartiments, tr. dor. anc. reliure de Le Gaſcon.

313. Ouvrages des Saints Peres qui ont vécu du temps des Apotres. contenant la Lettre de S. Barnabé, le Paſteur de S. Hermus, les Lettres de S. Clement, de ſaint Ignace, et de ſaint Polycarpe, avec des notes. a *Paris, che*ꝫ *Guillaume Deſpre*ꝫ. 1717. in-12. veau brun.

314. Opvs admirandvm Gregorii Nyſſeni Antistitis, de Homi-nis Opificio (Graece et Latine). interprete Johanne Lowen-klaio : annotationibus etiam neceſſarijs additis. *Baſileae, per Joannem Oporinum*, anno ſalutis MDLXVII. Menſe Au-guſto. in-8. mar. vert, fil. tr. dor. aux Armes de De Thou.

315. Chreſtienne inſtrvction tovchant la pompe et excez des hommes débordez, et femmes diſſoliies, en la curioſité de leurs parures et attifemés d'habits qu'ils portent contreue-nans à la doctrine de Dieu, et à toute modeſtie chreſ-tienne. Auec vne brieue deſcription d'orgueil et vanité de ce monde. Et le regard continuel, et vnique obiet, que tous vrais fideles et éleuz de Dieu doiuent auoir. Plus, l'Abus inuetéré et diabolique inuention des Dames. imprimé nouuellement, MDLI. Sans lieu. in-16. mar. vert, fil. tr. dor.

L'*Abus*..... *des Dames* eſt une chanſon en vers.

316. Deux traitez de Florent Tertullian, Doctevr tres-Ancien, et voifin du temps des Apoftres, envirō CLXX ans apres l'Incarnation de Jefus Crift. L'vn des parures et ornemens : L'autre des habits et accouftremens des femmes chref-tiennes. Plvs vn traité de faint Cyprian Euefque de Car-thage, touchant la difcipline et les habits des filles. *a Geneve, par Jean de Laon*, 1580. — Traite de l'eftat honefte des chreftiens en leur accoutrement. *a Geneve, par Jean de Laon*, 1580. — Traite des Danfes, auquel eft amplement refolue la queftion, afauoir, s'il eft permis aux chreftiens de danfer. Seconde édition. MDLXXX. *acheve d'imprimer* l'an de noftre Seigneur MDLXXX. le xxiiii de May *par Jean de Laon*. in-8. veau fauve, fil. tr. dor. (*Cloff*).

317. Traite de l'eftat honnefte des chreftiens en leur accou-trement. *par Jean de Laon*, 1580. — Deux traitez de Flo-rent Tertvllian, Doctev tres-Ancien, et voifin du temps des Apoftres, envirō CLXX ans apres l'Incarnation de Jefus Chrift. L'vn des parures et ornements. L'autre des habits et accouftremens des femmes chreftiennes. Plus vn traite de fainct Cyprian Euefque de Carthage, touchant la difcipline et les habits des filles. *par Jean de Laon*. 1580. — Arreft de la Cour, contenant reglement povr les Armes, Tiltres et Qvalitez des Gentils-hommes et de leurs femmes, et pour la reformation des habits et tiltres felon la qualité des per-fonnes. leu en Audiance le dernier iour de feurier 1625. et publié à fon de trompe le mefme iour par les carrefours de cette ville de Dijon, et *imprimé par Clavde Gvyot impri-meur ordinaire du Roy*. 1625. in-8. veau fauve, filets, Armoiries.

TRAITÉS MORAUX SUR LES SACREMENS.

INSTRUCTIONS POUR LES CONFESSEURS, CAS DE CONSCIENCE, ET CATECHISMES. REGLES ET DEVOIRS RELIGIEUX

318. Qvefta fie vna opera la qvale fi chiama Decor pvella-rum : Zoe honore de le donzelle : la qvale da regola forma e modo al ftato de le honnefte donzelle. (*Venetia*) Anno

Chrifti incarnationne MCCCCLXI (pour MCCCCLXXI). *per
magiftrvm Nicolavm Jenfon* hoc opvs qvod pvellarvm decor
dicitur feliciter impreffvm eft. Lavs Deo. in-4. de 118
feuillets. mar. rouge à compartiments. Reliure italienne.

Livre qu'a rendu célèbre une faute d'impreffion dans la date. Le 9ᵐᵉ feuillet, qui
manque fouvent, eft dans cet exemplaire. Si le 1ᵉʳ feuillet eft refait à la main, comme
on le prétend, il l'a été avec une perfection d'imitation étourdiffante.

319.   Le mirouer d'or de
                         lame pechereffe

Cy fine le traictie nōme le mirouer dor de lame pechereffe
trāflate en paris de latin en francoys et corrige au dict lieu
ainfi quil appert aucomécement diceluy. Sans lieu ni date,
fans chiffres ni réclames. a-e par 8 ff. in-4. goth. 2 figures
fur bois, aux verfo du 1ᵉʳ et du dernier feuillet. mar. rouge.
(*Trautz Bauzonnet*).

Exemplaire non rogné.
Au recto du 1ᵉʳ feuillet & fous les deux lignes du titre une grande marque d'imprimeur, qui ferait celle d'Ant. Caillaut (Paris, vers 1492). A la fin de l'ouvrage
qui eft en profe, aux trois derniers feuillets du volume, on trouve une ballade, &
la déclaration des chapitres, en vers. Dans la déclaration des chapitres, en réuniffant
les lettres initiales des vers on trouve les noms d'Anthoine Caillaut, Lois Martin
Neau, Hector Defchamp, Philippe Pigouchet, Belartft.

320. Senfuyt la cōfolatiō des pecheurs autrement dit Belial
    procureur infernal. Cy finift le liure nōme la confolation
    des poures pefcheurs | ..... Et a efte tranflate de latin en
    francoys par venerable et difcrete perfonne frere Pierre
    Ferget | docteur en theologie de lordre des auguftins de
    Lyon. et a efte *imprime a paris*. Sans nom et fans date, fans
    chiffres ni réclames. A de 8 ff. B-E par 4. F de 8. G-Z.
    AA-CC par 4. (le cahier R a été coufu après le cah. S).
    in-4. goth. à 2 colonnes, fig. f. bois. mar. rouge, fil. tr. dor.
    anc. rel.

321.   BELIAL en francoys trefutile z
                 proufitable a tous praticiens |
                 et confolatif aux pouures pecheurs.

Cy finift le liure nōme la confolation des pouures pecheurs
    nouuellement tranflate de latin en francoys par venerable
    z difcrete perfonne frere Pierre ferget docteur en theologie
    de lordre des auguftins de Lyon. et a efte *imprime a Lyon
    fur le rofne par honorable maiftre mathieu hufz*. Lan de grace
    Miccccc z ii. et le xxvi iour de feptébre a efte fini ce pre-

sent liure. in-4. goth. sans chiffres ni réclames. a-n par 8 ff.
o et p par 6. figures sur bois, mar. vert, fil. tr. dor. (*Bauzonnet Trautz*).

322. Hie hebt sich an eyn gutt nuezlich bůch vonder recht-
lichen uberwundang crifti wider Sathan........ (Ci commence un bon et utile livre de la victoire juridique de J. C.
contre Satan)..... à la fin (*imprimé par moi Cinther Zeiner
de Reutling en Augsbourg*) 1472. in-fol. de 86 feuillets, sans
chiffres, réclames ni signatures. figures. f. bois. mar. rouge,
fil. tr. dor. rel. anglaise.

323. Encomivm trium Mariarum cū earundē cultus defensione
aduersus Lutheranos. Solenníq3 missa et officio canonico,
in quibus omnibus desideres nihil, emissum opera et indus-
tria Joānis Bertaudi Petragorici vtriusq3 iuris licentiati.
Turrisq3 alle Aurelianensis, Gyueriensiū dominae, ac comitis
du Barq. Venundatur Jodoco Badio, et Galento a pratis.
Venundatur hoc tria emuncta sunc et multū pia D. Joannis
Bertardi Petragorici opuscula, *in oedibus Jodici Badi vbi
impressa sunt*. Sans date. Privilége daté de 1529. in-4. fig.
f. bois. mar. vert, fil. tr. dor. (*Koehler*).

La 1ʳᵉ & la 3ᵐᵉ partie sont imprimées en caractères romains; la seconde, qui est
l'Office, en caractères gothiques. Celle-ci est entourée, dans toutes ses pages, d'encadrements renfermant de petits tableaux, sujets de l'Ecriture Sainte, accompagnés
d'explications en françois.

324. Eruditarivm penitentiale. Incipit eruditorium penitentiale cuilibet chrifticole pernecessarium cōpendiose auctoritatibus sacre scripture insignitum.

Ces lignes sont suivies d'une figure sur bois représentant une Confession, & au
bas de laquelle on lit : *O homo surge qui dormis*. In-4. goth. de 8 feuillets. Sans
lieu ni date. 5 fig. f. bois, la dernière représente l'Eternel, entouré d'anges, veau
fauve, fil. tr. dor.

325. Virtutes et efficatie aque benedicte. in Latino et in Gallico. Sans lieu ni date. petit in-8. goth. de 8 feuillets. deux
figures f. bois au feuillet du titre. édition Lyonnaise.

Sans couverture. Non relié.

326. La cōfession generale de frere Olivier maillard.......
*Imprimee à Lyon sur le Rosne par Claude nourry dit Le Pice
lan mil cinq cens vingt z six*. petit in-8. goth. de 12 feuillets, fig. f. bois. mar. rouge, tr. dor. (*Thompson*).

327. Confeſſion generale avec certaines reigles au coméce-
ment tresutile : tant a côfeſſeurs que a penités : compoſee
z ordōnee par reuerend pere maiſtre es arts z en ſainte
theologie. frere Jéhan colũbi : frere mineur Eueſque de
Troye..... *imprime à Lyon, par Claude nourry als le Prince.*
Sans date. petit in-8. goth. maroquin rouge, tr. dor.
(Thompſon).

328. Cas de conſcience, décidé par l'Auteur de la priere
publique. On demande s'il eſt permis de ſuivre les modes,
en particulier ſi l'uſage des paniers peut être ſouffert? avec
les reponſes aux objeclions. Sans lieu. MDCXXVIII. in-12,
de 12 feuillets. mar. rouge, tr. dor. *(Thompſon).*

329. L'inſtruclion des curez, pour iſtruire le ſimple peuple. Il
eſt enioicl a to'les curez | vicaires | chapellains | maiſtres
des eſcolles dhoſpitaulx | et autres par tout leuerche du
Mans : dauoir auec eulx ce preſent liure z en lyre ſouent.
Et il y a grans pardons en ce faiſāt. Sans lieu ni date. a-k
par 8 ff. in-8. goth. mar. noir, tr. dor. *(Duru).*

330. Le chappellet de vertus et les vices contraires à ycelles.
aultrement nomme Prudence. Cy finis la table de ce preſét
liure intitule le chappellet des vertus..... *imprime nouuellemēt a Paris p Philippe le noir libraire z lung des grās relieurs
iureⁱ en luniuerſite de Paris, demourant en la grant rue ſainct
iacques, a lenſeigne de la roⁱe blanche couronnee.* Sans date.
petit in-4. goth. mar. rouge, large dentelle, tr. dor. rel.
anglaiſe de Mackenzie.

Par mégarde le feuillet 6 ɪɪɪɪ eſt placé à la ſuite du feuillet 6 ɪ.

331. La fleur de vertu auql eſt traicle de l'effecl de pluſieurs
vertus et vices contraires a icelles : en induiſant a propos
les diclz et ſentences des ſainclz docleurs z philoſophes
auec les exéples a ce côcordes : traduicle du vulgaire Italien en langage francoys z nouuellemét imprime a paris.
*On les vend en la grant ſalle du Palais au premier pillier en la
boutique de Galiot du pre libraire iure de luniuerſite.* Milvᶜxxx.
in-8. goth. fig. ſ. bois. mar. vert, tr. dor. *(Niedrée).*

332. Petri Caniſii Societati Jeſv theologi Catechiſmvs. *Avgvſtae.* 1613. petit in-8. fig. ſ. bois. veau jaſpé.

333. Petri Caniſii Catechiſmus (Graece). *Auguſtae, apud*

Chrift. Mang. 1613. *Uenduntur Augustae a Johanne Krug-gero bibliopola.* petit in-8, fig. f. bois. mar. rouge, dent. tr. dor.

Le recto du dernier feuillet eft occupé par un portrait entre deux vignettes.

334. Catechifme hiftorique, contenant en abrégé l'Hiftoire Saincte et la doctrine chreftienne. par M. Fleury Prêtre..... *a Paris, chez Pierre et François Emery.* 1705. 2 vol. in-12. veau fauve. fil. tr. dor. (*Padeloup*).

335. Catéchifme, à l'ufage de toutes les Eglifes de l'Empire français. *Paris*, 1806. in-12, pap. vélin. mar. rouge, dent. tabis, tr. dor.

336. Difcovrs ecclefiaftiqves contre le paganifme des Roys de la Feve et du Roy-boit, pratiqués par les chrétiens charnels en la veille & au iour de l'Epiphanie de N. S. Jefvs-Chrift. par M. Jean Deflyons, Docteur de Sorbonne.... *a Paris, chez Guillaume Defprez.* 1664. in-12. veau olive, filets d'or. et dent. à froid.

337. Traitez finguliers et nouveaux contre le paganifme du Roy-boit, le 1. Du Jeufne ancien de l'Eglife Catholique la veille des Roys. le 11. De la Royauté des Saturnales remife & contrefaite par les chreftiens charnels en cette fefte. le 111. De la fupertition du Phoebé, ou de la fottife de Febué, par Jean Deflyons Docteur de Sorbonne...... *a Paris, chez la veuve C. Savreux,* 1670. in-12. veau olive, filets d'or et dent. à froid.

338. Apologie du banquet fanctifié de la veille des Rois, par Maiftre Nicolas Barthelemy, aduocat au Parlement..... *a Paris, chez Gilles Tompere,* 1664. in-12. veau olive, filets d'or et dent. à froid.

339. Le cvre-dent du Roy de la febue, hiftorié de l'antiquité du Roy-boit (par J. De Bourges). *a Paris, chez Eftienne Preuofteau.* 1601. in-8. mar. citron, fil. tr. dor. (*Koehler*).

340. Les Imaginaires, ou Lettres fur l'héréfie imaginaire, par le Sr de Damvilliers (P. Nicole). *A Liege, chez Adolphe Beyers.* (*Amfterdam, Elfevier*). 1667. 2 vol. in-12. mar. rouge, fil. tr. dor. anc. rel.

THEOLOGIE POLÉMIQUE
DÉFENSE DE LA RELIGION CHRÉTIENNE
SCHOLASTIQUES ET CONTROVERSES

341. Livre fecond (et troifieme) de la vraye, feule et corpo-
relle prefence de Jefvschrift au S. Sacrement de l'Avtel,
contre les fauffes opinions et modernes Herefies, tant des
Lutheriens, Zuingliens, et Vveftphaliens, que Caluiniftes.
par M. Edmond Auger, de la compagnie de Jefvs. *a Lyon,
par Michel Joue, a lenfeigne de Jefvs*. MDLXV. au recto du
dernier feuillet. *a Lyon, par Ambroife du Rofne*. 1565.
2 parties en un vol. in-8. veau noir, filets à froid & fleurons en or. anc. rel. Dans toutes fes marges.

Dans un avertiffement au lecteur, l'Auteur annonce qu'après avoir combattu par
plufieurs années contre les Héréfies modernes, il a été contraint de faire part au
peuple de Lyon de ce traité en deux livres, en attendant l'occafion d'y ajouter le
premier qui contiendra le difcours de tous les autres Sacrements. Cet avertiffement
eft fuivi d'une longue Préface *A la Royne Mere dv Roy*.

342. Expofition de la doctrine de l'Eglife catholique fur les
matieres de controverfe. par J.-B. Boffuet. *a Paris, chez
Sebaftien Mabre-Cramoify*. 1671. in-12. veau brun.

343. Expofition de la doctrine de l'Eglife catholique fur les
matieres de controverfe. par J.-B. Boffuet, Evefque de
Meaux. *a Paris, chez Sebaftien Mabre-Cramoify*. 1681. in-12.
mar. vert. tr. dor.

344. Expofition de la doctrine de l'Eglife Catholique fur les
matieres de controverfe. par J.-B. Boffuet, Evefque et Seigneur de Condom. *fuivant la copie imprimee à Paris. à Liége,
chez Jean-François Broncart*, 1687. petit in-12. veau fauve,
fil. tr. dor.

345. L'Apocalypfe avec une explication, par Jacques-Benigne
Boffuet, Evefque de Meaux. *A Paris, chez la veuve de Sebaftien Mabre-Cramoify*. MDCLXXXIX. in-8. mar. rouge, fil.
tr. dor. anc. rel.

346. Méditations fur la rémiffion des pechez pour le temps du

Jubilé, et des indulgences, tirées principalement du Concile de Trente, avec les inſtructions néceſſaires. par Jaques-Benigne Boſſuet, Evêque de Meaux. *Paris,* 1750.

Dans le même volume :

Sermons du P. Bourdaloue ſur le Jubilé. *Paris,* 1750. in-12. mar. rouge, dent. tr. dor.

347. Relation ſur le Quietiſme, par Meſſire Jaques-Benigne Boſſuet, Eveſque de Meaux. *à Lyon, et à Paris cheʒ Jean Aniſſon,* 1698. in-12. veau brun.

348. Remarques ſur la réponſe de M. l'Arch. de Cambray à la Relation ſur le quietiſme, par J.-B. Boſſuet, Eveſque de Meaux. *à Paris, cheʒ Jean Aniſſon,* 1698. in-12. veau fauve, fil. tr. dor.

349. Maximes et Reflexions ſur la Comédie, par Mre Jaques-Benigne Boſſuet, Eveſque de Meaux. *à Paris, cheʒ Jean Aniſſon.* MDCXCIV. in-12. mar. bleu, tr. dor. (*Trautʒ Bauʒonnet*).

350. Traitez du Libre-Arbitre, et de la concupiſcence. ouvrages poſthumes de J.-B. Boſſuet, Eveſque de Meaux. *à Paris, cheʒ Barthelemy Alix,* 1731. in-12. mar. rouge, fil. tr. dor. aux Armes du Duc de Montpenſier.

Notes & corrections manuſcrites.

351. Hiſtoire des variations des Egliſes Proteſtantes, par Meſſire Jaques-Benigne Boſſuet, Eveſque de Meaux. *Paris, veuve de Sebaſtien Mabre-Cramoiſy,* 1688. 2 vol. in-4. veau brun.

Edition originale. Exemplaire ayant appartenu au Marquis Charles de Sévigné, qui a appoſé ſa ſignature ſur pluſieurs endroits de chaque volume.

352. Inſtruction ſur la verſion du Nouveau Teſtament imprimée à Trevoux en l'année MDCCII, par Jaques-Benigne Boſſuet, Eveſque de Meaux. *Paris, Aniſſon.* 1702.=Seconde Inſtruction ſur les paſſages particuliers de la verſion du Nouveau Teſtament imprimée à Trevoux en l'année MDCCII, avec une diſſertation préliminaire ſur la doctrine et la critique de Grotius, par le même. *Paris, Aniſſon.* 1703. 2 vol. in-12. mar. rouge, fil. tr. dor. (*Duſſeuil*).

353. ASSERTIO feptem facramentorum aduerfus Martin Lu-
therũ, aedita ab inuictiffimo Angliae et Francie rege, et do.
Hyberniae Henrico eius nominus octauo. *apud inclytam
urbem Londinum in oedibus Pynfonianis.* An. MDXXI. quarto
idus Julii. cum privilegio a rege indulto. in-4. veau brun,
reliure reftaurée, à laquelle on a corfervé les plats de la
reliure originale, repréfentant les Armes d'Angleterre et la
Rofe.

La fignature de Henri VIII eft au commencement & à la fin du volume. Sur le
titre, on lit, d'une écriture du temps : *Collegii Anglicani ex dono Illmi Guillielmi
Alant Cardinalis Angliae.* An. 1521.

354. Trialogue nouueau cõtenãt lexpreffion des erreurs de
Martin Luther. les doleãces de Jerarchie ecclefiaftiq̃ et les
triũphes de verite inuincible. edit par hũble religieulx frere
Jehan gachi de Clufer, des freres mineurs le moindre.

> Ymafummus
> Lan neft pas ce liure parfaict
> Quil nexige correction
> Si requiert celluy qui la faict
> Supporter l'imperfection

Ces quatre vers font placés latéralement aux deux côtés d'une figure fur bois,
après laquelle on lit :

> Interloquateurs.
> Zele diuino
> Jerarchie ecclefiaftique
> Verite inuincible.

Cy fe termine le prefent Trialogue a lhonneur gloire de la
triũphãte diuinite | a lexaltatiõ? de la faincte foy catholiq'/
z a la repreffio de la temerite des modernes heretiq̃s. faict
lan mil cinq cens et xxiiii. Sans lieu. petit in-4. fig. f. bois.
mar. vert, compartiments fleurdelyfés, tr. dor.

355. Les Provinciales ou Lettres écrites par Louis de Montalte
(Pafcal) à un Provincial de fes amis et aux RR. PP. jéfuites;
fur le fujet de la Morale, et de la Politique de ces Pères.
A Cologne, chez Pierre de la Vallée. 1657. in-12. mar.
rouge, fil. tr. dor.

356. Les Provinciales ou les Lettres écrites par Louis de
Montalte (Pafcal) à un Provincial de fes amis, et aux RR.
PP. jéfuites. *A Cologne, chez Henri Schouten.* 1737. in-8.
dem. rel. dos et coins de mar. rouge. non rogné.

357. Génie du Chriſtianiſme, ou Beautés de la Religion chrétienne, par F.-A. Chateaubriand. *Paris, de l'imprimerie de Migneret.* 1803. 4 vol. in-8. papier vélin, figures avant la lettre. mar. bleu, dent. tr. dor. *(Bozerian)*.

Cette édition porte la dédicace au Premier Conſul.

358. Un Miſſionnaire Ruſſe en Amérique, Défenſe des principes catholiques adreſſée à un Miniſtre proteſtant. par le Prince Dmitri Galitzin, précédée d'une notice ſur ſa vie et ſes vertus. traduits de l'Anglais par le Prince Auguſtin Galitzin. *Paris,* 1856. in-12. br.

---

359. Le Livre des Saints Anges. Ceſt le prologue de ceſt preſent liure appelle le liure des ſainɛts anges compile par frere francois eximines de lordre des freres mineurs a la requeſte de meſſire pierre dartes chevalier chambellain et maiſtre doſtel du roy darragon. *Imprime a Lyon par maiſtre Guillaume le roy.* le xx iour du mois de may. Lan de grace Milcccclxxxvi. in-fol. goth. de 154 feuillets à longues lignes de 36 à la page. Sans chiffres ni réclames. fig. ſ. bois. mar. bleu. tr. dor. *(Duru)*.

Exemplaire dans toutes ſes marges. 1er feuillet, blanc, ayant au verſo une grande figure, le Pere Eternel entouré d'Anges. a de 6 ff. & un blanc. b-r par 8 ff. ſ-v par 6. Le prologue eſt copié, mot à mot, ſur celui de l'édition de Geneſue de 1478.

360. Le Liure des ſainɛtz anges. Ceſt le prologue de ceſt preſent liure appele le liure des ſainɛtz anges compile par frere francoys eximines de lordre des freres mineurs a la requeſte de meſſire pierre dartes chambellan et maiſtre dhoſtel du roy darragon. Cy finiſt le liure des ſaiɛtz anges q` contiët pluſieurs beaulx traiɛtiez z p eſpecial de mõſeigneur ſainɛt michel leur honnorable preſident. *Imprime à Paris* le v iour de Januier Lan mil cinq cens z xviii *par Michel le noir | libraire iure de l'uniuerſite de paris demourāt en la rue ſaiɛt Jaqs, a la Roſe blãche couroñee.* in-4. goth. Sans chiffres ni réclames. ſign. A-AAvi.

HETERODOXES

361. De Trinitatis erroribus libri feptem. per Michaelem Serueto, aliàs Reues ab Aragonia Hifpanum, Anno MDXXXI. — Dialogorum de Trinitate libri dvo. De Jvfticia Regni Chrifti, capitula quatuor. per Michaelem Serueto, aliâs Reues, *ab Aragonia Hifpanum*, Anno MDXXXII. Sans lieu. in-8. mar. vert, riche dentelle. tr. dor. (*Niedrée*).

362. Deux fermons de M. Jean Caluin, faitz en la ville de Geneve...... *Imprimé à Geneve par Jean Girard*, 1546. pet. in-8. dem. rel. de mar. bleu.

363. Reflexions curieufes d'un efprit des-interreffé fur les matieres les plus importantes au falut, tant public que particulier. à Cologne, chez Claude Emanuel, 1678. Second titre : Traité des cérémonies fuperftitieufes des juifs tant anciens que modernes. *à Amfterdam, chez Jacob Smith.* MDCLXXVIII. = Refutation des erreurs de Benoit de Spinofa par M. De Fenelon, Archevêque de Cambray, par le P. Lami Benedictin et par M. le Comte de Boullainvilliers. avec la vie de Spinofa, écrite par M. Jean Colerus, Miniftre de l'Eglife Lutherienne de la Haye. augmentée de beaucoup de particularités tirées d'une vie manufcrite de ce philofophe, faite par un de fes amis. *à Bruxelles, chez François Foppens.* MDCCXXXI. 2 vol. in-12. mar. rouge, fil. tr. dor. (*Derome*).

364. PASSIONAL Chrifti und Antichrifti. Sans lieu ni date. petit in-4. de 16 feuillets et 31 figures fur bois, avec texte allemand au bas de chacune. Cuir de Ruffie, filets.

Volume d'autant plus curieux qu'il eft évidemment le type de toutes les éditions de l'*Antithefis*. Sur 36 figures dont fe compofe ce dernier libelle, 28 font copiées du *Paffional*. Si cet ouvrage eft le même que celui que cite Elert, & dont les figures auraient été gravées d'après Lucas Cranach, c'eft au moins une autre édition, avec cette différence que les gravures ne méritent pas les reproches adreffés aux éditions citées.

Ce Paffional, ainfi que les articles qui fuivent, ont été admis dans ma collection à caufe des figures, comme monuments de l'art de la gravure fur bois.

365. Paffional Chrifti und Antichrifti. Sans lieu ni date. petit in-4. de 14 feuillets, et 26 figures fur bois avec texte alle-

mand au bas de chacune. veau fauve, fil. tr. dor. (*Bau-zonnet*).

Edition différente de la précédente.

366. Antithefis de praeclaris Chrifti et indignis Papae facino-ribus, cum decalogis vtriufque appofitis, cúmque ambrum morum defcriptione : quemadmodum fancta fcriptura tra-dit, per Zachariam Dvrantivm. 1558. Sans lieu. petit in-8. fig. f. bois. mar. vert, dent. tr. dor. (*Lebrun*).

367. Antithefis. Das ift Kurze Befchreiburg Chrifti und des Antichrifts, darin jzbeider art, lehr und thalen gagen ei nander werden gehalten in dentfelur fprach zuvoren alfo uie aufgangen. *Heydelberg, durch Johannem Mayer*. 1563. petit in-8. vélin.

36 jolies figures fur bois, fur les quelles ont été copiées les figures de l'édition Latine de Geneve, de 1578, qui fuit.

368. Antithefis Chrifti et Antichrifti, videlicet Papae, id eft, exemplarum, factorum, vitae et doctrinae utriufque, ex aduerfo collata comparutio. verfibus et figuris venuftiffimis illuftrata. (*Genevae*) *apud Eufthativm Vignon*, MDLXXVIII. petit in-8. fig. f. bois. mar. rouge, fil. tr. dor. (*Derome*).

369. Antithefe des faicts de Jefvs Chrift et du Pape, mife en vers françois. enfemble les traditions et decrets du Pape, opposez aux commandemens de Dieu. Item la defcription de la vraye image de l'Antechrift, auec la genealogie, la nativité, et le bapteme magnifique d'iceluy. Imprimé à Rome lan du grand Jubilé, MDC. petit in-8. fig. f. bois. demi-rel. de mar. rouge.

370. Expofitio vera harvm imaginvm olim Nurembergae re-perterarum ex fundatiffimo verae magiae vaticinio deducta. per D. Doctorem Paracelfum. Anno MDLXX. très-petit in-8. fig. f. bois. mar. vert, large dentelle à compartiments, tr. dor. (*Koehler*).

371. Das Habftum mit feynen glieben gemalet vod befchry-len gebeffert und gemehert. 1526. Sans lieu. (La Papauté avec fes membres peinte et décrite). petit in-4. de 18 feuil-lets. 74 perfonnages gravés fur bois et coloriés. dem. rel. de mar. vert.

372. E in neuue fabel Efopi newlich verdeudfcht gefundens Dom Lawen and Efel. Geyben Zu Halle | ynn meyner herberge | Contags nach mauritii, Im MDXXVIII Jar. Une nouvelle fable d'Efope, nouvellement trouvée, du Lion et de l'Afne. donné à Halle, dans ma demeure. 1528. H. W. petit in-4. goth. de 9 ff. une grande figure fur bois. mar. vert à compartiments, tr. dor.

373. Proceffus confiftorialis martyrii Jo. Huff, cum corref-pondentia legis gratiae, ad ius papifticum, in fimoniacos et fornicatores papiftas. Et de victoria Chrifti. deq3 Antichrifti degradatione, ad depofitione. ad uetuftulis typum excufus. Sans lieu ni date. petit in-4. de 22 ff. le dernier blanc. lettres rondes, fig. f. bois. demi-rel. de mar. violet.

RELIGIONS ÉTRANGÈRES

374. La religion des Mahométans, expofée par leurs propres docteurs, avec des éclairciffemens fur les opinions qu'on leur a fauffement attribuées, tiré du Latin de M. Reland, et augmenté d'une confeffion de foi mahométane. *La Haye*, 1721. in-12. veau fauve, fil. tr. dor.

375. L'Alcoran de Mahomet, traduit d'Arabe en François, par le fieur Du Ryer, Sieur de la Garde Malezair. *A la Haye, chez Adrian Moetjens*. 1683. à la Sphere. in-12. mar. rouge, dent. tr. dor. (*Derome*).

376. L'Ezour Vedam ou ancien commentaire du Vedam, contenant l'expofition des opinions religieufes et philofo-phiques des Indiens, traduit du Samfcretan par un Brame. revu et publié avec des obfervations préliminaires, des notes et des éclairciffements (par le Baron de Sainte-Croix). *Yverdon*, 1778. 2 vol. in-12, papier de Hollande très-fort. mar. vert. fil. tr. dor. (*Derome*).

L'exemplaire porte la fignature de D'Anffe de Villoifon.

377. Du culte des Dieux Fétiches, ou parallèle de l'ancienne religion de l'Egypte avec la religion actuelle de la Nigritie

(par le Préfident de Broffes). Sans lieu. 1760. in-12. veau
fanguine, dent. tr. dor.

APPENDICE A LA THÉOLOGIE

MARTYROLOGES, VIES ET LÉGENDES DES SAINTS

378. Menologium Graecum juffu Bafilii Imperatoris Graece
olim editum, munificentia et liberalitate S. D. N. Benedicti XIII........ nunc primum Graece et Latine prodit.
ftudio et opera Annibalis........ Card. Albani. *Urbini*,
1727. 3 vol. in-fol. figures. demi-rel. de veau faune. non
rognés.

379. Sanctorum et Martyrum Chrifti icones quaedam artifi-
ciofiffime. *Franc. apud Chr. Egenolphum.* MDLI. petit in-8.
de 44 ff. 86 figures fur bois, et une fur le titre.

La date eft au bas de la dernière figure.

380. Catalogus fanctorum z geftorū eorum ex diuerfis voluminibus collectus : editus a reuerendiffimo in chrifto patre
dño Petro de natabilibus de venetijs dei gratia epifcopo
equilino. Catalogi fanctorum per reuerendiffimum dñm
Petrum de nalibis venetū opm equilinū edidi opus finit.
Impreffum Lugduni par Jacobum facon. Die vero vltimo menfis
Jannuarij. Anno domini Millefimo quingentefimo decimo-
nono. in-fol. goth. à 2 col. fig. f. bois. mar. rouge, tr.
dor. (*Niedrée*).

Les feuillets font chiffrés d'un feul côté. Les figures au verfo des feuillets 85, 86 &
89, repréfentent le fupplice de décapitation *inventé* par le docteur Guillotin.

381. CATALOGUS Sanctorvm, vitas, paffiones, et miracula
commodiffime annectens, ex uariis voluminibus felectus,
quer aeditit Reuerendiffimus in Chrifto pater Dominus
Petrus de Natabilis Venetus : Dei gratia epifcopus Equiliõ.
fimulque et cura non uulgari : et emaculatè quantum fieri
potuit praelis noftris indidimus. *Lvgdvni fub infigni fpharae,*
apud Aegidium et Jacobum Huguetan fratres. 1542. Catalogi
fanctorum finis, excudeband Lugduni Egidius et Jacobus
Huguetan fratres. Suit le regiftre· in-fol. veau fauve, filets

à compart. tr. dor. a-z. A-F. cahiers de 6 ff. à l'exception
du cah. *f* qui eſt de 12. et du dernier cah. F qui eſt de 8.
total 182 ff. dont 3 préliminaires, et 179 chiffrés, d'un ſeul
côté. le 39ᵉ eſt chiffré xxxviii. le 92ᵉ lxxxviii. le 159ᵉ
cxlix. le 179ᵉ clxxx. petits caractères gothiques, à 2 colonnes. le titre eſt en caractères ronds et imprimé en rouge
et noir.

Livre remarquable par les figures ſur bois dont il eſt orné. La grande figure, au
verſo du 3ᵉ feuillet préliminaire, eſt d'une belle compoſition. Selon Bartch &, d'après
lui, Brulliot (tom. 1. p. 421. n° 3208) qui l'ont décrite, elle eſt de Jean Springin-
klee, dont la marque ſe voit à gauche de la planche, ſous la robe de Joſeph. Les
figures du volume qui repréſentent des actions ou des ſupplices de Saints & de
Martyrs, ne ſemblent pas du même Maître. L'ouvrage commence par le mois de
Décembre & l'Avent.

382. Legenda Sanctorum.

Précieux manuſcrit du 14ᵉ ſiècle, ſur vélin, exécuté en Italie, compoſé de 24 feuillets. Rien n'égale la beauté & le fini des 22 miniatures dont il eſt orné. Celle du
22ᵉ feuillet, au verſo, eſt de 9 centimètres & 1 2 de haut.

Petit in-4. mar. citron, compartiments noir et or à la Grolier,
doublé de vélin blanc avec dentelle or et couleurs, tranche
dorée et ciſelée. *(Bauzonnet)*.

383. Les Vies des SS. Pères des déſerts et des ſaintes ſolitaires
d'Orient et d'Occident (par Jos. Bourgoin de Villefore),
avec des figures qui repréſentent l'auſtérité de leur vie, et
leurs principales occupations (gravées par Mariette). *Amſterdam*, 1714. 4 vol. in-8. grand papier. mar. biſtre, tr. dor.
(Trautz Bauzonnet).

384. L'invocation et l'imitation des Saints pour tous les jours
de l'année, contenant un extrait de leurs vies, des prières,
des reflexions et des maximes tirées de l'Ecriture Sainte. *a
Paris, chez Girard Audran, graveurs du Roy*. 1687. 4 vol.
in-24. figures de Sebaſtien Leclerc. mar. vert, large dentelle, tr. dor. *(Derome)*.

385. Les veritables Actes des Martyrs, recueillis, revûs et
corrigez ſur pluſieurs anciens manuſcrits, ſous le titre de
Acta primorum Martyrum ſincera et ſelecta, par le R. P.
D. Thierry Ruinant, Benedictin de la Congrégation de
Saint-Maur, et traduits en François par Monſieur Drouet
de Maupertuy. *à Paris, chez Louis Guerin*, 1708. 2 vol. in-8.
veau brun.

386. Compendio delle vite de fanti orefici ed argentieri rac-colto da diverfi autori da Liborio Caglieri Orefice. *in Roma, per il Bernabò*, 1727. in-4. figures. dem. rel. rel. de mar. bleu. non rogné.

387. (Legenda di Catherina da Siena) Incommincia il pro-hemio ne ladmirabile legéda dela feraphica uergine. z dil fpofo eterno Jefu benigno peculiarméte dilecta fpofa. Sancta Catherina da Siena fuore di penitétia. dil patriarca Sancto Dominico : primo fundatore z patre de lordine de fratri pdicatori. A la fin : Una diuotiffima laude di la pre-fata uergene fanctiffima. Sans lieu ni date. Lettres rondes. Sans chiffres ni réclames. a-h par 8 ff. 1 de 4. à 2 colonnes. mar. rouge, filets. anc. rel.

388. Nouuelle rare ou agreable légende faite d'après fix autres légendes qui nous racontent de l'origine, de la vie, martyre et mort et auffi des miracles de cette grande reine et martyre fainte Catherine (en Allemand). *Strafbourg, Gru-ninger*, 1500. in-4. relié en bois avec ornements eftampés, fermoirs en cuivre.

Livre très-curieux, orné de 17 jolies gravures fur bois, mentionné dans Panzer.

389. Cy commence la vie de madame faincte margarite. Beau manufcrit du XVe fiècle fur vélin, en vers, compofé de 36 feuillets, orné d'une miniature, de bordure, lettres et traits en or et couleurs. Petit in-4. mar. bleu, tr. dor. (*Koehler*).

390. La vie de madame Saincte Marguerite vierge et mar-tyre, avec fon antienne et oraifon. Sans lieu ni date. in-8. goth. de 12 feuillets. mar. rouge, tr. dor. (*Bauzonnet*).

391. La Margverite Chreftienne, Hymne, contenant la vie, miracles et paffion de la vierge faincte Marguerite, dédié a Madame la Dvcheffe de Mayenne, avec vne paraphrafe fur le Stabat, par N. Coeffeteav Manceau du Vau de Loir. *à Lyon, par Benoift la Caille*, 1602. in-8. mar. bleu, tr. dor. (*Duru*).

392. La vie de ma dame Saincte Marguerite avec l'ancienne Oraifon. *Imprime en ville Danuers par Jean van Ghelen demou-rant rue de la Lombaerde vefte | a lenfeigne de leurier blanc.*

Lan MDlxii. (en vers).═ La vie de ma Dame Saincte Barbe. Ce liure eft vifite en luniuerfite de Louain par Maiftre Pierre Curce Docteur en theologie (en profe). Au verfo du dernier feuillet : *chez la ueufue de Martin Nuyts.* Sans date. petit in-8. goth. figures f. bois fur les titres. mar. violet, tabis, fil. tr. dor.

Opufcules peu communs, furtout le fecond, mentionné par Brunet, tom. iv, p. 167.

393. La vie de la glorieufe faicte Barbe vierge z martire. Sans lieu ni date. titre avec encadrement et figure f. bois. in-4. goth. de 12 ff. mar. rouge (*Trautz Bazonnet*), non rogné.

394. La Vie Saint Anthoine. Sans lieu ni date. in-4. goth. de 6 ff. dont le dernier blanc. une grande figure f. bois fur le titre. mar. rouge (*Trautz Bauzonnet*), non rogné.

395. Le regime de mefnaige felon faint Bernard. fans lieu ni date. une figure f. bois au verfo du 1er feuillet et une autre au bas du recto du dernier. in-4. goth. de 6 ff. veau fauve, filets à compart. tr. dor.

396. Enfuyt la legende de Monfeigneur fainct Hyldeuert, Euefque de Meaulx en Brie. *On les vend à Rouen, par Richard l'Allemāt, libraire : tenant fa boutique au portail des libraires.* Sans date. une figure f. bois fur le titre, répétée dans le courant du volume et au verfo du dernier feuillet. petit in-8. de 16 ff., dont le dernier blanc. mar. citron, tr. dor. Dans toutes fes marges.

397. Légende de Ste Anne. en allemand. Das eft ein hüpfche legende..... fant Anna. *Strasburg.* Sans date. Sans chiffres ni réclames. A-D par 8 et 4 ff. E de 4. F et G de 8 et 4. H et J par 4. K et L de 8 et 4. M de 8 dont le dernier blanc. in-4. goth. fig. f. bois. veau fauve, fil. tr. dor. (*Niedrée*).

398. La vie de Saint iehan baptifte. Sans lieu ni date. en quatrains. in-8. goth. de 6 ff. mar. rouge, fil. tr. dor. (*Niedrée*).

Le titre eft fuivi d'une grande figure f. bois, faint Jean en pied, portant l'agneau. Elle eft répétée au verfo du même feuillet. J'attribue cette édition aux preffes Lyonnaifes, commencement du 16e fiècle.

399. Le purgatoire fainct Patrice. Cy fine le liure intitule le purgatoire fainct Patrice. nouuellement imprime a Paris en la rue neufue noftre Dame a lenfeigne de lefcu de france. fans date. petit in-8. goth. de 16 ff. Sans chiffres ni réclames. 3 figures f. bois. demi-rel. de mar. violet.

400. La Vie et legende de Monfieur fainct Fiacre auec plufieurs beaux miracles. nouuellement traduicte de Latin en François auec fon Oraifon. *à Paris, chez Pierre Ménier, portier de la porte fainct Victor.* 1617. petit in-8. dem. rel.

401. La vie et legende de fainct Fiacre en brye. Cy finift la vie z legéde de faict Fiacre en brye. *Imprime a pis p Jehan treperel.* Sans date. in-4. goth. de 20 ff. fig. f. bois. mar. rouge, tr. dor. (*Trautz Bauzonnet*).

402. Incipit paffio fancti Meynrhadi martyris et hiremite. Sans lieu ni date. petit in-4. goth. fig. f. bois. mar. grenat, filets, tr. dor. (*Bauzonnet Trautz*).

Cette légende curieufe & très-rare eft ornée de 21 très-jolies gravures fur bois. Un fixain latin de S. Brant (au verfo du dernier feuillet) nous apprend qu'elle a été imprimée, fous fa direction, à Bafle, par Mich. Furter, en 1496.

hunc fibi fufcepit Furter, Michalq; laboré
Deduce : p nobis vis venerande roga.
xij Kal. octobris anno ēc. XCVI.

403. La vie ma dame faincte geneuiefue. Cy finift la vie madame faincte geneuiefue et les miracles qu'elle faifoit. Sans lieu ni date. in-4. goth. de 6 ff. mar. bleu. tr. dor. (*Trautz Bauzonnet*).

La marque de l'imprimeur Denis Mellier (Paris) au recto du premier feuillet.

404. Sensuit la treffainte vie mort et miracles de mons^r. fainct hierofme tranflatee et redigee de latin en francoys nouuellement. grand in-fol. mar. rouge, riches compartiments à petits fers, tr. dor. fermoirs en argent. Remarquable reliure du temps.

Manufcrit du 16° fiècle fur vélin, orné de lettres initiales peintes en or & couleurs, & de quatre belles bordures, peintes dans le genre flamand, repréfentant des fleurs & des infectes peints fur fond d'or. Il provient de la vente Morel Vindé.

405. La vie fainct Martin auecques les miracles et oraifons. On les vend a Paris en la rue neufue noftre Dame a lenfeigne faint Nicolas. Cy fine la vie..... *imprimee nouuelle-*

ment a Paris par Pierre Sergent a la rue neufue noftre Dame a lenfeigne fainct Nicolas. Sans date. in-4. goth. de 6 ff. fig. f. bois. mar. rouge. non rogné.

406. La vie et legéde demonfeigneur fainct Roch, vray pre-fervateur de peftilence. Cy finift la vie fainct roch *imprimee a Paris par Jehan hernouf.* Sans date. in-4. goth. de 18 ff. fig. f. bois. mar. rouge, tr. dor. (*Trautz Bauzonnet*).

407. La vie de fainct roch auecques les miracles z loraifon. *Imprime a Rouen par Jaques Foreftier.* Sans date. in-4. goth. de 6 ff. Sans chiffres, réclames, ni fignature. Une gravure f. bois fur le titre. dem. rel. dos et coins de maroquin vert.

Opufcule très-rare, non cité, ni par Brunet, ni par Frere dans fa bibliographie de la ville de Rouen. Jacques le Foreftier a imprimé à Rouen de 1494 à 1510. Exemplaire de la bibliothèque de M. Scourion, de Bruges.

408. Legenda maior beati francifci a fancto bonauétura edita z ab ecclefia approbata. Ad gloriam dei..... *que coimpreffa funt pro Symone voftro.* Anno falutis noftre Millefimo quin-gétefimo feptimo : fecundû calculum parifieñ. in-4. goth. veau fauve, filets (*Padeloup*). a-g par 8 ff. h de 6. i de 4. dont le dernier blanc.

409. La vie et legéde de monfeigneur faint Francoys. Sans lieu ni date. marque de Jehan Petit. petit in-8. goth. mar. rouge, fil. tr. dor.

409 *bis.* La vie et légende Monfieur Sainct Françoys. nouvelle édition publiée par le Prince Auguftin Galitzin. Paris, 1865. in-8. papier teinté. br.

410. La vie de monfeigneur fainct bernard deuot chappelain de la Vierge marie et premier abbe de clereuaulx tranflatee de latin en francois et mife en fept liures diftinctz par vng ancien religieux dudit clereuaulx. nouuellement imprimee a paris. Cy fine la vie fainct bernard..... *imprimee a paris par Fraucois regnault libraire iure de luniuerfite demourant en la dicte ville en la rue fainct Jaques a lenfeigne fainct Claude.* Sans date. in-4. goth. à 2 colonnes, mar. noir, tr. dor. (*Duru*).

On lit au premier prologue, & à l'épitaphe de *dame aelis ou aeleth mere de faint bernard*..... des vers fort finguliers, *faits & compofes par maiftre guillaume flameng demourant a clercuaulx & iadis chanoine de Longres.* Il ne fe dit pas auteur ou translateur de la *Vie.*

411. Hiftoire abrégée de la vie, des vertus et du culte de S. Bonaventure, de l'ordre des ff. Mineurs, Cardinal-Evefque d'Albanos patron de la ville de Lyon, écrite par un religieux Cordelier. *Lyon,* 1747. in-8. grand papier. Portrait. mar. rouge, tr. dor. (*Niedrée*).

412. La leggenda di San Bafilio Abate, nella quale fi legge come libero vn giouane che s'era dato al gran Diauolo. *Stampata in Firenze appreffo Batifta Pagolini.* l'anno MDLXXXII. in-4. de 2 ff. mar. vert, tr. dor. une figure f. bois fur le titre.

413. Hiftoria et vita di fanto Aleffo, nella quale fi racconta come egli andando al Sepolcro fu ingannato dal maladetto Diauolo, et al fine ritornato à cafa fua viffe fconofciuto fotto vna fcala, doue gloriofo mori, et fece nella fua morte molti miracoli. Sans lieu ni date. (XVIe fiècle). in-4. de 6 ff. en vers. figure f. bois fur le titre. mar. vert.

414. La hiftoria di fanto Evftachio il quale era pagano nominato prima Placido cittadino di Roma, et per boccha del noftro Signore, il quale gli apparfe, fi battezò, et fi pofe nome Euftachio, et alla moglie Teopifta. Et à duoi figliuoli che haueua, l'uno Agapito, et l'altro Eucupifto. *Stampata in Firenze, alle fcale di Badia.* Sans date (XVIe fiècle). in-4. de 4 ff. en vers. figure f. bois fur le titre. mar. vert, tr. dor.

415. Comincia la vita e la fine del gloriofo fancto Hieronymo doctore excellentiffimo. Sans lieu ni date. Sans chiffres, réclames ni fignature. Caractères ronds. in-4. de 8 ff. dem. rel. de mar. vert.

Edition du XVe fiècle, imprimée avec les caractères & les particularités typographiques qui diftinguent la première édition d'Horace citée dans la Bibliotheca Spenceriana.

416. Recueil de gravures. in-4. veau marbré.

Vita S. Ignatii.	13 gravures	
Mariae Virg.	16 »	
de l'Enfant Jefus.	8 »	de J. Wierx.
Jefu Chrifti infantia.	9 »	
Vita S. Rafae	15 »	de C. Calle.

Paffio J. C.	18	»	} de Wierx.
Maria.	8	»	
S. Maria Regina.	8	»	
Joanne Francornm reginae	14	»	
Apoftollorum icones.	17	»	
Vita S. Norbefti.	36	»	de J. Galle.
Virorum ex ordine D. Auguftini icones.	31	»	

En tout 193 pièces. Chacun de ces recueils a fon frontifpice.

417. Images des Saints et Saintes iffus de la famille de l'Empereur Maximilien I. en une fuite de cent dix-neuf planches gravées fur bois par différens graveurs, d'après les deffins de Hans Burgmaier. *Vienne*, 1799. in-fol. dem. rel. dos et coins de mar. rouge, non rogné, tête dorée.

418. Le voyage du pays fainct patrix. auquel lieu on voit les peines de purgatoire, et auffi les ioyes de paradis. *Imprime a Lyon fur le rofne par Claude nourry* lan mil cinq cens et fix. petit in-4. goth. fig. f. bois, br. non rogné.

Réimpreffion à 42 exemplaires, par Vaffal, chez Pottet et comp. Paris, 20 décembre 1839.

419. Les Miracles de Madame Sainte Katherine de Fierboys en Touraine (1375-1446), publiés pour la premiere fois d'après un Manufcrit de la Bibliotheque Imperiale par M. l'Abbé Bouraffé. Tours, imp. A^d Mame & Ce. 1858. in-18. br. non rogné.

Tiré à petit nombre. Exemplaire en pap. de Hollande, format petit in-8.

JURISPRUDENCE

JURISPRUDENCE ECCLÉSIASTIQUE ET CIVILE

420. Methodica Jvris vtrivfque traditio, in fex pars divifa.
Omnem omnium titulorum, tam Pontificij, quàm Caefari
iuris materiam et genus : Gloffarum item et Interpretum
abftrufiora vocabila fcienter et fummatim explicata : pof-
tremò et Judiciarij ordinis modum, ad practicam forenfen
accomodatur complectens. Ex ore doctiffimi viri Do. Con-
radi Lagi Jurifconfulti annotata, atque in gratiam et fingu-
larem utilitatem ftudioforum, iterum excufa, unà cum
fumarijs et fcholijs Jvftini Gobleri, Goarini, Jurifconfulti.
Accefferunt indices duo, prior quidem capitum fiue titulorum, pofterior vero rerum, ac verborum memorabilium.
Lvgdvni apvd Ant. Gryphivm. MDXCII. in-8. mar. vert, fil.
tr. dor. Armes et chiffre.

421. Les geftes Rommaines. nouuellement imprimees a Paris.
Cy finift les geftes rommaines et les ftatuz et ordonnances
des heraulx darmes | trâflatez de Latin en Frãcoys par maif-
tre robert gaugain General de lordre des mathurines. *Imprime a Paris le* VIIe *iour du moys de feptembre* Mil cinq cens
et XV *par michel le noir libraire iure eu luniverfite de paris
demourant en la grant rue fainct Jacques a lenfeigne de la rofe
blanche couronnee.* In-fol. goth. fig. f. bois. mar. bleu. dent.
tr. dor.

a-r. A-K par 6 ff. L de 8.

422. La Somme Rurale

Cy commence la table du premier liure intitule Sõme Rural
pour par icelle fauoir trouuer ɀ querir tous les chappitres |
rubriches | fentences....

Cahier figné a a compofé de 10 ff. le verfo du dernier eft occupé par une grande figure fur bois. Le texte commence au cahier fuivant figné a.

Cy fine la fomme rural compilee ꝑ Jehan boutillier confeiller du roy a paris, et *imprime en la ville dabbeville* ꝑ *pierre gerard* lan milccclxxxvii. in-fol. goth. à 2 col. mar. rouge, fil. tr. dor. (*Duru*).

Premier livre imprimé à Abbeville, fur beau papier très-fort. Les folios font chiffrés d'un feul côté au milieu de la page.

423. DOCTORUM PATRŪ decreta femper funt ftudijs adiuuanda... Finiunt decreta bafilienfia et bituricenlia quā pragmaticam vocant glofata ꝑ magiftrum Colmā guymier in vtroq3 iure licentiatum et *Lugduni impreffa* anno dñi Mcccclxxxviii.

Marque de l'imprimeur. Suit une note de la main de l'abbé Rive :

« *Per Guillelmum Balfarin.* adnotat Abbas Rive. editio rariffima » in-4. goth. à 2 col. réglé. mar. rouge, fil. tr. dor. anc. rel. dans toutes fes marges, prefque non rogné. Les majufcules en encres de différentes couleurs. celle du fecond feuillet eft peinte en or et couleurs.

Exemplaire précieux ayant appartenu à Dagueffeau, couvert de notes de fa main. Les feuillets de garde font couverts de notes.

424. CONCORDATA inter Sanctiffimū dominum noftrum Papā Leonem decimum | & chriftianiffimum dominum noftrū Regem Francifcum | huius nominis primum in fuprema Parlaméti curia Parifiis | vigefima fecūda menfis martij, anno dñi Millefimo quingentefimo decimo feptimo..... *Abfolutum eft hoc opus impenfis & fumptibus fideliffimorum Iacobi Molnier | Ioannis de Claufo & Ioannis Mace bibliopolarum Tholofae in vico portae Ariclis mor m trahenfium.* Sans date. in-4. veau antiqué.

Imprimé fur vélin. A-O par 4 ff. P de 2 dont le fecond, blanc, porte au verfo une marque d'imprimeur.

425. BREVE Sᵐⁱ D. N. Gregorii P P x iiii confirmationis, extenfionis, et communicationis priuilegiorum Cirftenfionis Ordinis, & eius congregationum, pro Congregatione Sancti Bernardi ciufdem Ordinis in Italia. *Romae, apud Paulum Bladum imprefforem Cameraleno.* 1591. in-4. de 4 ff. relié en foie.

Imprimé fur vélin.

426. Incipit tractatulus notabilis de excōuationibus suſpēſio-
nibus interdictis irregularitatib' ꝫ penis fratris Antonini
archiēpi Florentini de ordine predicatorum. (à la fin) Cuius
nōbilitatis ꝑtextu impſſioni expoſitus fuit *Venetiis dučtu et*
impenſis Johannis de Colonia agripinēſi : ac Johānis Mālhen
d'Eherretʒem. anno ſaluti Mcccclxxxiij. die xxiij Septēbri.
in-4. goth. à 2 col. Sans chiffres ni réclames. a et b par
10 ff. c-k par 8 l de 6. m-q par 8 r de 6. Le premier feuillet
eſt blanc. mar. biſtre, tr. dor. (*Trautʒ Bauʒonnet*).

427. Praxis rerum criminalivm, elegantiſſimis iconibvs ad
materiam accomodis illuſtrata. authore D. Jodoco Dam-
houderio. *Antverpiae, apud Joannem Bettervm.* MDLV. in-4.
fig. ſ. bois, dem. rel. de veau fauve.

428. La practique ou Enchiridion des cauſes criminelles illuſ-
trée par pluſieurs élégantes figures, redigée en eſcript par
Joſſe de Damhoudere..... *a Louvain, imprimé par Eſtienne*
Wauters et Jean Bathen. 1555. in-4. fig. ſ. bois.

429. Le Refvge et Garand des pvpilles, Orphelins, et pro-
digves : Traite fort vtile et neceſſaire a tous Legiſtes, Prac-
ticiens, Juſiciers & officiers, aorné de figures conuenables
a la matiere. Avthevr Meſſire Ioſſe de Damhoudere, Cheualier, Docteur en deux droicts, Conſeiller & Commis des
finances, tant de feu de treshaute memoire l'Empereur
Charles Cinquieſme, comme du Roy Catholique ſon fils,
Roy d'Eſpaigne, &c. Auec vn Indice ou Repertoire des
choſes plus merorables contenues en iceluy. *En Anvers. cheʒ*
Jean Bellere, a l'Aigle d'or. MDLXVII. in-4. fig. ſ. bois.
veau fauve, fil. tr. dor.

430. Quintiliani Mandoſii Ivriſconſvlti Romani ſignature gratiae praxis. *Rome apud Antonium Bladum.* anno Domini
MDLXI. petit in-4. mar. rouge, riches compartiments et aux
Armes d'un Cardinal. tranche dorée et gauffrée, anc. rel,
italienne.

431. Des Délits et des Peines de Beccaria, traduit de l'Italien
en Grec vulgaire et accompagné de notes explicatives, par
D. Coray. *à Paris, de l'imprimerie de Baudelot et Eberhart.*
1802. in-8. veau jaſpé, filets.

432. Le fonge du Vergier le quel parle de la difputation du clerc et du cheualier. Alonneur z a la loége de noftre feigneur iefucrift et de fa trefdigne mere et de toute la cour celefte de paradis, a efte fait ceftuy liure appelle le fonge du Vergier........ et *imprime a paris par le petit laurens pour venerable homme Jehan petit libraire demourant a paris en la rue fainct Iacques a lenfeigne du lyon d'argent.* Sans date. infol. goth. à 2 col. 3 fig. f. bois dont l'une eft au recto du dernier feuillet, blanc. veau antiqué, armorié, filets d'or et à froid, tr. dor. rel. anglaife.

---

433. Arrefta Amorvm. Cum erudita Benedicti Curtij Symphoriani explanatione. *Lvgdvni apvd Seb. Gryphivm.* MDXXXIII. in-4. mar. vert, tr. dor. (*Niedrée*).

434. Droictz nouveaulx et Arretz damours publiez par Meffieurs les Senateurs du parlemēt de Cupido, fur leftat et police Damour pour auoir entendu le differant de plufieurs amoureux et amoureufes. 1541. *On les vend a Paris en la rue neufue noftre Dame a lymage fainct Nicolas, par Pierre Sergēt.* petit in-8. figures f. bois dans le texte. Le dernier feuillet eft blanc et porte au recto la marque de Pierre Sergent. veau fauve, dent. tr. dor.

435. Les Arrefts d'Amours, avec l'Amant rendu Cordelier, à l'Obfervance d'Amour, par Martial D'Auvergne, dit de Paris, Procureur au Parlement, accompagnez des commentaires juridiques et joyeux de Benoift de Court, jurifconfulte. derniere édition, revûe, corrigée et augmentée de plufieurs arrêts, de notes, et d'un gloffaire des anciens termes. *à Amfterdam, chez François Changuion,* 1731. in-8. mar. vert, armorié, filets, mors de maroquin et dentelle, tr. dor (*Koehler*). non rogné.

436. Arreft memorable dv Parlement de Tolofe contenant vne hiftoire prodigieufe de noftre temps, avec cent belles et doctes annotations de Mōfieur maiftre Jean de Coras, Confeiller en la dicte Cour, et Rapporteur du proces. prononcé es Arreftz Generaulx le xij feptembre, MDLX. *à Paris,*

1565. in-8. maroquin rouge, compartiments, tr. dor. (*Ducaſtin*).

437. Areſt memorable dv Parlement de Tolofe, cõtenant vne vraye hiſtoire aduenüe en noſtre temps, fort belle, deleȼta-ble, prodigieufe mõſtrueufement eſtrange. prononcé es Arefts Generaux le xij feptembre MDLX. Vn autre Areſt iugé par remiſſion d'un proces intenté contre le prefident et aucuns confeillers de Chambery. *à Bruges, par Hvbert Golʒ*. MDLXV. petit in-12. dem. rel. dos et coins de mar. jaune.

438. Abrege dv procés fait aux juifs de Mets. avec trois Ar-refts du Parlement qui les declarent convaincus de pluſieurs crimes, et particulierement Raphaël Levi d'avoir enleve fur le grand'chemin de Mets à Boulay un enfant chreſtien âgé de trois ans : pour reparation de quoy il a eſté brûlé vif le 17 janvier 1670. *à Paris, cheʒ Frederic Leonard, imprimeur du Roy, rüe faint Iacques, à l'Efcu de Venife*. MDCLXX (par Amelot de la Houffaye). petit in-12. mar. rouge, fil. tr. dor. (*Thouvenin*).

439. Information contre Ifabelle de Limeuil. (Mai-Aout 1564) publié par H. D'Orléans (Duc d'Aumale). ſ. l. n. d., petit in-8. br.

440. Paraphrafe des Droiȼts des Vfvres et contraȼts pignora-tifs ; enfemble des causes qui excufent de dol. par françois Grimaudet. 380 pages, & 18 ff. de Table non chiffrés. — Des cavfes qui excvfent de Dol, par le même. 52 pages. — Paraphrafe dv Droit de Retruiȼt Lignages, par le même. 320 pages, & 6 ff de Table non chiffrés. — Des Monnoyes, argvment et diminution dv pris d'icelles, par le même. 159 pages, plus un feuillet avec la marque au Grifon et un feuillet blanc. *a Paris, cheʒ Hierofme de Mar-nef, et la veufue de Guillaume Cauellat*. MDLXXXVI. in-8.

441. Les Loix abrogees et inufitees en toutes les Cours du Royaume de France, diligemment recueillies de tous bons auteurs praȼticiens, par M. Philibert Bugnyon J.-C. Maf-connois, et aduocat en la Senechaucee et fiege prefidicel de Lyon. *à Lyon, par Benoiſt Rigavd*, 1572. in-8. mar. vert, fil. tr. dor. (*Bauʒonnet*).

442. Regiftre criminel du Chatelet de Paris du 6 feptembre 1389 au 18 mai 1392, publié pour la premiere fois par la Société des Bibliophiles françois. *A Paris, imprimé par Ch. Lahure.* MDCCCLXI. 2 vol. in-4. grand papier.

Exemplaire de Sociétaire.

COUTUMES. STILLE. ORDONNANCES. RÈGLEMENTS.

443. CREATION du College des Notaires et Secretaires du Roy et maifon de France, Privileges, Dons et octrois, faicts par les Roys de France à icelluy Collége. in-4. veau, beaux compartiments genre Grolier.

Manufcrits fur vélin. Armoiries, Lettres initiales, peintes en or & couleurs.

444. Le grand ftille ƶ prothocolle de la Chancellerie de France nouuellement corrige veu ƶ additionne de plufieurs lettres de la Chancellerie lefӄlles deffailloiët es premieres impreffions comme appert | auec le Guidon des fecretaires *nouuellement imprime* a Paris. marque de Francoys Regnault. Cy finift le grāt ptocholle......... auec plufieurs aditiōs ceftafcauoir les hōmaiges anobliffeméf legitimatiōs cōfirmatiōs..... *et a efte acheue d'imprimer* le XX iour de iuillet Mil cinq cens ƶ XVI apres pafques. in-4.

445. Articles de leftil et inftructions nouvellement faicts par la Souueraine Court de Parlement de Prouence a la requefte de meffieurs les gens du Roy | fur labbreuiation des proces ƶ playderies vtilz ƶ neceffayres a tous officiers de Juftice / ƶ a tous aduocatz ƶ procureurs de la dicte Cour de Parlement ƶ daultres Cours inferieures publiees a laudience le quatorfiefme iour du moys de feburier, lan milDXLII. auec plufieurs arreftz ƶ lettres Royaulx de confequence en faueur de tout le bien public de Prouence. 1542. *On les vend à Aix a la grand falle du Palays par Uas Cauallis.* in-4. veau fauve, fil. tr. dor.

Au verfo du titre eft le portrait en pied, gravé f. bois, de S. loys, roy de France. Vient enfuite une longue pièce en vers adreffée aux Plaideurs, de Anthonivs Arena Sollerienfis, ivdem Regius ville fancti Remigij.

446. Stiles du pays et duche de tourainne. petit in-8. mar. rouge, tr. dor. (*Duru*). Dans toutes fes marges.

39 feuillets chiffrés.

Le premier feuillet eft encadré de vignettes fur bois. Au verfo du dernier eft la marque de l'imprimeur aux lettres M M & autour : *Imprimé a Rouen devant Sainct Lo.* Le verfo du feuillet du titre eft occupé par une figure f. bois, repréfentant J.-C. fur la croix.

447. Le ftille de cour laye auctorife p le roy noftre fire tenu garde z obferue par deuant meffieurs les bailly de berry et preuoft de bourge, auec les couftumes dudit lieu : au quel adioufte la chartre des grãs iours du dit Bourges. (*marque de Jehan Petit*). Et *fon a vendre a Bourges a lenfeigne de la fleur de Lys z a lenfeigne du Pellican.* Cy finift le ftille de Bourge auctorife par le Roy noftre fire..... *imprimé a Paris par lauctorite congie et licence de monfeigneur le bailly de berry ou fon lieutenant.* lan Milcccc et XXIX le XI iour de may. In-8. mar. olive, fil. tr. dor. (*Thompfon*). a-n. A-d IIII le dernier blanc.

448. COVSTUMES DU BAILLAGE DE SENS et anciés refforts d'iceluy, redigées et areftées au mois de nouembre, l'an Mil cinq cents cinquante cinq, par ordonnance du Roy. *A Sens, de l'imprimerie de Gilles Richeboys.* MDLVI. in-4. veau fauve, couvert de riches compartiments en or et couleurs. Sur les plats le bufte de Henri II en bas-relief.

Exemplaire imprimé fur vélin. Toutes les vignettes, les grandes lettres ornées, & la marque de l'imprimeur font peintes en couleurs & or. La forme des caractères de l'impreffion eft des plus remarquables ; ces caractères font au moins auffi beaux que les caractères de la plus belle époque de Didot l'aîné.

449. LES COUSTUMES du pays et Duche de Bourbonnoys... *imprimees a Paris par Maiftre Pierre Vidoue pour Galliot du pre*....... Sans date (1551). in-8. goth. peau de truie, ornements à froid, fermoirs en métal occidé, dans une boete de peau de truie. (*Trautz Bauzonnet*).

J'ai acquis cet ouvrage d'une infigne rareté à la vente des livres de M. De Monmerqué, mai 1851, & je copie ici la note de fon catalogue.

« Exemplaire imprimé fur vélin, avec initiales en or & couleurs. Le frontifpice
« repréfente un cerf ailé portant en fautoir les armes de Bourbon, accompagné des
« initiales P. A (Petrus. Anna) (Pierre d'Auvergne, & Anne de Beaujeu, fa femme).
« K. (Karolus) deux dextroferes foutiennent les épées d'azur fleurdelifées ; l'une eft
« celle du Connétable ; l'autre eft celle de Pierre d'Auvergne, qui eut le gouverne-
« ment de l'Etat conjointement avec la régente durant la minorité de Charles VIII.
« Les deux épées font entourées de la ceinture de gueule, ardillonnée d'or, infigne
« de l'ordre de l'Efpérance, ou du Chardon, fondé en 1363 par Louis II, duc de

« Bourbon, à fon retour d'Angleterre, où il avait partagé la prifon du roi Jean.
« La terrace eft plantée de trois grands chardons, avec feuilles, boutons & fleurs.
　« Ce volume peut être regardé comme l'un des derniers monuments de l'ordre
« de l'*Efpérance* qui rivalifait avec celui de l'*Eftoile*, fondé par le roi Jean ; une
« petite rue de Paris, qui monte du quai des Ormes au carrefour de l'hôtel de Sens,
« porte encore le nom de l'Etoile. L'hôtel de Bourbon, détruit dans le xvii⁰ fiècle,
« pour faire place à la colonnade du Louvre, offrait, dans fes ornementations, de
« nombreufes têtes de chardons, comme on le voit dans Favin et Sauval.
　« Ce livre, dédié à Anne de Beaujeu par Pierre Papillon, fon chancelier, devait
« être préfenté au Connétable de Bourbon ; la révolte du Prince, fuivie de fa fortie
« de France & bientôt de fa mort, a vraifemblablement empêché ce bel exemplaire
« de parvenir à fa deftination. »
　Le volume m'a été livré modeftement relié en veau. Il méritait la condition dans
laquelle je l'ai fait mettre par le plus habile de nos relieurs.

450. COUTUMES du pays de Normandie. 1483. in-fol. mar.
vert, fil. tr. dor. (*Duru*).

　10 ff fignés i i, dont le dernier blanc. a-z *ƶ* & *ɬ* par 8 ff. excepté le q qui eft de 6
& le v qui eft de 10. t & a par 6 ff. a a-h h par 8. i i de 10. kk de 8. ll de 4. mm de 9.
avec trois arbres généalogiques. le 6ᵐᵉ feuillet ã eft blanc. au recto du 7ᵐᵉ on lit la
foufcription fuivante. finit tractatus magiftri Iohannis andree fuper arboribus confan-
guineitatis. affinitatis necnō fpiritualis cognationis. Anno dñi millefimo quadragēte-
fimo octagefimo tercio.
　La totalité des feuillets de ce volume eft de 325.

451. Ordonnances royaulx de la iurifdicion de la preuofte
des marchãs ƶ efcheuinaige de la ville de paris. Conftituez
ƶ ordōnez tant ꝑ les feus roys que ꝑ le roy noftre fire
Frãcoy premier de ce nom. Et plufieurs arreftz ƶ ordonãces
de la court de parlemēt auec plufieurs beaulx priuileges
dōnez aux bourgeois de paris. Extraictz et corrigez fur les
regiftres de lhoftel dicelle ville. Nouuellement imprime a
paris. *On les vend au palays joignant la premiere porte en la
bouticque de Jaques nyverd. et en la grant falle deuant le
premier pillier du cofte de la chappelle de la boutique de Pierre
le brodeur.* au recto du feuillet cx : fin des ordonnances
royaulx....... *acheuees de imprimer a paris......* le xx iour de
nouēbre lan de grace mil cinq cens vingt ƶ huyt par *Iaques nyverd imprimeur ƶ libraire demourãt en la rue de la
iuiftye a lymaige fainct pierre. et tenãt fa boutiꝗ ioignant la
premiere porte du palays. Et pour pierre le brodeur auffi libraire
demourãt en la rue de la vieille pelleterye a lenfeigne du cref-
fant et tenant sa bouticque en la grãt falle du dit palays deuant
le premier pillier du cofte de la chapelle.* In-fol. goth. figures
f. bois. mar. bleu, tr. dor. (*Duru*).

　4 ff préliminaires non chiffrés, fignés A. B-S par 4 ff. T. de 8 chiffrés. Suivent des
additions en 16 feuillets non chiffrés & fignés V-Y.

452. Le prefen liure fait mencion dès ordōnances de la prefuote des marchans et efcheuinaige de la ville de Paris. Imprime par lordōnance de meſſeigneurs de la court et parlement ou moys de januier lan de grace mil cinq cens. In-fol. goth. figures ſur bois. maroquin bleu. tr. dor. (*Duru*).

Tous les paragraphes commencent avec de grandes lettres ornées & hiſtoriées. La grande planche au verſo du premier feuillet repréſente l'aſſemblée des échevins, avec le greffe, les receveurs, les quatre ſergens *de la marchandiſe*, les ſix ſergens *du parlouer aux bourgoys*. La grande lettre de la fin repréſente Eve & à ſes pieds un ſinge mangeant la pomme. En tête de cette lettre eſt formulée une ſignature gothique. CRIGNAR.

453. Ordonnãces Royaulx ſur le faict de la juſtice et abbreuiation des proces par tout le Royaulme de France, faictes par le Roy noſtre ſire, et publiees en la court de Parlement de Paris, le ſixiefme iour du moys de ſeptembre lan Mil Dxxxix. Adioucte vng Edict ſur la reformation de tous officiers royaulx. Plus vng aultre Edict faict ſur le rachapt des rentes &c. Item vng aultre Edict du Roy appartenans aux Baillifz et Seneſchaulz du Royaulme de Frãce donne a Cremieu. *a Lyon cheʒ Thibauld Payen pres noſtre dame de Confort*. Sans date. in-4. veau fauve, fil. tr. dor. (*Simier*).

456. Senſuyuent les Taux moderatiõs ſallaires ʒ emolumés des greffiers du parlement des aduocatz, procureur ʒ greffiers des lieutenãs des iuges ordinaires des huiſſiers ʒ ſergens auecques le grand arreſt dõne par noſtre trefchreſtien Roy de France touchãt la confirmation de la juſtice et ordõnãces de ce pſent pays de Prouéce et la moderation des amendes de douze vingt liures en cas derreur ʒ demiſes aux premieres ordonãces de ce parlement de Prouence. Auec les villes ʒ chaſteaulx de Prouence extraictes par maiſtre Anthoine Arena. Sans lieu ni date. Privilége daté d'Aix le 4ᵉ jour de mars 1539. In-4. veau fauve. fil. tr. dor. (*Simier*).

457. Ordonnance de Louis XIV Roy de France et de Navarre, Pour les matieres criminelles. donnée à Saint Germain en Laye au mois d'Aouſt 1670. à Paris, chez les Aſſociez choiſis par ordre de Sa Majeſté pour l'impreſſion de ſes

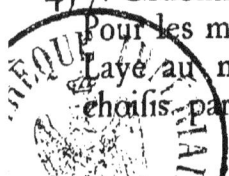

nouvelles Ordonnances. MDCLxxxi. In-16. mar. rouge,
dentelle fleurdelyſée, tr. dor. fermoirs en argent.

La ſignature de Fouquet ſur le titre.

458. Commentaire ſur les Ordonnances faiĉtes par le Roy
Charles neufieſme en ſa ville de Moulins au mois de feurier,
lan mil cinq cens ſoixante dix, par Philibert Bugnyon docteur ès droiĉtz, et aduocat ès Cours de Lyon. a Lyon, par
Clavde Ravot. MDCLxvii. in-8. veau fauve, fil. tr. dor.
relié ſur brochure.

459. Ordonnance du Roy contenant le cours, poix et pris,
donné par ledit ſieur aux eſcuz ſols, teſtõs, et autres eſpeces,
tant de France que eſtrangeres : enſemble les pris donnés
aux marcs d'or et d'argent. publiee a Paris le nevſieme iour
de juin, mil cinq cens ſoixante et treize. à Paris, par Jean
Dallier. 1573. petit in-8. dem. rel. dos et coins de veau
fauve.

460. Ordonnance et Inſtrvĉtion ſelon la quelle ſe doibuent
conduire et regler dorenauant les Changeurs et Colleĉteurs
des pièces d'or et d'argent deffendues, rognées, legieres ou
trop vſées, et moiennant ce declairées, et reputées pour
billon, à ce commis et ſermentez, pour eſtre liurées ès
Monnoyes de Sa Maieſté, et conuerties en deniers à ſes
coings et armes. en Anvers, chez Hieroſme Verduſſen, 1633.
In-fol. étroit, figures. vélin. non rogné.

461. Regretz z cõplainte du pauure populaire | alencontre de
la Gabelle. Sans lieu ni date, goth. de 4 ff.

Dans le même volume :

Arreſt donne aux Manãs z habitãs de la ville de Bordeaulx /
enſemble les articles du proces verbal | auec les lettres pa-
tétes du Roy ñre ſire enuoyee en la duche de Guyenne
pour la reformatiõ des eſtaz. Imprime a Paris | par Nicolas
Chreſtian. Mil cinq cens xlix. goth. de 16 ff. Petit in-8.
mar. olive, filets à compart. tr. dor. (Koehler).

462. Reglement pour la Librairie et Imprimerie de Paris ; ar-
reſté au Conſeil d'Etat du Roy, le 28 fevrier 1723. à Paris,
de l'imprimerie de P.-A. Le Mercier, 1731. In-12. mar. vert,
armorié, riche dentelle à compartiments, tr. dor. anc. rel.

463. Statuts et Reglements pour la communauté des maiſtres relieurs et doreurs de livres de la ville et univerſité de Paris. *Paris, imprimerie de Le Mercier*, 1750. In-12. mar. rouge, tr. dor. aux Armes de Joly de Fleury.

464. Conſulat de la mer, Pandectes du droit commercial et maritime faiſant loi en Eſpagne, en Italie, à Marſeille et en Angleterre, et conſulté partout ailleurs comme raiſon écrite; traduit du Catalan en Français, d'après l'édition originale de Barcelône, de l'an 1494, par P.-B. Boucher. *Paris*, 1808. 2 vol. in-8. dem. rel.

SCIENCES ET ARTS

PHILOSOPHES ANCIENS ET MODERNES

465. OMNIA PLATONIS OPERA (Graece). *Uenetiis in aedib. Aldi, et Andreae foceri menfe feptembri* MDxiii. 2 volumes in-fol. mar. vert, dentelle et filets à compartiments, tr. dor.

466. Platonis opera quae extant omnia (Gr. et Lat.). ex noua Joannis Serrani interpretatione, perpetuis eiufdē notis illuf-trata. *Excudebat Henr. Stephanus.* 1578. 3 tomes en 2 vol. in-fol. mar. vert, fil. tr. dor.

Exemplaire à très-grandes marges, de la hauteur prefque du grand papier.

467. Divini Platonis opera a Marfilio Ficino tralata. omnia emendatione, et ad Graecum codice collatione Simonis Grynaei fumma diligentia repurgata. *Lvgdvni, apvd Joan. Tornaefivm.* MDxxxxx. 5 vol. in-16. mar. vert, fil. tr. dor. (*Derome*).

468. Theonis Smyrnaei Platonici expofitia eorum quae in Arithmeticis ad Platonis lectionem utilia funt (Graece). Bul-lialdi interpretationem Latinam, lectionis diverfitatem fuam-que annotationem addidit J.-J. Gelder. *Lugduni Batavorum, apud Luchtmans.* 1827. in-8. pap. vélin. dem. rel. dos et coins de mar. rouge. non rogné, tête dorée.

469. Timaei Sophiftae lexicon vocum Platonicarum (Gr. et Lat.) edidit, atque animadverfionibus illuftravit David Ruhnkenius. *Lugduni Batavorum apud Luchtmans*, 1789. in-8. pap. de hollande. dem. rel. de mar. rouge. non rogné.

470. Scholia in Platonem (Graece). collegit David Ruhn-kenius. *Lugduni Batavorum, apud Luchtmans.* in-8. pap. de Hollande. dem. rel. de mar. rouge. non rogné.

471. Loix et Dialogues de Platon (trad. par Grou). *Amfter-dam*, 1769 et 1770. 4 vol. in-8. grand papier. veau racine, dent. tr. dor.

472. La République de Platon, ou Dialogues fur la juftice (trad. par Grou). *à Paris, chez Humblot*, 1765. 2 vol. in-12. veau racine, dent. tr. dor.

473. Platon dv contempnement de la mort. Le liure nommé L'Axiochus de Platon du contemp ement de la mort en forme de dialogue, et font introduictz Socrates Clinias et Axiochus. *Imprime nouuellement a Paris par Denys Ianot imprimeur et libraire demourant en la rue neufue noftre dame.* Sans date. in-16 de 12 ff. mar. vert, fil. tr. dor. *(Bauzonnet)*.

474. Diagramme de la création du Monde, de Platon, découvert et expliqué en grec ancien et en françois, après 2250 ans, par Minoïde Mynas. première livraifon *(s'arrêtant à la page 260)* avec des planches. Paris, 1848. in-8. br.

475. ARISTOTELIS opera. (Graece).
Venetiis, impreffum dexteritate Aldi Munutii. 1495-1498. 5 vol. in-fol. mar. rouge, médaillons et ornements, tr. dor. *(Lortic)*.

1ʳᵉ édition, contenant toutes les pièces indiquées dans Renouard.

476. Ariftotelis opera (Graece). *Francofvrti apud heredes Andreae Wecheli.* MDLXXIIII. 12 vol. in-4. mar. rouge, filets à compart. tr. dor. *(Padeloup)*.

477. Joannis gramatici in Pofteriora refolutoria Ariftotelis commentaria (Graece). Au bas du feuillet 195 : *Venetiis apud Aldum* menfe Martio MDIIII. Suivent 12 feuillets non chiffrés, fignés U et X. contenant des variantes, des commentaires. In-fol. mar. bleu, filets à compartiments, tr. dor. *(Simier l'A".)*

478. Joannis Grammatici in Pofteriora refolutoria Ariftotelis, Commentarivm. Incerti Avthoris in eadem. Evftratii in eadem (Graece). *Venetiis, in aedibus haeredum Aldi Ma-*

nutii Romani, et Andreae Afulani foceri. menfe Decembri MDXXXIIII. in-fol. demi-rel. de mar. rouge.

479. Joannis Grammatici in Pofteriora refolutoria Ariftotelis, Commentarivm. Incerti Avthoris in eadem. Evftratii in eadem (Graece). *Venetiis, in aedibus haeredum Aldi Manutii Romani, et Andreae Afulani foceri. menfe Decembri* MDXXXIIII. in-fol. mar. bleu, dentelle, tr. dor. (*Simier l'A''.*)

480. Euftratii et aliorum infignium peripateticorum commentaria in libros decem Ariftotelis de moribus ad Nicomachum, vna cvm texto fvis in locis adiecto (Graece). *Venetiis, in aedibvs haeredvm Aldi Manutii, et Andreae Afvlani foceri, menfe Jvlio* MDXXXVI. In-fol. mar. brun, tr. dor. (*Lortic*).

481. Simplicii in decem Ariftotelis categorias commentarium (Graece). Venetiis, impenfis Nicolai Blafti, Cretici, labore et induftria Zachariae Calliergi (foufcription en grec). 1499. In-fol mar. bleu, dentelle en or et à froid. tr. dor. (*Simier l'A''.*)

482. Simplicii commentarii in qvatvor Ariftotelis libris de Coelo cvm textv eivfdem. *Venetiis, in aedibus Aldi Romani, et Andreae Afulani foceri.* MDXXVI. menfe Januarii. In-fol. mar. bleu, dentelle or et à froid, tr. dor. (*Simier l'A''.*)

483. Alexandri Aphrodifienfis in Sophifticos Ariftotelis elenchos commentaria (Graece). *Venetiis, in aedibus Aldi, et Andreae foceri, menfe Octobri,* MDXX. In-fol. mar. biftre, compartiments, Ancre Aldine fur les plats, tr. dor. (*Thompfon*).

484. Theodori : Graeci : Theffalonicenfis : Praefatio in Libros de Animalibus Ariftotelis Philofophi ; ad Xyftvm qvartvm Maximvm. Finiunt libri de animalibus Ariftotelis interprete Theodoro Gaze..... *Venetiis per Johannem de Colonia fo-*

ciŭq3 eius Johannē mālhen de Gherreʒē. Anno domini MccccLxxvi. In-fol. lettres rondes, fans chiffres ni récla-mes. mar. rouge, riches compartiments avec incruſtations de mar. vert, tr. dor. rel. italienne.

a & b par 10 ff. c & d par 8, e de 10. f-k par 8 & 10. l-t par 10. u de 8. x-dd par 10. ee de 8. ff de 6. Le premier & le dernier feuillets font blancs. Toutes les lettres-titres, les initiales & les majufcules en rouge & bleu.

485. Les Oeconomiqves d'Ariſtote, tranfatees nouuellemēt de latin en francoys | par Sibert Louuēbroch licécie es loix : demourant en la noble ville de Coulongne. *Imprime nouuellement a paris, en la rue neufue noſtre dame a lenſeigne ſainct Jehan Baptiſte pres Sainɕte Geneuiefue des ardans.* Cy finiſt les Oeconomiques de Ariſtote, nouuellement impri-mees a Paris. Sans date. lettres rondes. in-16. mar. rouge, fil. tr. dor. (*Duru*).

A-E par 8 ff. F de 4. au reɕto du dernier feuillet, blanc, une jolie figure fur bois, dans un coin de la quelle eſt le monogramme de l'imprimeur. L'épître dédicatoire de Sibert Louuenbroch a Jehan Ryne doɕteur en loix, eſt datée de Coulongne le 28ᵉ iour d'Avril 1532.

486. Hiſtoire des Animaux d'Ariſtote (en Grec), avec la traduɕtion Françaiſe par Camus. *Paris,* 1783. 2 vol. in-4. veau jaſpé.

487. La Morale et la Politique d'Ariſtote, trad. du Grec par Thurot. *Paris, Firmin Didot,* 1823 et 1824. 2 vol. in-8. dem. rel. dos et coins de mar. rouge. non rogné.

488. Ammonii parvi Hermeae filii in quinque voces (Porphy-rii) commentarius (Graece). *Venetiis, ſumptibus Nicolai Blaſti Cretenſis.* 1500. In-fol. mar. bleu, dentelle or et à froid, tr. dor. (*Simier l'cA''*.)

Le titre, la vignette & la grande lettre font imprimés en or. Les fignatures com-mencent par Ab. Le premier & le dernier feuillet font blancs, ils font indifpenfables pour compléter les cahiers.

489. Porphyrius de Antro Nympharum, Graece cum Latina L. Holſtenii verſione et animadverſionibus R. M. Van Goens. Eiuſdem de Abſtinentia ab éſu Animalium libri quatuor cum notis integris Petri viɕtorii et Ioannis Valen-tini, et interpretatione Latina Joan. Bern. Feliciani. Edi-tionem curavit et ſuas itemque Joan. Jac. Reskii notas adjecit Jacobus de Roher. Accedunt IV Epiſtolae de Apoſ-

tafia Porphyrii. *Lugduni Batavorum*, 1792. in-4. dem. rel. de mar. rouge. non rogné.

490. Jamblici Chalcidenfis ex Coele-Syria, de Myfteriis Liber. Thomas Gale Graece nunc primum edidit, Latine vertit, et notas adjecit. *Oxonii, e Theatro Scheldoniano*, Anno Dom. 1678. in-fol. veau fauve, fil. tr. dor.

491. Traité des Dieux et du Monde, par Sallufte le philo-fophe, traduit du Grec (par Formey, avec le texte en regard), avec des reflexions philofophiques et critiques. *Berlin*, 1748. in-8. dem. rel. dos et coins de mar. bleu. non rogné.

Exemplaire portant la fignature de Formey. Envoi à M. Boulacre.

492. Maximi Tyrii philofophi Platonici fermones fiue Difputationes XLI. Graece nunc primum editae. *ex officina Henrici Stephani* An. M D L V I I. == Maximi Tyrii philofophi Platonici fermones fiue Difputationes XLI, Ex Conni Paccii Archiepifcopi Florentini interpretatione, ab Henrico Stephano quamplurimis in locis emendate. *ex officina Henrici Stephani*. An. M D L V I I. 2 parties en un vol. in-8. vélin.

493. Ὅτι οὐ δὲ ζῆν ἐστιν ἡδέως κατ' Ἐπίκουρον. Περὶ τῶν ὑπὸ τοῦ θείου βραδέως τιμωρουμένων.

(Qu'il n'eft pas donné de vivre joyeufement felon Epicure. Des punitions tardives de la Divinité.)

Venetiis, apud Joannemantonium et Petrum fratres de Nicolinis de Sabio. Anno a uirginis partu M D X L I. menfis Octobris, très-petit in-4. dem. rel. de mar. rouge.

494. Ocellus Lucanus, de la nature de l'Univers. — Timée de Locres, de l'Ame du Monde. — Lettre d'Ariftote à Alexandre, fur le fyftème du Monde. Texte Grec, avec la traduction françoife et des remarques, par l'abbé Batteux. *Paris, Saillant*, 1768. 3 parties en un volume in-8. veau marbré.

495. Les OEuvres de Sénèque le Philofophe, traduites en François par feu M. La Grange, avec des notes de critique, d'hiftoire et de littérature (par Naigeon). *à Paris chez les frères De Bure*, 1778. 6 vol. — Effai fur la vie de Sénèque le Philofophe, fur fes Ecrits, et fur les Règnes de Claude et de Neron (par Diderot), avec des notes. *à Paris, chez les*

mêmes, 1779. 1 vol. enfemble 7 vol. in-12. mar. bleu, d. de moere, fil. tr. dor.

496. Juliani Imperatoris opera quae extant omnia (Graece) a Petro Martinio Morentino Navarro, et Carolo Cantoclaro latina facta, emendata et aucta...... *Parifiis, apud Diony-fium Duvallium*, 1583. In-8. dem. rel. de mar. rouge. non rogné.

497. Juliani Imperatoris Mifopogon et Epiftolae, Graece, latineque nunc primum edita et illuftrata à Petro Martinio Morentino Navarro addita et praefatio de vita Juliani eodem authore. *Parifiis, apud Andream Wechelum*, 1566. In-8. veau fauve, fil. tr. dor.

498. Apologie de Socrate d'après Platon et Xénophon, en Grec, avec des remarques fur le texte, et la traduction Françaife, par Fr. Thurot. In-8. demi-reliure de maroquin rouge.

499. Bibliothèque des anciens philofophes, par Dacier. *Paris, Saillant et Nyon*, 1771. 5 vol. in-12. dem. rel. de mar. rouge. non rogné.

Le tome 1ᵉʳ contient la vie de Pythagore, fes fymboles, fes vers dorés, avec le texte, & la vie d'Hieroclès. Le tome 2ᵉ, les Commentaires d'Hieroclès ; des remarques fur les vers dorés de Pythagore & fur les commentaires d'Hieroclès. Les tomes 3 à 5 les Œuvres de Platon. Le dernier volume (3ᵐᵉ de Platon) porte la date de 1769.

---

500. Margarita Philofophica.

(Titre fuivi d'une grande figure fur bois qui occupe en plein le recto du premier feuillet). On lit en tête du fecond feuillet :

Margarita Philofophica totius Phïae Ratioãlis | Naturalis et Moralis prïcipia dialogice duodecim libris cõplectés.

(Suit une grande figure fur bois). Au bas du feuillet tt IIII on lit :

Kurfus excuratum puigili noua | itéq3 fecüduria hac opera. Joannis Scottii Argentinén. chalcographi ciuis. ad 17. Apriles Anno gratie 1504.

Au verfo du dernier feuillet une grande marque de l'imprimeur IS. In-4. figures f. bois. Caractères romains, veau fauve, fil. tr. dor.

501. Le cuer de philofophie tranflate de latin en francoys a

la requeſte de Philippe le bel roy de france. *nouuellement imprime a paris par Jehan de la garde libraire. Et ſe vendent ſur le pont noſtre dame a lenſeigne ſainct Jehan leuangeliſte | ou au palais au premier pillier deuant la chappelle ou len chante la meſſe de meſſeigneurs les Preſidens.* Cy finiſt le cueur de philoſophie..... et fut acheue le cinquieſme ioᵉ de mars lan mil cinq cens et quatorze. In-fol. goth. à 2 colonnes, fig. ſ. bois. veau fauve, fil. tr. dor. (*Niedrée*).

502. Senſuyt le cueur de Philoſophie contenant pluſieurs de-mandes et queſtions propoſees par le ſaige Placides au phi-loſophe tymeo | et les reſponces cōtenuz en icelluy. Auec le traictie de leſpere du monde et le compoſt et kalendrier touchant le cours du ſoleil et de la lune des feſtes fixes et le biſſexte. Le tout figure. xxx c (30 cahiers).

Cy finiſt le cueur de philoſophie tranſlate de latin en francoys a la requeſte de Philippe le bel roy de france. *Nouuellement Imprime a Paris par Philippe le noir libraire et lung des deux relieurs de liures iure de luniuerſite de paris demourant en la grant rue ſainct Jacques a lenſeigne de la Roſe blanche cou-ronnee.* Sans date. In-4. goth. fig. ſ. bois. mar. vert, tr. dor. (*Trautz Bauzonnet*).

503. Senſuit le Cueur de Philoſophie : contenant pluſieurs demandes et queſtions propoſees par le ſaige Placides au Philoſophe Tymeo : et les reſponces cōtenuz en icelluy. Auec le traictie de Leſpere du mōde. et le Cōpoſt et Kalen-drier touchant le cours de Libra et de la Lune des feſtes fixes et le biſſexte. le tout figure. tranſlate nouuellement de Latin en Francoys. *On les vend a Paris par Denys Janot demourāt a Marchepalut a la Corne de Cerf deuant la rue neufue.* Cy finiſt le Cueur de Philoſophie tranſlate de Latin en Francoys a le requeſte de Philippe le bel roy de France. *nouuellement imprime a paris pour Philippe le noir | lung des deux relieux iurez : et maiſtre imprimeur a Paris | demourant en la grand rue ſainct Jacques : a lenſeigne de la Roſe blanche couronneē.* et a eſte acheue dymprimer le xxiii iour de Mars Mcccccxx. in-4. goth.   veau olive, fil. tr. dor.

504. Cy commence le Prologue des Vertus et Vices. Cy finiſt le liure de ſageſſe | ſelon les dictz des anciens Philoſophes.

imprime nouuellemēt che۟ Jehan Lecoq : demourant a Troyes deuāt noſtre dame. Sans date. petit in-8. demi goth. figure ſur bois. Sans chiffres ni réclames. a-h par 8 ff. Le dernier feuillet porte au reċto N. S. crucifié, et au verſo la marque de l'imprimeur. mar. rouge, tr. dor. (𝒩iedrée).

505. Bis iſt das bůch des Zoyſz hent del alten Zuyſen......

(Le Livre de la Sageſſe).....

Grüninger, Straſsburgh. Mccccc vund. In-fol. goth. de 116 feuillets chiffrés d'un côté. fig. ſ. bois. mar. vert, fil. tr. dor. (Duru).

A de 4 ff. B-S par 6. T de 4. V de 6. Le 4ᵐᵉ feuillet eſt chiffré des deux côtés, IIII au reċto & VI au verſo, ce qui fait que le dernier feuillet porte de chiffre de CXVIII.

𝓜𝓞𝓡𝓐𝓛𝓘𝓢𝓣𝓔𝓢 𝓐𝓝𝓒𝓘𝓔𝓝𝓢 𝓔𝓣 𝓜𝓞𝓓𝓔𝓡𝓝𝓔𝓢

506. Les caraċtères de Théophraſte, d'après un Manuſcrit du Vatican, contenant des additions qui n'ont pas encore paru en France. Traduction nouvelle, avec le texte Grec, des notes critiques et un diſcours préliminaire ſur la vie et les écrits de Théophraſte, par Coray. à Paris, de l'imprimerie de Baudelot et Eberhart, 1799. In-8. papier vélin. mar. vert, dentelle, d. de moere. dent. mors de mar. tr. dor. (Bradel).

507. Les Caraċteres de Theophraſte traduits du Grec, avec les caraċtères ou les mœurs de ce ſiècle (par La Bruyère). à Paris, che۟ Eſtienne 𝓜ichallet, MDCLXXXVIII. In-12. mar. rouge à compartiments, tr. dor. (Bau۟onnet).

La Bruyère était très-familier avec Eſt. Michallet, & affeċtionnait beaucoup une petite fille de cet imprimeur. Il lui propoſa de ſe charger de l'impreſſion de ces caraċtères en offrant d'abandonner le fruit en faveur de l'enfant. Mais l'ouvrage dont Michallet ne ſoupçonnait ni l'importance, ni le futur ſuccès, a eu des éditions ſucceſſibles (la 9ᵐᵉ eſt de 1696), dont le produit finit par former une ſomme importante. Michallet ne voulut pas profiter à ce point d'une offre de La Bruyère qui, lorſqu'elle fut faite, ne faiſait eſpérer qu'un très-mince réſultat. La Bruyère répondit noblement à l'imprimeur : « Gardez cette ſomme, mon ami, & deſtinez-la à faire la dot de votre fille, » ce qui fut fait.

508. Les Caractères de Théophraste, avec les Caractères ou les Moeurs de ce siecle, par De La Bruyère. édition augmentée de la Défense de De La Bruyère, et de ses Caractères, par Coste. *Paris, David,* 1733. 2 vol. in-12. veau jaspé.

509. Les Caractères de Théophraste, avec les Caractères ou les Moeurs de ce siecle, par M. De La Bruyère. nouvelle édition augmentée de quelques notes sur ces deux ouvrages, et de la défense de La Bruyère et de ses Caractères, par M. Coste. *à Paris, chez Michel Estienne David.* 1740. 2 vol. in-12. mar. rouge, tr. dor. (*Bauzonnet Trautz*).

510. Epicteti Enchiridion, unà cum Cebetis Thebeti Tabula, Graecé et Latiné, ex recensione Ab. Berkelii, cum notis variorum, et cum Graeca paraphrasi. *Lugduni, Batav. ex off. Guaesbeck.* 1670. In-8. vélin doré. avec le tableau de Cébès.

511. Epicteti Enchiridion (Graece). ex editione Joannis Upton accuratae expressum. *Glasguae, excudebant Robertus et Andreas Foulis,* 1751. mar. vert, fil. tr. dor.

512. Epicteti Enchiridion et Cebetis Tabula, Graece et Latine, prioribus editionibus emendata et auctiora. *Amstelodami, ex officium Henrici et Theodori Boom,* CICIↃↃLXX. In-32. le titre précédé d'un frontispice gravé. mar. bleu. non rogné, ni ouvert.

513. Συμπλικίου Εξήγησις εἰς Ιὸ Εσικλήΐου Εγχειρίδιον. (Simplicii interpretatione in Epicteti Enchiridion). *Venetiis, per Joan. Antonium et fratres de Sabio.* Anno Domini MDXXVIII. mensis Julii. In-4. mar. rouge, fil. tr. dor. (*Derome*).

514. Le Manuel d'Epictète, et les Commentaires de Simplius, traduits en François, avec des remarques, par M. Dacier. *à Paris, chez Jean-Baptiste Coignard,* 1715. 2 vol. in-12. mar. vert, fil. tr. dor. (*Derome*).

515. Manuel d'Epictète, traduit par M. N. (Naigeon). à Paris, *imprimé par Didot l'ainé,* 1782 (avec le titre général de la collection des Moralistes anciens, la dédicace au Roi, et l'Avis des Libraires). In-18. mar. vert, large dentelle, tabis, tr. dor. (*Derome*).
Exemplaire sur vélin.

516. Manuel d'Epictète, en Grec, avec une traduction Française, précédée d'un discours contre la Morale de Zenon, et contre le suicide, par Lefebvre de Villebrune. *à Paris, de l'imprimerie de Ph. D. Pierres*, 1783. In-18. réglé. veau antiqué, tr. dor.

517. Notice sur les traductions françaises du Manuel d'Epictète, par G. A. J. N***. *Valenciennes*, 1826. In-18.

518. La Vie d'Epictète et sa Philosophie. *imprimée à Rouen, et se vend à Paris, chez Gvillavme De Lvyne*. 1667. une grande planche pliée, mar. rouge, fil. tr. dor. anc. rel.

519. Le Tableau de Cebes de Thebes, Ancien Philosophe, et disciple de Socrates : Au quel est paincte de ses couleurs la vraye image de la vie humaine, et quelle uoye l'homme doit elire pour paruenir a uertu et parfaicte science. Premierement escript en Grec, et maintenant expose en ryme francoyse. 1543. *à Paris, de l'imprimerie de Denys Janot imprimeur du Roy en langue Francoyse.* Fin du Tableau de Cebes de Thebes, de la volupte vaincue, et des Emblemes, *imprimé nouuellement à Paris, par Denys Janot.* ... 1543. la marque de Denys Janot. petit in-8. figures s. bois (attribuées à Jean Cousin). mar. rouge, dentelle, tr. dor. anc. reliure.

520. Le Tableau de Cebes de Thebes, ancien philosophe et disciple de Socrates. Auquel est paincte de ses couleurs la vraye image de la vie humaine, et quelle uoye l'homme doit elire pour paruenir a uertu et parfaicte science. Premierement escript en Grec, et maintenant expose en ryme francoyse. 1543. *à Paris, on les vend en la grand salle du Palais en la bouticque de Gilles Corrozet.* Fin du Tableau de Cebes de Thebes, de la volupte vaincue, et des Emblemes. *Imprimé nouuellement à Paris par Denys Jonot* (sic) *imprimeur du Roy en langue françoise.* 1543, la marque de Gilles Corrozet. petit in-8. figures et encadrements sur bois. mar. vert, fil. tr. dor.

521. La Table de lancié philosophe Cebes, natif de Thebes, et Auditeur d'Ariftote. En la quelle est descripte et paincte la voye de lhôme humain tendant a vertus et parfaicte science. Auec trente dialogues moraulx de Lucian Autheur

iadis Grec. Le tout pieca traſlate du Grec en langue latine
par pluſieurs ſauans et recommandables autheurs, et nagueres tranſlate de latin en vulgaire frãcois par maiſtre
Geoffroy tory de Bourges libraire demourant a Paris, rue
ſainct Iaques deuant leſcu de Baſle, alenſeigne du pot caſſe.
Sõt en vng volume, ou en deux qui veult a vendre audict
lieu par le dict tranſlateur et pour Jehan Petit libraire iure
en luniuerſite de Paris demourant auſſi en la rue Sainct
Iaques a lenſeigne de la fleur de lys. Petit in-8. veau
fauve.

Ce long titre, encadré, & compoſé comme le reſte du volume, occupe une partie
du recto & tout le verſo du premier feuillet. En tête eſt la marque de Jehan Petit.
y de 8 ff. ɔ de 4. a-t par 8. v de 4. le quatrième blanc. la marque du Pot caſſé au
verſo du 3ᵐᵉ feuillet v.
La ſeconde partie du volume eſt compoſée de ſignatures B-T par 8 ff. le premier
feuillet B eſt blanc. dans cette ſeconde partie il n'y a pas de cahier A. la date de 1529
ſe lit au Privilége qui occupe le ſecond feuillet y.
Ce volume eſt imparfait dans ſa ſeconde partie, où les quatre derniers feuillets
du cahier F & tout le cahier G manquent, mais je poſſéde à part cette ſeconde partie
complète en un volume relié en mar. bleu, fil. tr. dor. au chiffre de Sully W ſurmonté
d'une couronne.

522. Le Mirover dv regime et govvernement du corps et de
l'ame, compoſé par le ſage Caton Senateur Romain. à
Paris, par Eſtienne Groulleau, 1550. in-16. fig. s. bois. veau
marbré, filets.

523. Mil qvatre vingtz et quatre demandes avec les ſolutions
& reſponſe a tout propos, oeuure curieux & moult recreatif,
ſelon le ſaige Sidrach. On les vend a Paris en la grãd ſalle du
Palays au premier pillier en la boutique de Galliot du pre.
MDxxxi. Cy finiſt le liure du ſaige Sidrach Lequel liure
eſt la fontaine de toutes ſciences. nouuellement imprime a
Paris par Maiſtre Pierre Vidoue imprimeur & libraire iure de
ladicte vniuerſite de Paris. in-8. le dernier feuillet eſt blanc
et porte au verſo la marque de l'imprimeur. mar. bleu,
filets, et fleurons, Armes ſur les plats, tr. dor. (Duſſeuil).

524. De la Sageſſe, trois livres par Pierre Charron. A Leide,
chez Jean Elſevier. Sans date. (titre gravé). De la Sageſſe
trois livres, par Pierre Charron, Pariſien, Docteur és Droicts.
Suivant la vraye copie de Bourdeaux. (titre imprimé). In-12.
mar. bleu, dentelle, d. de moere, dentelle, mors de mar.
tr. dor. dos à petits fers. (Bozerian).

525. De la Sageffe, trois livres par Pierre Charron. *à Leide, chez les Elzeviers* 1646. (titre gravé). De la Sageffe, trois livres par Pierre Charron, Parifien, Doƈteur es Droiƈts. fuivant la vraye copie de Bovrdeavx. (titre imprimé). In-12. mar. bleu, dentelle, tabis, tr. dor. dos à petits fers. (*Bozerian*).

526. De la Sageffe, par Pierre Charron. *à Leide, chez Jean Elzevier.* 1656. (titre gravé). De la Sageffe trois livres, par Pierre Charron, Parifien, Doƈteur és Droiƈts. fuivant la vraye copie de Bourdeaux. *a Leyde, chez Jean Elzevier,* 1656. (titre imprimé). in-12. mar. bleu, dentelle, tr. dor. dos à petits fers. (*Bozerian*).

527. De la Sageffe, trois livres par Pierre Charron. *à Amfter-dam, chez Louys et Daniel Elzevier.* 1662. (titre gravé). De la Sageffe trois livres, par Pierre Charron, Parifien, Doƈteur és Droiƈts. Suivant la vraye copie de Bourdeaux. *à Amf-terdam, chez Louys et Daniel Elzevier.* 1662. (titre imprimé). in-12. mar. bleu, dentelle, tabis, tr. dor. dos à petits fers. (*Bozerian*).

528. LE GRANT BOECE de confolation nouuellement im-prime a Paris. Cy finift le grant Boece de confolation, nouuellement imprime a Paris par Antoine Verard, le XIXe iour du moys daouft milcccc XX et XIII. In-fol. goth. à 2 colonnes. mar. rouge doublé, à la Duffeuil, tr. dor.

EXEMPLAIRE IMPRIMÉ SUR VÉLIN, le feul connu après celui de la Biblio-thèque du Roi. Il eft orné de fix grandes peintures, de la plus grande fraîcheur. Exemplaire de la plus belle confervation.

529. LE LIVRE DE BOECE de confolation, tranflaté de latin en françois par maiftre Jehan de Meun. In-fol. mar. rouge, fil. tr. dor.

Manufcrit fur vélin du 15e fiècle, de 118 feuillets, enrichi d'un grand nombre de lettres tourneures peintes et rehauffées d'or, & de cinq grandes miniatures entou-rées d'un cadre de feuillages. La première repréfente Jean de Meun offrant fon livre à Philippe-le-Bel. Le P. Montfaucon a fait graver cette miniature d'après un exem-plaire de la Bibliothèque du Roi, & l'a inféré dans le tome 2e des *Monuments de la Monarchie françoife.* On trouve, en tête du Manufcrit, l'Epitre dédicatoire de Jean de Meun, à Philippe IV, dit le Bel, dans la quelle il fait l'énumération de tous les ouvrages qu'il avait publiés avant la traduƈtion de Boece.

530. Les Effais de Michel, Seigneur de Montaigne, novvelle édition exaƈtement pvrgee des defavts des precedentes,

felon le vray original : Et enrichie et augmentee aux marges du nom des Autheurs qui y font citez, et de la verfion
de leurs paffages ; Avec des obfervations tres importantes
et neceffaires pour le foulagement du lecteur. Enfemble la
vie de l'Autheur, et deux tables, l'une des chapitres, et
l'autre des principales matieres..... à *Amfterdam, chez Antoine Michiels,* 1659. 3 vol. in-12. mar. rouge, dent. tabis,
tr. dor. (*Derome*).

Le titre eft précédé d'un frontifpice gravé, au portrait de Montaigne.

531. Effais de Michel Seigneur de Montaigne. *Paris, Didot
l'aîné.* 1802. édition ftéréotype. 4 vol. in-8. mar. bleu,
dentelle, d. de moere, tr. dor. (*Bozerian*). Portrait de F.
Montaigne par Ficquet, avant la lettre, ajouté.

Exemplaire avec l'avertiffement, pp. 5 à 63, de Naigeon.

OUVRAGES DE METAPHYSIQUE

SUR LES VERTUS ET LES VICES. SUR L'HOMME ET L'AME. ET SUR L'ÉDUCATION.

532. Examen des Efprits propres et naiz aux Sciences. Où par
merueilleux et utiles fecrets, tirez tant de la vraye Philofophie naturelle, que diuine, eft demonftrée la difference des
graces et habiletez qui fe trouuent aux hommes, et à quel
genre de lettres eft convenable l'efprit de chacun. traduit
d'Efpagnol en François par Gab. Chappvis. *à Paris de l'imprimerie de Fr. Jvillot, rüe S. Victor, au Soleil d'or.* MDCXXXI.
in-12.

533. L'Examen des Efprits pour les Sciences. Où fe montrent
les differences des Efprits, qui fe trouvent parmi les hommes,
et à quel genre de fcience un chacun eft propre en particulier. compofé par Jehan Huarte, Medecin Efpagnol, et
augmenté de plufieurs additions nouuelles par l'auteur felon
la dernière impreffion d'Efpagne. le tout traduit de l'Ef-
gnol par François Savinien d'Alquiè. *à Amfterdam, chez
Jean de Raveftein.* 1672. titre précédé d'un frontifpice gravé.
petit in-12. mar. vert, fil. tr. dor. (*Koehler*).

534. Le Chappellet d's vertuz et les vices contraires à icelles aultrement nommé Prudence. en tête de la page vi Lesdicts moreaux..... Cy finist le chappellet des Vertus contraires aux Vices aultrement dit prudence. *Imprime à Lyon par Pierre marefchal et ꝑ Barnabe chauffard lan mil cccc xviii le x iour dauril.* petit in-24 de 24 feuillets. mar. vert, filets à comp. tr. dor. (*Koehler*).

Au bas du titre la marque des imprimeurs, & au verfo une grande figure f. bois, repréfentant le calvaire.

535. La fleur de vertu : auꝗl eft traicte de l'effet de plufieurs vertus et vices contraires à icelles : en induyfant a propos les dictz ⁊ fentences des fainctz docteurs ⁊ philofophes auec les exéples a ce cōcordes : traduicte du vulgaire Italien en langage francoys | ⁊ nouuellemēt imprimee a paris. *On les vend en la grant falle du Palais au premier pillier en la boutique de Galiot du pre libraire iure de l'uniuerfite.* mil v^c xxx. fin de ce prefent liure intitule la fleur de vertu. *nouuellement imprime a Paris pour Galliot du pre..... et fut acheue dimprimer* le xxvii^e iour de Mars lan mil cinq cens trente. in-8. goth. figures f. bois. dans toutes fes marges. mar. bleu, fil. tr. dor. anc. rel.

536. Cr cōmence la table des rubriches du liure des iii vertus et lenfeignement des dames. le quel dit liure eft parti en troys parties. La premiere sadrece aux princesses et haultes dames. La feconde aux dames et damoifelles et premierement à celles qui demeurent acourt de princeffe ou aultre dame | et la tierce aux fēmes deftat aux bourgeoifes ⁊ femmes du cōmun peuple. In-fol. mar. rouge, fil. tr. dor.

Manuscrit du xve siècle sur vélin, écrit en ancienne batarde fur deux colonnes, avec les fommaires peints en rouge, & les lettres tourneures en or & couleur, de 98 feuillets.

Ce livre eft de Chriftine de Pifan ; il date de 1405 & n'a jamais été imprimé. Une grande miniature, en tête du volume, repréfente Chriftine couchée fur fon lit. Les trois Dames : *Raifon, Droiture & Juftice,* qui lui avaient commandé de compofer le livre de la *Cité des Dames,* lui apparaiffent une feconde fois, en lui ordonnant de faire ce traité allégorique & moral, qui renferme d'excellentes leçons pour la conduite des femmes dans tous les états. Il peut fervir à faire connaître les coftumes, les ufages & la vie privée des femmes du commencement du xve fiècle. Dans un fecond compartiment de la miniature eft repréfentée une dame debout devant une table, lifant le livre d'enfeignement, entourée de dames de haute qualité, de bourgeoifes & de femmes du peuple.

Au verfo du dernier feuillet on lit, écrit en caractères gothiques : *Ce liure appar-*

tient à *monseigneur Sainct Vallier*. Ce peut être Jean de Poitiers, comte de Saint Vallier, père de Diane de Poitiers.

On trouve sur le catalogue Duriez, 1828, un beau manuscrit de ce même ouvrage en 95 feuillets.

537. Le guidō des parés en linstruction z direction de leurs enfans. Aultrement appelle Francoys Philelphe de la maniere de nourrir instruire et cōduire ieunes enfans. Nouuellemét imprime a Paris. *On les vēd a Paris deuant le college de Cābray en la maison de Gilles Gourmont.* Sans date. In-8. goth. mar. vert, tr. dor. (*Niedrée*). grandes marges. témoins. au verso du dernier feuillet une figure sur bois du *Prestre Jehan.*

538. Beroalde de la foelicité humaine, traduict de Latin en Françoys, par Caluy de la Fontaine, Parisien. 1543. *à Paris, de l'imprimerie de Denys Janot, imprimeur du Roy en langue françoyse.* petit in-8. caract. romains, figures s. bois dans le texte. mar. rouge, tr. dor. (*Duru*).

539. Reflexions morales de l'Empereur Marc Antonin, avec des remarques. *à Paris, chez Claude Barbin.* 1691. 2 vol. in-12. veau fauve, fil. tr. dor. (*Padeloup*).

540. Maximes et Reflexions morales du Duc de La Rochefoucault. *à Paris, de l'imprimerie Royale,* 1778. In-8. réglé. portrait gravé par Choffard. dem. rel. de mar. bleu. non rogné.

541. Entretiens de morale, dediez au Roy (par Mademoiselle de Scudery). *Suivant la copie imprimée à Paris, chez Jean Anisson, Directeur de l'imprimerie Royale, rüe S. Jacques, à la fleur de Lis de Florence.* 1693. titre précédé d'un frontispice gravé. 2 tomes en un vol. petit in-12. mar. bleu, fil. tr. dor. (*Koehler*).

542. Les Characteres des Passions, par le Sr de la Chambre, Medecin de Monseigneur le Chancelier. *à Amsterdam, chez Antoine Michel,* l'an 1658. 1662. 1663. 4 vol. — L'Art de connoistre les Hommes. par le Sr De la Chambre, Conseiller du Roy en ses conseils, et son Medecin ordinaire. *à Amsterdam, chez Jacques le Jeune,* 1660. un vol. titre gravé.

Enfemble 5 vol. in-12. maroquin bleu, dentelle, tr. dor. (*Bozerian*).

543. Nemerii Epifcopi et Philofophi de Naturae Hominis, liber vnvs (Graece) nunc primum et in lucem editus, et La-tinè conuerfus à Nicaehio Ellebodio Carletano. *cAntverpiae, ex officina Chriftophori Plantini*. MDLxv. In-8. vélin, fil. tr. dor.

544. Qvaeftiones Alexandri Aphrodifienfis naturales. De Anima. Morales. Metaphrafis ex Damafcio in primum librum de coelo et mundo. Epitome per modum commentarij in quatuor primos, et netanum phyfices libros, Theophrafti liber de fenfu. Pifciani lydi metaphrafis in libros Theophrafti de fenfu et phantafia (Graece). MDxxxvi. — Joannis Gram-matici Philofophi Alexandrini contra Proclum de Mvndi aeternitate (Graece). *Venetiis in oedibus Bartholomaei Caf-terzagenfis, aere vero et diligentia Ioannis Francifci Trincaueli.* anno a noftra falute MDxxx. Menfe Maio. 2 parties en un vol. in-fol.

REGLES DE LA VIE CIVILE. POLITIQUE.

545. Ad Sanctiffimū et beatiffimū dn̄m | dominū Paulū fe-cūdum ponteficē maximum? liber incipit dictus Speculum humane vite..... editus a Rodorico Zam   epifcopo et poftea calagantano | hifpano | eiufdem fanctitas in caftro fuo fancti angeli caftellano. *Impreffum Parifius* anno dn̄i MccccLxxv. die prima menfis Augufti? *per cMartinū cranz. Vdalncūgering, et cMichaelem friburger.* In-fol. 136 ff. de texte, un blanc, et 4 de table. à longues lignes de 32 à la page pleine. Sans chiffres, réclames ni fignatures. mar. vert, gardes de peau de vélin, dent. tr. dor.

546. Ad fanctiffimum et R. patrem et D. D. Paulum 11 P. M. liber incipit dictus Speculum vite humane....... editus a Rodorico epifcopo Zamorenfi et poftea calagurritano hif-pano. E. S. in caftro fuo Sancti Angeli Caftellano et Refe-rendario Prologus. *hoc opus fuit cōpletū z finitū in ciuitate ludini fupra rhodanū per magiftrū Guillermū regis dicte vile luduni habitatoris. in domo honorabili viri Bartholomei burii*

burgenſis dicti luduni. die ſeptima menſis Januarii, anno domini Mcccclxxiiiiiii. In-fol. Sans chiffres, réclames ni ſignatures. 108 ff. de texte, 3 de table et un blanc. à longues
lignes de 37 à la page pleine. maroquin rouge, fil. tr. dor.
(*Padeloup*).

547. Cy commence le liure intitule le miroir de vie humaine
fait par rodorique hiſpaignol eueſque de Zamoréſis Ou quel
toute creature humaine mortelle en quelque eſtat que elle
ſoit eſtablie ou en office ſpirituel ou temporel pourra veoir
de chacunart et maniere de viure les proſperitez et aduer-
ſitez et les enſeignemens de droitement viure le quel liure
a eſte tranſlate de latin en francois par frere iulié docteur en
theologie du couuent des freres ſainct auguſtin a lion ſur
le roſne en lan milcccclxxvii. Cy finiſt ce preſét liure intitule le miroir de la vie humaine *impſſe à lyon ſur le roſne* p
bartholomieu buyer citoien du dit lyon le huytieſme iour du
mois de iuillet là mil quatre cens ſeptante et ſept. In-fol.
à 2 colonnes. Sans chiffres ni reclames. ſign. a-i par 8 ff. il
n'y a pas de k. l de 6 dont le dernier blanc. Cy finiſt le
préſent liure. Le ſecond traité commence à la ſign. n. il
n'y a pas de m. n-v par 8 ff. total 142 ff. veau fauve, fil. tr.
dor. anc. rel.

M. Brunet n'indique que 141 ff.; probablement, dans l'exemplaire qu'il avait ſous
les yeux, le feuillet du cah. l manquait.

548. Libro llamado menoſprecio de Corte y alalanca de aldea.
compueſto per il illuſtre ſeñor Antonio de Gueuara, obiſpo
de Mondoñedo, predicator, y chroniſta, y del Conſejo de
ſu Mageſtad. — De nouueau mis en françois par L. T. L.
au quel auons adjouſté l'Italien, pour l'utilite et ſoulage-
ment de ceux qui prennent plaiſir aux vulgaires qui ſont
auiourd'huy les plus en eſtime. Pour plus grand enrichiſſe-
ment de cet oeuure, y ont eſté adiouſtés les vers françois
des Eueſques de Meaux et de Cambray, et les Latins de N.
de Clemégens Docteur en theologie, ſur la grande diſpa-
rite de la vie ruſtique auec celle de cour. MDxci. *par Jean
de Tovrnes.* In-16. dem. rel. de mar. rouge.

549. DIRECTION pour les bonnes moeurs.

Manuſcrit arabe de 100 ff. encadrés en or, en caractères Nelki, d'une calligraphie remarquable. Pet. in-8. mar. rouge à compartiments. reliure orientale en
portefeuille.

550. Nouveau traité de la Civilité qui fe pratique en France parmi les honnêtes gens (par Antoine de Courtin). *à Paris, chez Louis Joffe.* 1728. In-8. mar. rouge, fil. tr. dor. (*Duf-feuil*).

551. Nouveau traité de la Civilité qui fe pratique en France parmi les honneftes gens. *à Amfterdam, chez Jacques le Jeune* (à la fphère). 1672. petit in-12. vélin.

552. IL LIBRO DEL CORTEGIANO del Conte Baldefar Caf-tiglione. *In Venetia nelle cafe d'Aldo Romano, et d'Andrea d'Afola fuo fuocero*, nell' anno MDXXVIII, del mefe d'Aprile. In-fol. veau à compartiments.

EXEMPLAIRE GROLIER. Les têtes de chapitres en majufcules & en or. L'Ancre Aldine en bleu & or.

553. LE COURTISAN de Meffire Baltazar de Caftillon novvel-lement revev et corrige. *Francois Jufte.* MDXXXVIII. In-8. mar. vert, filets à compartim. tr. dor. (*Koehler*).

Ouvrage divifé en deux parties. La première, fignée a-f, contient le 1ʳʳ & le 2ᵉ livre, avec le titre général ci-deffus. La feconde, fignée A-P, porte le titre fuivant : Le tiers livre dv Courtifan. On les vend à Lyon, chez Francoys Jufte, deuant noftre Dame de Confort. MDXXVIII.

Tout le volume eft encadré de jolies vignettes f. bois, & l'on y voit fouvent la lettre F couronnée, & le monogramme de François Jufte. Le fecond feuillet eft occupé par une Epître d'Eftienne Dolet à Merlin de Sainct Gelais, dans la quelle il déclare *avoir revu & corrigé cette traduction, avant de la livrer à l'impreffion.* A la fin, on trouve une Epître de François Jufte à Monfeigneur Monfieur du Peirat, Lieutenant général pour le Roy à Lyon, qui vante la perfection de fon oeuvre, *ayant voulu vfer du labour de Monfieur maiftre Eftienne Dolet.* L'abbé de Saint Léger reproche donc à tort à Née de la Rochelle d'avoir omis de comprendre cette traduction du *Cour-tifan* au nombre des ouvrages de Dolet, qui l'a feulement, comme il le déclare lui-même, revue & corrigée.

554. Confidérations politiques fur les coups d'Eftat, par Ga-briel Naudé. *Sur la copie de Rome.* (*Hollande, à la fphère*). 1667. In-12. mar. rouge, fil. tr. dor.

555. Pietra del paragone politico, di Trajanno Boccalini, con una nuova aggiunta all' ifteffo. Cofmopoli (*Amfterdam, El-zevir*). 1671. titre imprimé, et frontifpice gravé. In-24. figure de Romain de Houghe. dem. rel. de mar. bleu. non rogné.

556. LORLOGE DES PRINCES. A la ſerenite de treshault ʒ
puiſſant ſeigneur | henry | Primogenit | Daulphin de France
| et duc de Bretaigne. traduict Deſpaignol en langaige fran-
cois. *On les vend a Paris en la grant ſalle du Palais | par
Galliot dupre | libraire iure de luniuerſite.* Mvᶜxl. fin des trois
liures de Lorloge des princes | auquel eſt contenu le liure
dor de Marc Aurele empereur........ *imprime a Paris | par
Eſtienne caueiller imprimeur | pour Galiot du pre | ...* In-fol.
veau fauve, ancienne et riche reliure à compartiments,
genre Grolier, parfaitement conſervée. exemplaire dans
toutes ſes marges.

8 ff. préliminaires. 1ᵉʳ livre, a-p par 6 ff. 2ᵉ livre, A-M par 6. 3ᵉ livre, Aa-Nn par
6. & Oo de 4.

557. LE MIROUER exéplaire et tresfructueuſe inſtruction ſelon
la cōpillation de Gilles de Rome tres excellent docteur Du
regime ʒ gouuernemēt des Roys Princes et grandz ſei-
gneurs qui ſont chef | colonne | ʒ vraiz pilliers de la choſe
publicque ʒ de toutes monarchies | enſemble des Preſidés
| Conſeilliers | Seneſchaulz | Baillifz | Juges | Preuotz | et
autres officiers qui pour leurs grādes experiéces et littéra-
tures ſont commis par lesdictz Roys et Prīces pour admi-
niſtrer Iuſtice. Et auec ce eſt comprins le ſecret Dariſtote
| appelle le ſecret des ſecretz envoye au roy Alexandre Et
le nom des Roys de France | et combien de temps ilz ont
regne. *On les vēt au Palais au tiers pillier et a la rue neufue
noſtre dame a lēſeigne de Lagnus dei | par Guillaume Euſtace
libraire du Roy noſtre Sire.* Cy finiſt le Mirouer..... *imprime
a Paris | par Guillaume euſtace... et fut acheue de imprimer le
dernier iour de juillet | lan mil cinq cens et dix ſept.* In-4.
goth.

558. DENDROLOGIE, ov la foreſt de Dodone. par M. Iacques
Howel, Gentilhomme Breton-Anglois *a Paris, chez la veuve
de Jean Camvſat.* 1641. La clef de la foreſt de Dodon Dendrologie, ov La Foreſt de Dodonne : compoſee de pluſievrs
arbres myſtérievx, ſovs l'ombre des quels il eſt diſcouru
(critiquement) des plus memorables occurrences, Negocia-
tions, & Trauerſes d'Eſtat, auenües en France, en Angleterre, en Allemagne, en Italie, en Eſpagne, aux Pays-bas,
& ailleurs, depuis l'année 1600 juſques à preſent. oeuure
d'une nouuelle inuention, entremeſlée de raiſonnemens

politiques, hiftoriques, philofophiques. (Suit une table des perfonnes repréfentées par les Arbres.) In-4. veau antiqué, dentelles or et à froid, tr. dor. (*Thouvenin*).

559. MAXIMES morales et politiques tirées de Télémaque ; imprimées par Louis-Augufte, Dauphin. à Verfailles, de l'imprimerie de Mg^r le Dauphin, dirigée par A. M. Lottin, 1766. In-8. mar. rouge, filets d'or et dentelle à froid. non rogné. dans un étui de mar. bleu, aux Armes de France.

On a ajouté trois portraits de Louis XVI & fon teftament imprimé fur une page in-8. fur papier de Chine, par Jules Didot, avec fes caractères microfcopiques.

560. Fragmens fur les Inftitutions Républicaines, ouvrage pofthume de Saint-Juft. *a Paris, chez Fayolle.* Sans date. In-8. veau violet, dent. tr. dor.

M. Ch. Nodier a vanté la grande rareté de ce livre. Cependant il faut dire que lorfque le libraire Fayolle a vendu fon fonds à M. Crozet, il s'y eft trouvé quelques exemplaires en feuilles.

MNEMONIQUE

561. MEMORABILES Evangeliftarum figurae. petit in-4. cuir de Ruffie, filets. Dans toutes fes marges.
Curieux ouvrage de mnémonique. Le volume eft compofé de 17 feuillets, avec 14 figures f. bois qui rappellent tous les évangiles, par des repréfentations emblématiques peu éloignées du *rébus.*

Le 1er feuillet commence par un

Hexafticon Sebaftiani brant in memorabiles auangeliftar⁾ figuras.

Au verfo du dernier feuillet :

Peroracio. Habes ingenue lector : quibus vijs atq3 argumétis que funt textus euangelifta℞ : diftincte queas appofiteq3 remifci : Ifto tibi tradidit Thomas Phorcéfis. cognomento Anfhelmi : vir magifterio preditus infolente : ftudij vero quod reliquũ erat exercitationifue donare non potuit. Adipifceris autem de rationes preceptionis diligentia imitaberis vfus frequentioris. vale. 1503.

562. Rationarium Euangeliſtarum, omnia in ſe euangelia. proſa. uerſu. imaginibuſq3 q̃3 mirifice cõplecté͡s. In-4. de 18 feuillets et 14 figures ſ. bois, reproduiſant celles de l'article précédent.

Au recto du dernier feuillet :

Peroratio.... (comme à l'article précédent). MDvii. mar. olive, tr. dor. (*Bauʒonner*).

563. Rationarium euangeliſtarum omnia in ſe euangelia proſa, uerſu, imaginibuſq3 quã mirifice cõplectens. MDxxii. In-4. de 18 feuillets et 14 figures ſ. bois. mar. vert, fil. tr. dor. (*Koehler*).

Cette édition ne diffère de celle de 1507 que par la date, ſauf quelques différences dans l'impreſſion des deux derniers feuillets.

564. Rationarium euangeliſtarum omnia in ſe euangelia proſa, uerſu, imaginibuſq3 quã mirifice cõplectens. MDx. In-4. de 18 feuillets et 14 fig. ſ. bois. mar. vert, fil. tr. dor. (*Niedrée*).

L'impreſſion des deux derniers feuillets eſt conforme à celle de l'édition de 1522. Mais la marque eſt différemment compoſée ; elle porte ici une banderolle avec des lettres hébraïques, comme dans l'édition de 1507.

Les neuf vers mnémoniques qu'on trouve aux derniers feuillets du *Rationalium* préſentent cette particularité. Chaque mot offre le ſens d'un évangile. Ils indiquent, en même temps, l'ordre dans lequel les évangiles ſont lus dans la liturgie.

565. Argumenta ſingularũ (népe 89) capitũ g̃nalia : q̃ttuor éuangeliſta℞ : h° ĩ libello carmine : *Impreſſum Antuerpie : per me Ioannem deghelen : in platea Beguinarũ cõmorant͡e. Impenſis uero M. Ioannis Cuſani :* qui et argumẽta ſoluta orõne (ſaluo iudicio melius corrigentis) appoſuit. anno uirginei partus 1533. die uero 13 Iunii. In-4. goth. de 16 feuillets, fig. ſ. bois. mar. citron, fil. tr. dor. anc. rel.

Je place ici ce livre, les figures étant la reproduction de celles du *Rationarium Evangeliſtarum*.

566. Artis memorativae naturalis et artificialis certa, facilis et verax traditio, quemq3 exigno (vt ita dicam) momento, rei litterariẹ opulentiſſimum congeſta. Complecta eſt ars illa anno 1523...... *opera prouidi Ioannis Grieningeri ciuis Argentoraten.* In-4. de 12 ff. dont le dernier blanc. portrait gravé ſ. bois ſur le titre. mar. violet, fil. tr. dor.

567. Oratoriae artis epitomata : ſiue quae ad conſumantũ ſpectant oratorem : ex antiquo rheto4 gymnaſio dicendi :

ſcribendiq3 breues rationes : nec nō ꝫ aptus optimo quiq3
uiro titulus : inſup ꝫ ꝑ q̄3 facilis memorie artis mod᾽ Iacobi
Publicii᾽ Florentini lucubratione in lucem editus : Foelici
nomina incohat. Oratoriae inſtitutiones : ex veterũ inſtituto : per Jacobum Publicium : ad Cyrillum caeſarem ſauſ-
tiſſimum delectae. *Erhardus ratdolt auguſtenſis* 1482 *pridie
caleñ, decembris impreſſit Uenetiis.* In-4. goth. de 66 feuillets
à longues lignes, de 31 à la page. figures ſ. bois. Sans chiffres ni réclames. Sign. A-D par 8 ff. E de 6. a de 8. 6 de 6.
c et d par 8. le premier et le dernier feuillet blancs. titre
imprimé en rouge. mar. vert. filets à compartim. tr. dor.
(*Koehler*).

568. Oratoriae artis epitoma : vel qvae brevibvs ad conſvma-
tvm ſpectant oratorem : ex antiqvo rhetorvm gymnaſio :
nec non et aptvs optimo cviqve viro titvlvs : inſvper et
perqvam facilis memoriae artis modvs Iacobi Pvblicii Florentini lvcvbratione in lvcem editvs. foelici nomine incohat.
*Erhardus Radolt auguſtēſis ingenio miro et arte ꝑ polita impreſ-
ſioni mirifice dedit.* 1485. *pridie caleñ februarii Uenetiis.* In-4.
de 66 ff. fig. ſ. bois. Sans chiffres ni réclames. Sign. A-G
par 8 ff. H de 10. caract. romains. mar. bleu, filets à comp.
tr. dor. (*Niedrée*).

Le titre eſt en petites majuſcules & imprimé en noir. Suivent deux lignes en caractères conformes à ceux du texte :

Oratorië inſtitutiones : ex ueterũ inſtituto : ꝑ Iacobũ Publiciũ :
ad Cyrillũ cëſarē fauſtiſſimũ delectë.

Le cahier A de cette édition n'a pas de feuillet 2. Cependant il n'y a aucune
lacune dans le texte, collationné & comparé avec le texte de l'édition de 1482.
Une remarque à faire, c'eſt que toutes les initiales hiſtoriées des deux éditions de
1482 & 1485 ſont pareilles, quoique les textes ſoient imprimés avec des caractères
différents.
Je porte cet ouvrage, ainſi que le ſuivant, dans cette claſſe, à cauſe du traité qu'ils
contiennent ſur l'art mnémonique.

569. Ars oratoria᾽. Ars epiſtolandi. Supraſcriptiones epiſtola-
rum. et ars memoratiua. Iacobi publicij Florentini. *Erhard
Bardolt auguſtenſis ingenio miro ꝫ arte ꝑ polita impreſſioni
mirifice dedit* A. Mccccxc. xiij kal. Februarij. *Aug.* In-4.
de 60 ff. fig. ſ. bois. caractères de Somme. Sans chiffres ni
réclames. Sign. a-h par 8 ff. j de 4 dont le dernier blanc.
mar. vert, fil. tr. dor. (*Niedrée*).

570. (Bufchii) Aureum reminifcendi memorādiq3 per breve opufculum mirum in modum natureli preftans memorie uberrimum fuffragium litteris quoq3 alphabeticis de figuris variae difpofitionis ornatum quarum occafione q̄libet res memoranda facilius ac eitius ad memoriam reduci poteft. *Zwolis impreffum..... per Arnoldum Kempen* anno a millefimo fupra quingentefimum fecundum ipfis idibus feptembribus. petit in-4. goth. 8 ff. de texte. 9 ff. de planches de caractères finguliers, gravés f. bois. fuivis d'un feuillet, au verfo du quel un exafticle de Bufchius. mar. vert, tr. dor. (*Trautʒ Bauʒonnet*).

571. Artificiofae memoriae fvndamenta, ex Ariftotele, Cicerone, Thoma Aquinate, aliifque praeftantiffimis doctoribus petita, figuris, interrogationibus, ac refponfionibus clarius quam vnquam antehac demonftrata. A D. Ioan. Païpp..... *Lvgdvni, apud Bartholomaeum Vincentium.* 1619. In-12, figur. veau fauve, fil. tr. dor.

572. Logica memoratiua Chartiludiū logice | fiue totius dialectice memoria : et nouus Petri hyfpani textus emendatus : cum iucundo pictarmatis exercitio : eruditi viri f. Thome Murner Argētini : ordinis mino℞ : theologie doctoris eximij... *Argētine : induftrius vir Joānes gruninger impreffit.* anno a crifti faluatoris natiuitate MDIx. ipfa die Thome Cantuarienfis. In-4. fig. f. bois. mar. bleu, fleurons, tr. dor. (*Trautʒ Bauʒonnet*).

A-N par 6 & 8 ff., exceptés Γ & J qui font par 4. Le 6ᵐᵉ feuil. N eft blanc.

573. Chartilvdivm Logicae. feu Logica poetica, vel memoratiua R. P. Th. Mvrner Argent. ord. Minorum. opus quod centum amplicìs annos in tenebris lafuit : ervtum et in appertam faeculi huiufce curiofi lucem productum. opera, notis, et conjecturis. Ioan. Balefdens. *Parifiis, apud Tvffanvm Dv Bray, via Jacobea, fub fpicis maturis.* MDCxxix. In-8. fig. f. bois. dem. rel. dos et coins de veau fauve.

574. Ars memoratiua Gulielmi Leporei Auallonén. Pontificio et Cefareo iuribus cōprobata. *Veneunt in Chalcographia Ioannis Fabrii : in vico Dagulheres : cuius anima in pace requiefcit.*

A la fin :

Epître de Jodocus Badius a Gulielmo Lepori, datée de 1523, 17 Kalē. Octobr.   In-4. fig. f. bois. veau fauve, filets.

575. Thefavrvs artificiofae memoriae, authore P. P. F. Cofma Roffellio. *Venetiis*, MDxxix. In-4. figures.

16 ff. préliminaires, titre compris. 144 ff. chiffrés & un d'errata. Entre les ff. 19 & 20 une planche pliée & fignée E 4. Le 67ᵉ eft fuivi d'un feuillet à figures non chiffré, & d'un autre feuillet à texte & figures, chiffré encore 67.

576. Dialogo di M. Lodovico Dolce, nel quale fi ragiona del modo di accrefcere e confervar la memoria. *in Venetia, appreffo Gio. Battifta, et Marchio Serra fratelli*. 1562. petit in-8. fig. f. bois. veau fauve, fil. tr. dor.

577. Dialogo di M. Lodouico Dolce, nel quale fi ragiona del modo di accrefcere et confervar la memoria. *in Venetia, appreffo Giouanbattifta Seffa et fratelli*. 1586. petit in-8. fig. f. bois. veau fauve, compart. tr. dor. (*Thompfon*).

578. Nova inventione et arte del ricordarfi, per luoghi, & imagini, & per fegni, & figure pofte nelle mani. del R. P. F. Girolamo Marafioto da Poliftene di Calabria. Theol. dell' ord. de' Minori dell' offeruanza, tradotto di Latino in lingua Italiana, da D. Thefeo Manfueti da Vrbino, Canon. Reg. di S. Saluatore. *in Vinegia, preffo Giouan Battifta Bertoni*. MDCii. très-petit in-8. fig. f. bois. cart.

PEINTURE. GRAVURE. IMPRIMERIE. ÉCRITURE

PEINTURE

579. L'hiftoire et le fecret de la peinture en cire (par Denis Diderot). Sans lieu ni date. (Paris). In-12. veau fauve.

Edition originale, très-rare même en 1795, tirée à un petit nombre d'exemplaires, à laquelle Diderot avait eu de bonnes raifons pour ne pas mettre fon nom. Elle contient des détails curieux & ignorés fur l'origine & les procédés mécaniques de l'art.

580. La cire alliée avec l'huile, ou la peinture à huile-cire, trouvée à Manheim par M. Charles Baron de Toubenheim, expérimentée, décrite et dédiée à l'Electeur, par le sr Joseph Fratrel, peintre de la Cour de S. A. R. Palatine. *Manheim*, 1770. in-8. veau marbré, armorié.

581. L'art du feu ou de peindre en émail. dans le quel on découvre les plus beaux secrets de cette science. avec des instructions pour peindre, et apprêter les couleurs de Migna-ture, dans leur perfection. par Jacques Philippe Ferrand. *Paris, de l'imprimerie de J. Collombat*, 1721. In-12. dem. rel. de mar. rouge.

582. Traité des couleurs pour la peinture en émail et sur la porcelaine ; précédé de l'art de peindre sur émail, et suivi de plusieurs Mémoires sur différents sujets, tels que le tra-vail de la porcelaine, l'art du Staccateur, la manière d'exé-cuter les camées, et les autres pierres figurées, le moyen de perfectionner la composition du verre blanc et le travail des glaces, &c., par D'Arclais De Montamy. *à Paris, chez C. Cavelier*, 1765. In-12 veau jaspé.

583. RECUEIL DE 22 PEINTURES Persanes, en or et cou-leurs, de la plus grande finesse, montées sur onglets, et formant un volume grand in-fol. relié en mar. rouge.

584. RECUEIL DE 21 PEINTURES Indiennes. In-fol. mar. amarante, large dentelle, tr. dor. dans un étui.

585. PEINTURES CHINOISES. Recueil d'oiseaux, peints avec une grande finesse et riche de couleurs sur papier de riz. Pet. in-4. recouvert d'étoffe de Chine.

586. Dresde, Montpellier. — Dresde, Paris, Montpellier. tableaux d'anciens Maitres, photographiés, par les soins de L. Curmer, accompagnés de sonnets explicatifs. 1859. 2 vol. in-8. papier vélin fort. mar. vert. filets à froid, tr. dor. dans un étui.

Tiré à petit nombre, destiné à des présents.

GRAVURE

587. Notice hiftorique et pratique de la gravure fur bois, par J. M. Papillon. *Paris*, 1766. 3 tomes, avec le fupplément, en 2 vol. in-8. figures, veau fauve, dent. tr. dor.

588. A Treatife, ou wond engraving, hiftorical and practical. by John Jackfon. *London*, 1839. grand in-8. fig. f. bois. demi reliure, dos et coins de mar. bleu. non rogné, tête dorée.

589. Idée générale d'une collection complète d'eftampes, avec une differtation fur l'origine de la gravure et fur les premiers livres d'Images (par le Baron de Heineken). *Leipfic et Vienne*, 1771. In-8. figures. veau jafpé, dent. tr. dor.

590. Effai fur les Nielles, gravures des orfevres Florentins du XVe fiècle. par Duchefne aîné. *Paris*, 1826, in-8. papier vélin. figures. veau rouge, compartim. à froid, tr. dor.

591. Effai fur l'origine de la gravure en bois et en taille-douce, et fur la connoiffance des eftampes des XVe et XVIe fiècles. où il eft parlé auffi de l'origine des cartes à jouer et des cartes géographiques (par Janfen). *Paris*, 1808. 2 vol. in-8. figures, veau jafpé, filets.

582. Notice fur les Graveurs qui nous ont laiffé des eftampes marquées de Monogrammes, Chiffres, Rebus, Lettres ini-tiales, &c. avec une defcription de leurs plus beaux ouvrages (par l'abbé Baverel et Malpez). *Besançon*, 1807. 2 vol in-8. dem. rel. de veau olive.

593. Dictionnaire des Monogrammes, Marques figurées, Let-tres initiales, Noms abrégés, &c., avec les quels les pein-tres, deffinateurs, graveurs et fculpteurs ont défigné leurs noms, par François Brulliot. *Munich*, 1832. 3 vol. in-4. dem. rel. de veau fauve.

594. Catalogue de livres d'eftampes et de figvres en taille-douce, avec un dénombrement des pièces qui y font con-tenües, fait à Paris en l'année 1666 par M. De Marolles,

Abbé de Villeloin. *à Paris, chez Frederic Leonard*, 1667. In-8. mar. citron, fil, tr. dor. anc. rel.

595. Catalogue de livres d'eſtampes et de figvres en taille-douce, avec un dénombrement des pièces qui y ſont con-tenües, fait à Paris en l'année 1672 par M. De Marolles, Abbé de Villeloin. *à Paris, de l'imprimerie de Jacqves Lan-glois*, 1672. In-12. mar. citron, fil. tr. dor. anc. rel.

596. Album Hylographique. Recueil de gravures en bois des xvᵉ et xviᵉ ſiècles, montées ſur 38 feuilles, comportant des ſujets variés. In-fol.

597. PORTRAITS DIVERS. A Lion par Jean De Tovrnes. MDLvii. In-8. mar. bleu, tr. dor.

Titre, & 62 figures ſ. bois, genre du petit Bernard, repréſentant des morceaux d'architecture, des têtes, des ſujets mythologiques & ſcéniques.

598. Pinax Iconicvs antiqvorvm ac variorvm in ſepvltvris ritvvm ex Lilio Gregorio excerpta, pictvriſq3 iuxta typogra exacta arte elavoratis effigiata..... P. Woeiriot. *Lvgdvni, apud Clementem Baldinum.* 1556. In-8. oblong. mar. vert, filets à compartiments, tr. dor. (*Bauzonnet Trautz*).

599. Recueil de figures et autres ſujets gravés ſur bois et coloriés. Sous l'une de ces figures on lit : A Lyon par Mar-tial De Bargves. In-fol. vél.

Volume qui a de l'importance pour une collection Lyonnaise. C'eſt le ſeul exem-plaire que je connaiſſe.

600. Recueil de 99 figures (tirées d'un Dante) gravées ſur bois, montées de format petit in-4. oblong. dem. rel. de mar. rouge.

Le genre du deſſin & le fini de la gravure prouvent que ces compoſitions, qui ne portent aucune indication, appartiennent à l'Ecole Florentine de la fin du xvᵉ ſiècle.

601. Recueil de gravures allemandes ſur bois. In-4. oblong. dem. rel. dos & coins de veau fauve.

602. Recueil de 39 figures, tirées en bleu, repréſentant les calamités de la France de 1562 à 1586, avec une expli-cation des planches. (Lyon, imprimerie de Louis Perrin). In-4.

603. Notice fur la vie et les travaux de Gerard Audran, graveur ordinaire du Roi, par Georges Dupleſſis. *Lyon, imprimerie de Louis Perrin*, 1858. In-8. br.

APPENDICE A LA GRAVURE

FIGURES DE LA MORT ET DANSE MACABRE

604. Les Simulachres & hiſtoriees faces de la Mort, avtant
elegammēt pourtraiĉtes, que artificiellement imaginées. *à
Lyon, ſoubȝ l'eſcu de Coloigne.* MDxxxviii. *Excvdebant
Lvgdvni Melchior et Gaſpar Treſchel fratres.* 1538. In-4. fig.
ſ. bois. mar. biſtre, médaillon en or et maroquin noir. tr.
dor. (*Capé*).

605. Simolachri, Hiſtorie, e figvre de la Morte. La medicina de l'anima. Il modo, e la via di conſolar gl'inferni. Vn
ſermone di San Cipriano de la mortalità. Due orationi, l'vna
à Dio, e l'altra à Chriſto. Vn ſermone di S. Giouan chri-
ſoſtomo, che ci eſſorta à patienza. *in Lyone, apreſſo Giovan
Frellone,* MDxlix. petit in-4. figures ſ. bois. mar. bleu,
dentelle à froid, tr. dor. (*Niedrée*).

606. Icones Mortis. dvodecim imaginibus praeter priores,
totidemque inſcriptionibus praeter epigrammata è Gallicis
à Georgio Aemylio in Latinem verſa cumulatae (Holbenio
piĉtore, ſculptore). *Baſileae,* 1554. petit in-8. fig. ſ. bois.
mar. bleu, tr. dor. (*Niedrée*).

607. Imagines Mortis. His acceſſerunt epigrammata, è
Gallico idiomate à Georgio Aemylio in Latinum tranſlata.
Et Eraſmi Reterod. liber De praeparatione ad mortem.
Coloniae, apud haeredes Arnoldi Birckmanni. anno 1555.
petit in-8. fig. ſur bois. mar. noir, filets à froid, tr. dor.
(*Niedrée*).

608. Les images de la mort, auxquelles ſont adiouſtees
dix-ſept figures. Davantage, la Medecine de l'ame. la con-

folation des malades. Vn fermon de mortalité, par faint Cyprian. Vn fermon de patience, par faint Jean Chryfoftome. *à Lyon, par Jehan Frellon,* 1561. *à Lyon, par Symphorien Barbier.* petit in-8. fig. f. bois. mar. bleu, filets à compartiments, tr. dor. Dans toutes fes marges.

609. LES IMAGES DE LA MORT, auxquelles font adiouftees dix-fept figures. Davantage, la medecine de l'Ame, la confolation des Malades. Vn fermon de Mortalité, par faint Cyprian. Vn fermon de patience, par faint Jean Chryfoftome. *à Lyon, par Jëan Frellon,* 1563. *à Lyon, par Symphorien Barbier.* petit in-8. fig. f. bois, mar. violet, fil. tr. dor.

610. IMAGINES MORTIS. His accefferunt epigrammata è Gallico idiomate à Georgio Aemylio in Latinum tranflata. Ad hoc, Medicina Animae, tum ijs, qui firma, quàm qui aduerfa corporis valetudine praediti funt, maximè neceffariae. *Coloniae, apud haeredes Arnoldi Birckmanni.* anno 1573. petit in-8. fig. f. bois. mar. bleu, fil. tr. dor.

On a ajouté a cet exemplaire les figures originales de Holbein, fur lefquelles ont été copiées les figures de l'édition.

611. Le Triomphe de la Mort, gravé d'après les deffins de Holbein, par W. Hollar. Explication des fujets du Triomphe de la Mort de Jean Holbein. petit in-12, papier vélin. mar. noir, filets à froid, tr. dor. (*Duru*).

612. Hans Holbein's codtentang in 53 getren nach fen holtzfchoitten lithographirten blattern. heraufgageben von J. Schlotthaner profeffor. *Munchen,* 1832, in-18. papier vélin. mar. noir, filets à froid, tr. dor.

613. L'Alphabet de la Mort de Hans Holbein, entouré de bordures du XVIe fiècle et fuivi d'anciens poèmes français fur le fujet des trois mors et des trois vifs, publiés d'après les Manufcrits par Anatole de Montaiglon. *Paris, impr. par Firmin Didot frères.* In-8. papier du XVIe fiècle. cart.

614. LA GRAT DANSE macabre des hômes z des fémes hyftoriee z augmentee de beaulx dis en Latin. Le debat du

corps et de lame. La cõplainte de lame dampnee. Exortation de bien uiure ꝫ bien mourir. La vie du mauuais
antecrift. Les quinze fignes. Le iugement. *Imprime a Lyon
le* xviii *iour de feurier lan mil* ccccxcix. In-fol. goth.
fig. f. bois. Sans chiffres ni réclames. Sign. A-G par 6 ff.
mar. bleu, tr. dor.

Exemplaire de Gaignat.

615. LA GRANT DANSE macabre des hõmes ꝫ des femmes
hiftoriee et augmẽtee de beaulz dis en latĩ. Le debat du
corps ꝫ de lame. La cõplainte de lame dampnee. Exortation
de bien viure ꝫ de bien mourir. La vie du mauluais antecrift. Les quinze fignes. Le iugement. *imprime a Lyon fur
le rofne par Claude nourry* le dernier iour daouſt mil cinq
cens ꝫ ung. In-fol. goth. fig. f. bois. Sans chiffres ni réclames. Sign. A-D par 6 ff. E de 4. f. de 6. g de 4. mar. vert,
filets à compartiments d. de mar. rouge, dent. tr. dor.
(*Koehler*).

616. LA DẴCE macabre ✠ Les trois mortz ꝫ les trois vifs ✠
Et les quinze fignes precedens le grãt iugemẽt. Cy fine la
dãce macabre auẽcqs les diꜩ des troys mors et des troys
vifz. *imprimee a Lyon par Claude nourry.* lan mil cinq cens
xxiii. Petit in-4. goth. fig. f. bois. Sans chiffres ni réclames. Sign. A-J par 4 ff. (La foufcription fe trouve au verfo
du cah. G iii). mar. rouge, riche dentelle à compart. d
de mar. bleu, dent. (*Trauꜩ Bauꝫonnet*).

Exemplaire non rogné.

617. LA GRANT DANSE macabre des hõmes ꝫ des fẽme hiftoriee ꝫ augmẽtee de beaulz ditz en latin. Le debat du corps
et de lame. La complainte de lame damnee. Exhortation de
bien viure et de bien mourir. La vie du mauluais antechrift.
Les quinze fignes. Le iugement. imprime a Troyes par Nicolas le rouge demourant en la grant rue a lenfeigne de
Uenife. aupres la belle croix. Cy finiſt la danfe macabre…
imprimee a Troyes par Nicolas le rouge… lan milccccxxviii
le xi iour de juing. In-fol. goth. fig. f. bois. Sans chiffres
ni réclames. Sign. a-k par 4 ff. mar. noir, filets à froid, tr.
dor. (*Bauꝫonnet Trauꜩ*).

Exempl. dans toutes fes marges.

618. La grand Danse Macabre des hommes et des femmes nouuellemét reueüe et augmétee d'hiſtoires et beaulx ditz, tant en Latin qu'en françoys : et autres oeuures dont le contenu eſt en la page ſuyuante. *à Paris, par Eſtienne Groulleau, libraire iuré demourant en la rue neuue Noſtre Dame à lenſeigne S. Ian Baptiſte*. Sans date. In-16, fig. ſ. bois. mar. fauve, compart. doublé de mar. fauve à comp. tr. dor. rel. anglaiſe. Dans un étui.

619. Eſſai hiſtorique, philoſophique et pittoreſque ſur les Danſes des morts par E. H. Langlois, accompagné de cinquante-quatre planches et de nombreuſes vignettes..... Ouvrage complété et publié par André Pottier et Alfred Baudry. *Rouen*, 1852. 2 vol. in-8.

IMPRIMERIE

620. Principia Typographica. The block, books, ob xylographic delineationes of ſcripture hiſtory, iſſued in Holland, Flanderes, and Germany, during the fifteenth century, exemplitied and conſidered in conexion with the origin of printing, to wich is added an altempt to elucidate the caraćter of the paper, marks of the period, a work contemplated by the Late Samuel Sotteby, and carried out by his ſon, Samuel Leigh Sotteby. *London*, 1858. 3 vol. grand in-4. dem. rel. dos et coins de mar. rouge. Non rogné.

621. Origine de l'Imprimerie, d'après les Titres authentiques. Suivie des établiſſements de cet art dans la Belgique, et de l'hiſtoire de la Stéréotypie ; par P. Lambinet. *Paris*, 1810. 2 vol. in-8. veau racine, dent.

622. Manuel typographique, par Fournier le jeune. *Paris, Barbou*, impr. par l'Auteur. 1764. 2 vol. in-8. dem. rel. de mar. rouge. Non rogné.

923. Traités (V) hiſtoriques et critiques ſur l'origine et les progrès de l'Imprimerie, par M. Fournier le jeune. *Paris, imprimerie de Barbou*. 1758-61. In-8. dem. rel. de mar. rouge. Non rogné.

624. Plan du Traité des origines typographiques, par M. Méer-
man, traduit de Latin en François. *à Paris, chez Aug. Mart.
Lottin l'aîné*. 1762. In-8. dem. rel. dos et coins de veau acajou. Non rogné.

625. Plan du Traité des origines typographiques, par Meer-
mann, traduit de Latin en François (par Goujet). *Paris,
Lottin l'aîné*. 1762. — Lettre fur l'origine de l'imprimerie,
fervant de réponfe aux obfervations publiées par M. Fournier le jeune, fur l'ouvrage de M. Schoepflin, intitulé *Vin-
diciae typographicae* (par Fred. Ch. Beer). *Strasbourg. (Paris,
Lottin l'aîné)*, 1761. — Traité de la reliure des livres, par
De Gauffecourt, f. l. n. d., réunis en un vol. in-8. dem.
rel.

626. Débuts de l'Imprimerie à Mayence et à Bamberg, ou
Defcription des Lettres d'Indulgence du Pape Nicolas V,
Pro Regno Cypri, imprimées en 1454, par Léon De La
Borde. *Paris, typographie Lacrampe*, 1840. In-4. dem. rel.
de veau fauve.

627. Album Typographique, exécuté à l'occafion du Jubilé
Européen de l'Invention de l'Imprimerie. Hiftoire de l'Invention de l'Imprimerie par les Monuments. *Paris, de l'imprimerie rue de Verneuil*. juin 1840. In-4. dem. rel. de veau
fauve.

628. Epreuve du premier Alphabeth droit et penché, ornée
de cadres et de cartouches, gravée par ordre du Roy pour
l'Imprimerie Royale, par Louis Luce, et finis en 1740. In-32.
dem. rel. dos et coins de mar. rouge. Non rogné.

629. Recherches fur l'établiffement et l'exercice de l'Imprimerie à Troyes, par Corrard de Breban. *Troyes*, 1839. —
Les mêmes Recherches, 2e édition, corrigées et augmen-
tées. *Paris*, 1851. en un vol. in-8. dem. rel. de mar. bleu,
non rogné, tête dorée.

630. Effai philologique fur les commencements de la Typographie à Metz, et fur les imprimeurs de cette ville ; puifé
dans les matériaux d'une hiftoire littéraire, biographique
et bibliographique de Metz et de fa Province. *Metz et Paris*,
1828. In-8. dem. rel. de veau olive. Non rogné.

631. Marques typographiques, ou Recueil des monogrammes, chiffres, enseignes, emblêmes, devises, rebus et fleurons des Libraires et Imprimeurs qui ont exercé en France, depuis l'introduction de l'Imprimerie en 1470, jusqu'a la fin du seizième siècle. A ces marques sont jointes celles des Libraires et Imprimeurs qui pendant la même période ont publié, hors de France, des livres en langue française (par Sylvestre, ancien libraire). *Paris*, 1853-1864. In-8. papier vélin. Livraisons 1 à 14 et la suite.

632. Geoffroy Tory, peintre et graveur, premier Imprimeur Royal, réformateur de l'orthographe et de la typographie, sous François Ier. par Aug. Bernard. *Paris*, 1857. In-8. broché.

633. Jean Gvtenberg, premier maître imprimeur. Ses faits et discours les plus dignes d'admiration, et sa mort, récit fidèle, écrit par Fr. Dingelstedt, et traduit de l'allemand en françois par Gustave Revilliod. *à Geneve, par Jules Guillaume Fick*, 1858. Grand in-8. cartonné estampé. Non rogné.

634. Des gravures en bois dans les livres d'Anthoine Verard, Maître Libraire, Imprimeur, Enlumineur, et Tailleur sur bois, de Paris. 1485-1512. par J. Renouvier. *Lyon, impr. de Louis Perrin.* 1859. In-8. br.

635. Notice sur la Lithographie. Deuxième édition, suivie d'un essai sur la reliure et le blanchiment des livres et des gravures, par F. Mairet, relieur et imprimeur lithographe. *Chatillon-sur-Seine*, 1824. In-12. dem. rel. de mar. rouge. Non rogné.

ECRITURE

626. CHAMP FLEURY, Au quel est contenu lart et science de la deue et vraye proportiō des Lettres Attiques, quō dit autremét Lettres Antiques, et vulgairement Lettres Romaines proportionnees selon le Corps et Visage humain. Ce liure est priuilegie pour dix ans par le Roy nostre Sire, et est a vendre a Paris sur petit pont a lenseigne du Pot Casse par Maistre Geofroy Tory de Bourges | libraire et Autheur du

dit liure, et par Gilles Gourmont auſſi libraire demourant en la rue ſainct Iaques a lenſeigne des Trois Coronnes. Cy finiſt ce preſent liure, auec l'addition de treze diuerſes façõs de Lettres, et la maniere de faire chiffres pour bagues dor, et autrement. qui fut acheue dimprimer le mercredy xxxiij iour du mois dapuril, lan mil cinq cens xxix. pour Maiſtre Geofroy Tory....... In-fol. goth. fig. f. bois. veau fauve, filets d'or et à froid et fleurons, tr. dor.

637. Lo presente libro inſegna la vera arte de lo excel-léte ſcriuere de diverſe varie ſorti de litere le quali ſe fano pʳ geometrica ragione et con la p̃ſente opera ognuno le potra imparare e impochi giorni p loamaiſtramento, ra-gione, et eſſempli, comegia ſeguente vedrai. Opera del tagliente nouamente compoſta cum gratia nel anno dé n̄ra ſalute M D   . *Stampato in Vinegia per Giouanni Antonio de Nicolini de Sabio*. M D   petit in-4. fig. f. bois, veau fauve, fil. tr. dor. (*Niedrée*).

638. Libro nvovo d'imparare a ſcrivere tvtte ſorte lettere Antiche et Moderne di tvtte nationi, con nvove regole miſure et eſempi. Con vn breue et vtile trattato de le Cifere compoſto per Giouanbattiſta Palatino cittadino Romano. *Stampato in Roma, appreſſo Campo di Fiore, nelle caſe di M. Benedetto Gionta, per Baldaſſare di Franceſco Cartolari Perugino*, il di xxii d'Agoſto MDxxx. In-4. Planches f. bois. veau fauve, filets à compart. tr. dor.

639. Libro di M. Giovan Battiſta Palatino cittadino Romano nel qual s'inſegna à ſcriuer ogni ſorte lettera Antica et Mo-derna, di qualunque natione, con le ſue regole, et miſure, et eſempi : Et con vn breve et vtile diſcorſo de le Cifere : riueduto nuouamente, et corretto dal proprio Autore. Con la givnta di qvindici tavole belliſſime. *in Roma per Valerio Durico alla chiauica di Santa Lucia, ad inſtantia de m. Giouan della Gatta*. l'anno MDLxi. In-4. Planches f. bois. veau fauve.

640. Compendio del grand volvme de l'arte del bene et leggiadramente ſcrivere tvtte le ſorti di lettere et caratteri, con le lor regole, miſure, et eſſempi. di M. Gioanbattiſta Palatino..... *in Roma, per li Heredi di Valerio et Luigi Dorici*

frattelli Brefciani l'anno 1566. In-4. mar. rouge. (*Durù*).
Non rogné.

641. Libro fotiliffimo y proverchofo para depréder a efcreuir
y côtar èl qual lleua la mifma ordë que lleua un Maeftro
con difcipulo en que eftan puertas las cinco reglas mas
principales de guarifmo, y oltras cofas fotiles y prouer-
chofas. Dirigido al muy illuftro fénor : el sénor dō Diego
de los Cobos : Marques de Camerara Comédator mayor de
Leon Adelandado de Carçola : y fenor ef las varonias de
Ricla : y Villaheliche, &c. Año MDLv. Sans lieu. In-4.
de 15 feuillets. A-D 1111. titre en rouge et noir encadré
d'une vignette. lettres rondes. figures, et un alphabet bi-
blique, gravés fur bois. mar. bleu, tr. dor. (*Durù*).

Exemplaire dans toutes fes marges.

642. Il franco modo di fcriver Cancellarefco moderno,
raccolto da gli effemplari di piu famofi fcrittori de noftri
tempi, intagliato et publicato da Giacomo Franco. 1595.
in Venetia. In-4. oblong. cart.

Dans toutes fes marges.

643. Regola da imparare fcrivere varii caratteri di littere
con li fvoi compaffi et mifvre. et il modo di temperare le
penne fecondo la forte di littere che uorrai fcriuere, ordinato
per Ludouico Vicentino con una recetta da far inchioftro
fino. *Stampato in Vinegia per Nicolo d'Ariftotile detto Zopino*
nel anno di noftra falute MDxxxIII del mefe d'Agofto. In-8.
cart. dans toutes fes marges.

Cahier compofé de 30 feuillets fignés A-Axv.

644. Incipit liber primvs (fecundus, tertius et quartus) elementorum litterarum Ioannis Baptifte de Verinis Florentini
nouiter impreffum. Sans lieu ni date. In-4. de 64 feuillets
chiffrés I-Lxiv. dem. rel. de mar. rouge.

Ouvrage écrit en italien, fingulier & peu connu. Imprimé en Italie au commencement du xviᵉ fiècle. Caractères romains. Le titre courant eft Lyminario. A la
fin du 3ᵉ livre eft une marque d'imprimeur, au-deffous de laquelle on lit : *Giovan
Baptifta.*

645. Incipit liber primus (fecundus, tertius et quartus) elementorum litterarum Ioannis Baptifte de Verinis Florentini
nouiter impreffum.

Petit in-4. fig. f. bois. dem. rel. de mar. rouge.

646. Alphabet, de diſſemblables ſortes de lettres : en vers alexandrins, par Jaques de la Rue ecrivain. *à Paris, Rue S. Jaques deuant le Pleſſis.* 21 feuillets. = Libellus valde doctus, elegans, et utilis, multa et varia ſcribendatum litterarum genera complectens. A-O par 4 ff. In-4. oblong. dem. rel. de mar. rouge.

647. Alphabet Roman deſſiné par H. Leymarie et gravé ſur bois par Breviere. Imprimé par L. Boitel (à Lyon). 1841. Pet. in-12. br.

Ouvrage tiré à 100 exemplaires.

648. Eſſai ſur la Calligraphie des Manuſcrits du Moyen-Age et ſur les Ornements des premiers Livres d'Heures imprimés. par E. H. Langlois. *Rouen, imp. de Lefevre,* 1841. In-8. fig. ſ. bois. papier vélin. dem. rel. dos et coins de mar. rouge. Non rogné, tête dorée.

649. Hiſtoire de l'ornementation des Manuſcrits, par Ferdinand Denis. *Paris, Curmer, de l'imprimerie de Louis Perrin, à Lyon.* 1848. grand in-8.

650. Tacheographia Latino-Gallica. Tachéographie, ou l'art d'écrire auſſi vite qu'on parle, par Charles de Ramſay. *Suivant la copie imprimée. à Paris,* 1683. In-12. cart. Non rogné.

651. Cryptographie, contenant vne tres-ſubtile maniere d'écrire ſecretement, compoſée par Maiſtre Jean Robert du Carlét, docteur és Loix. *à Toloſe, par Arnavd Gaiſſat, et Raymon Avrelhe.* MDCXLIV. In-12. veau fauve, fil. tr. dor. (*Niedrée*).

652. Dictionnaire des abréviations Latines et Françaiſes, uſitées dans les inſcriptions lapidaires et métalliques, les manuſcrits et les chartes du Moyen-Age, précédé d'une explication de la méthode brachygraphique employée par les graveurs en lettres, les ſcribes et les copiſtes du xve au xvie ſiècle, par L. Alph. Chaſſant. *Evreux,* 1846. In-12.

MUSIQUE

653. Euclidis rudimenta muſices. Eiuſdem ſectio regulae harmoniae. E Regia bibliotheca deſumpta, ac nunc primúm Graecè et Latinè excuſa. Ioanne Pena interprete. *Pariſiis apud Andream Wechelum.* 1557. = Ariſtoxeni mvſici anti-quiss, harmonicorum elementorum libri III. Cl. Ptolomaei harmonicorum, ſeu de Muſica, libri III. Ariſtotelis de objecto Audicus fragmentum et Porphyrij commentariis. Omnia nunc primum latine conſcripta et edita ab. Ant. Goganino Grauienſi. *Venetiis, apud Vincentium Valgriſium.* MDLXII. In-4. mar. citron. aux Armes de De Thou.

654. Traité hiſtorique et pratique ſur le chant eccléſiaſtique, avec le Directoire qui en contient les principes et les règles, ſuivant l'uſage préſent du Diocèſe de Paris, et autres (par l'Abbé Le Beuf). *Paris, Heriſſant,* 1741. In-12. veau fauve, fil. tr. dor. (*Niedrée*).

655. Le Maître des Novices dans l'art de chanter : ou Regles generales, courtes, faciles et certaines, pour apprendre par-faitement le Plein-Chant, par frere Remy Carré, Prêtre, Religieux Profès de l'Abbaye de S. Amant de Boixe. *à Paris, chez Le Breton,* 1744. In-4. veau marbré.

656. Aurea expoſitiō hynoℛ. vna cū textu : ab Antonii nebriſſēñ. caſtigatione fidelitur trāſcripta.
> Quicquid in hymnorum carniſſet pondere libro :
>> Antonij planum candida muſa dedit.
> Tranſcripſit coci ſic ſedula cura Georgij.
>> A primo dicens cuncta venire typo.
> Veriferis igitur iam perlege carmina ſcriptis.
>> Lector : vt a veris commoda magna feras.
> Quingentos ſol quum poſt mille peregerit ober :
>> Bis deſonſq3 vt Chriſtus venit ab arce patris.
> Cum ianus menſis tibi dederit ipſe calendas ;
>> Ceſarea impreſſum percipe lector opus.

(*Saragoſſe, Georg. Reyſes.* 1520.)
In-4. goth. 24 gravures ſur bois.

657. Intonationes, Antiphonarium, Pſalmorū, et hymnorum, ad uſum D. Cantoris Eccleſiae S. Pauli. Lugduni, curâ et operâ Antonii Almeras Sacerdotis è Capitulo S. Pauli. Anno 1779. In-8. mar. rouge armorié, tr. dor.

Manuſcrit ſur papier, en rouge & noir, d'une très-belle écriture, de 328 pp. outre le feuillet du titre.

658. Livre de musique (Tenor). orné de 70 initiales, figures emblématiques et armoiries, en or et couleurs. In-8. oblong, reliure italienne en mar. biſtre à compartiments, tranches dorées et ciſelées.

Manuſcrit du xvi° ſiècle ſur vélin, d'une exécution fort élégante. Le volume com-poſé de 75 ff. non compris la table, renferme 72 pièces ; dont 28 françaiſes, 2 en dialecte du Midi de la France, 4 italiennes, 34 latines, & 4 avec la muſique ſeule ſans les paroles. Il a été fait pour Ferdinand de Médicis, alors Cardinal (1562-87), enſuite troiſième Grand Duc de Toſcane. Les chanſons Françaiſes, Languedociennes & Italiennes étant d'une liberté exceſſive, c'eſt parmi les morceaux ſacrés qu'on a peint les Armes du Cardinal. On remarque, parmi ces morceaux, la ſublime élégie *Super flumina Babylonis*, quelques pſaumes du Roi Prophète, pluſieurs paſſages du Cantique des Cantiques, la généalogie de Jéſus-Chriſt, & enfin trois chants funèbres ſur la mort d'Anne Boleyn.

659. Trois livres de chanſons à quatre et à cinq parties, compoſées et miſes en muſique par M. Jean de Caſtro, écrites à Anvers par Jean Pollet, Lillois, demourant au dict Anvers anno 1571. Dédié à Juſtinien Penſe, Lyonnois. In-4. oblong, mar. rouge à compartiments eſtampés.

Beau manuſcrit ſur vélin, orné de 120 grandes lettres initiales hiſtoriées, peintes en or & couleurs, de deux beaux portraits en miniature, & de deux armoiries peintes en or, argent & couleurs. Chaque livre eſt précédé de la table des pièces qu'il con-tient ; elles ſont au nombre de 122.

Ce volume a fait partie de la bibliothèque de La Vallière (catal. tom. 11, p. 481, n° 3356). Le catalogue annonce 71 ff. Le volume n'eſt que de 70 ff. & cependant complet. Car (voir la table du 3° livre) la pièce *Laudate Dominum* du 3° livre occupe le verſo du 69° feuillet & le recto du 70°, & la pièce *Ingredere & Votis* occupe le verſo du 70°, & c'eſt pour cela que la table renvoie à un chiffre 71. Ce chiffre ne peut être que le verſo du 70° feuillet.

660. Gabinetto armonico pieno d'inſtrumenti ſonori indicati, ſpiegati, e di nuovo corretti, ed accreſciuti dal Padre Filippo Bonanni, *in Roma*, 1741. In-4. vélin.

MÉLANGES DE SCIENCES PHYSIQUES
ET MATHÉMATIQUES

661. Κλεομήδους Κυκλικὴ θεωρία εἰς βιβλία Β'.

Cleomedis theoria cyclica, graece, nunc primùm typis excuſa, prodit. Pariſiis per Conradvm Neobarivm, Regivm in Graecis typographvm. MDxxxix. In-4. veau antiqué, filets et coins à froid. Non rogné.

662. Γεμίνου Εἰσαγωγὴ εἰς Ἰὰ Φαινόμενα.

Gemini elementa aſtronomica Graecé, et Latiné, interprete Edone Hilderico D. *Lvgdvni*, 1603. In-8. mar. rouge, fil. tr. dor. aux Armes de De Thou.

Exemplaire d'une parfaite conſervation, dans toutes ſes marges; il a appartenu à Chardon de La Rochette, dont il porte la ſignature.

663. Κ. Πτολεμαίου μεγάλησ δυνἸάξεωσ βιβλ. ΙΙ.

Θέωνος Αλεξανδρέως εἰς Ἰὰ αὐἸὰ ὑπομνημάἸων βιβλία ΙΑ.

Claudii Ptolemaei Magnae conſtructionis, id eſt perfectae coeleſtium motum pertractationis libri xiii. Theonis Alexandrini in eoſdem commentariorum libri xi. *Baſileae, apvd Ioannem Walderum*, MDxxxviii. In-fol.

Première édition publiée par S. Grynaeus.

664. Des Eléments et Principes d'Aſtronomie, avec des vniuerſelz iugements d'icelle. Item vn traité treſexquis et recreatif, des Elections de choſe à faire, ou deſirée à faire ; D'auantage, pluſieurs chapitres ſeruants à l'Aſtronomie, et principalement aux Natiuitez, et pour dreſſer céleſtes figures, par diuerſes manieres. Le tout de nouueau mis en lumiere, par Richard Rouſſat, Chanoine et Medecin de Langres. *A Paris, de l'imprimerie de Nicolas Chreſtien libraire et imprimeur demourant à Paris en la rue neuue noſtre Dame à l'enſeigne de l'eſcu de France.* 1552. In-8. maroquin vert, fil. tr. dor. (*Koehler*).

665. Τοῦ ΣοφωἸάἸου Ψελλοῦ σύνἸαγμα εὐσύνοπἸον εἰς Ἰὰς Ἰέσσαρας ΜαθημαἸικὰς ἐπισἸήμας, Ἀριθμητικήν, Μουσικήν, ΓεωμεἸρίαν, καὶ Ἀστρονομίαν.

Doctiffimi Pfelli opus dilucidum, in quatuor Mathematicas difciplinas, Arithmeticam, Muficam, Geometriam et Aftronomiam, Graece. *Parifiis, Excudebat Iacobus Bogardus,* 1545. Très-petit in-8. relié en damas cramoifi.

Exemplaire d'une confervation parfaite. Les feuilles, non coupées, font pliées en cahiers & fixées par des cordons à la couverture.

666. Astronomicum Caefareum Petri Apiani. 2 parties en un volume in-fol. à 2 colonnes, figures mobiles noires et coloriées. dem. rel.

A-N par 4 ff. O de 6. Le cah. G comporte 5 ff. Au verfo du premier feuillet le Privilége accordé par Charles-Quint eft ainfi figné : *Datum in ciuitate noftra Imperiali Ratifpona,* die tertia menfis Julii, Anno Domini Millefimo Quingentefimo Tricefimofecundo. Au bas de la première colonne de l'avant-dernier feuillet on lit, en cinq lignes imprimées à rebours : factum et actum Ingolftadi in aedibus noftris. Anno a Chrifto nato fefqvimillefimo quadragefimo menfe Maio.

667. (Jordani Nemorarii, Parhifii 1496)
          In hoc opera contenta.
        Arithmetica decem libris demoftrata.
        Mufica libris demoftrata quattuor. (per J. Fabram)
        Epitome ī libros arithmeticos diui Seuerinis Boetii.
        Rithmimachie ludus q̃ z pugna nũero℞ appellāt.
In-fol. goth. mar. rouge, tr. dor. (*Trautz Bauzonnet*).

a-i par 8 ff.

J'ai acquis cet ouvrage, couvert d'une vieille reliure, dans une vente faite à Gand, & c'eft la feule fois que je l'ai vu paffer en vente. M. Brunet ne le cite que d'après les annales typographiques de Panzer. Voici, in extenfo, la curieufe foufcription qui fe trouve au verfo du dernier feuillet, fuivie du regiftre.

has duas Quadriuii partes et artium liberalium precipuas atq3 duces cum quibufdam āminiculariis adiectis : curarunt vna formulis emendatiffime mandari ad ftvdiorum vtilitatem Ioannes higmanus | et Volgangus hopilius fuis grauiffimis laboribus z impenfis Parhifii Anno falutis domini : qui oīa in numero atq3 harmonia formauit 1496 abfolutũq3 reddiderunt eodem anno : die vicefima fecunda Julii fuos labores vbicunq3 valebunt femper ftudiofis deuouenter : Et item quoq3 facit Dauid Lauxius Brytannus Edinburgenfis : vbiq3 ex archetypo diligens operis recognitor.

668. Clarissimi Uiri Igini Poeticon Aftromicon opus vtiliffimu (fic) feliciter incipit. Anno falutis 1482 Pridie Idus octobris. *Uenetijs.* In-4. goth. fig. f. bois. Sans chiffres ni

réclames. a-f par 8 ff. g de 10. Le premier feuillet eſt blanc.

Première édition donnée par Ratdolt. Toutes les grandes lettres peintes en rouge & bleu. La première en or ſur fond rouge.

669. GUIDO Bonatus de Forliuio. Decem continens tractatus Aſtronomie. *Uenetiis Mandato z expēſis Melchionis ſerre : Per Jacobū pēting Leuecēſez.* Anno dñi 1506, die 3 Julii. Regnante Inclyto Leonardo Laurentāo Venetiarum principe. In-fol. goth. à 2 col. fig. ſ. bois. mar. rouge, fil. tr. dor. aux Armes du Prince Eugène de Savoye.

670. JVLII FIRMICI Materni Jvnioris Siculi v-c. ad Mavortivm Lollianum Aſtronomiccων lib. VIII. per Nicolavm Prvcknervm Aſtrologum nuper ab innumetis mentis vindicati. His acceſſerunt, Clavdii Ptolemaei Pheludienſis Alexandrini ἀποτελεσμάτων, quod Quadripartitum uocant. lib. IIII. De innerantium ſtellarum ſignificationibus lib. 1. Centiloquium eiuſdem.

Ex Arabibus et Chaldaeis.

Nermentis uetuſtiſſimi Aſtrologi centum Aphoris. lib. 1.
Bethem Centiloquium. Eiuſdem de Horis Plantarum liber alius.
Almanſoris Aſtrologi propoſitiones ad Satacenorum regem.
Zabelis Arabis de Electionibus lib. 1. Meſſahalah de ratione.
Circuli et Stellarum, et qualiter in hoc ſeculo operentur, lib. 1.
Omar de natiuitatibus lib. III. Marci Manilii Poetae diſertiſſimi

Aſtrononiccων lib. v. Poſtremo, Othonis Prvnfelſii de diffinitionibus et terminis Aſtrologiae libellus iſagogicus. *Baſileae, ex officina Ioannis Hervagii,* menſe Martio, Anno MDxxxIII. In-fol.

a. 8 ff. préliminaires. a-t par 6 ff. u de 8. A-S par 6. T de 8. 2 feuillets blancs à la fin.

671. COMPILATIO Leupoldi ducatus Auſtrie filii de aſtrorum ſcientia decem continens tractatus. Compilatio Leupoldi... explicit feliciter. *Erhardi ratdolt Auguſtēn. viri ſolertis :* eximia *induſtria z mira imprimendi arte : qua nup venetijs nunc auguſte vindelicorum excellit nominatiſſimus.* Quinto ydus Ianuarii MCCCCIxxxIX currente. In-4. goth. fig. ſ. bois. Sans chiffres ni réclames. a-n par 8 ff. o de 6 dont le dernier blanc.

Exemplaire dans toutes ſes marges, rempli de témoins.

672. Margarita Philofophica noua cui annexa funt fequentia. Graecarum littera℞ inftitutiones. Hebraica℞ litterarum rudimenta. Harchitecture rudimenta. Quadrantũ varie cõpofitioës. Aftrolabij noui geographici ℞pō. Formario Lorqueti. Ufus ʒ vtilitas eorundem omnium. Figura quadrantis poligonalis. Quadratura circuli. Cubatio fphere. Perfpectiue phifice ʒ pofitiue rudimenta. Cartha vniuerfalis terre marifq3 formam neoterica defcriptiones indicas.

A de 4 ff. préliminaires. B-Z. a-k par 8 ff.

Appendix Mathefeos in Margaritã philofophicam. A-D par 6 ff. E et F par 4. G et H par 6. I de 4. K-N par 6 dont le dernier blanc. L'avant-dernier, plié, repréfente une fphère.

A la fin du 6ᵉ, on lit :

Completum eft hoc opus per virũ induftrium Ioanem grũniger ex Argetoraeo veteri. Decimo quarto Kalendas Aprilis. Anno redemptionis noftre 15 fuṗ mille quingétos. In-4. goth. fig. f. bois. Sans chiffres ni réclames. veau fauve, fil. tr. dor. (*Niedrée*). Dans toutes fes marges.

On trouve dans ce volume un traité de mufique fpéculative, & de mufique pratique notée.

673. Hiftoire de l'Aftronomie ancienne, de l'Aftronomie Indienne et Orientale, de l'Aftronomie moderne. par Jean Sylv. Bailly. Paris, 1781-85. Cinq volumes in-4. veau marbré.

674. Le Spectacle de la Nature, ou Entretiens fur les particularités de l'hiftoire naturelle. *A Paris, chez la veuve Eftienne.* 1732-50. 9 vol. in-12. figures. mar. rouge, fil. tr. dor. (*Dufjeuil*).

675. Entretiens fur la pluralité des Mondes par l'auteur des Dialogues des Morts (Fontenelle). *Amfterdam,* 1686. Petit in-12. cart. non rogné.

676. Entretiens fur la pluralité des Mondes, de Fontenelle. traduit en Grec vulgaire par Panayoti Codrica. *Vienne,* 1794. In-8. dem. rel. de veau vert.

677. Difcours novveav provvant la pluralité des Mondes, que les Aftres font des terres habitées, et la terre vne Eftoile, qu'elle eft hors du monde dans le troifiefme Ciel, et fe

tourne deuant le Soleil qui eſt fixe, et autres choſes très-
curieuſes, par Pierre Borel. *A Geneve,* 1657. In-8.

678. Gabriel Symeon Εὐδοξίας De la Generation, Nature,
Lieu, Figures, Cours et Significations des Cometes. A Monſieur le Seneſchal de Lyon. Plvs vn Sonet et un' Elegie au
Roy. *A Lyon, par Jean Brotot, à l'enſeigne de la Paix univerſelle, en rue Thomaſſin.* MDLvi. Petit in-8. fig. ſ. bois.

679. Archimedis Syracuſani philoſophi et geometrae excellen-
tiſſimi opera, quae quidem extant omnia..... núnq3 primùm graecé et latiné in lucem edita. Adjeċta ſunt Eutochii
commentaria, item Graecé et Latiné. *Baſileae, Ioannes Her-
vagius.* MDXLIIII. In-fol. dem. rel. de veau antiqué. Non
rogné.

680. Du miroir ardent d'Archimède, par L. Dutens. Paris,
Debure, 1785. In-8. cart. à la Bradel. Non rogné.

681. Damiani Philoſophi Heliodori Lariſſaei de Opticis libri ii.
(Graece) nunc primùm editi, et animadverſionibus illuſtrati
ab Eraſmo Bartholino Caſp. filio. *Pariſiis, ex officina Cra-
moniana,* 1657. In-4. vélin. Non rogné.

682. Heliodori Lariſſaei capita opticorum. gr. et lat. Piſtorii,
1758. In-8. veau antiqué, filets et coins à froid. Non
rogné.

683. De la natvre, qvalitez et prérogatives du Poinċt, où ſe
voyent pluſieurs belles et ſubtiles curioſitez. par Scipion de
Gramont, ſieur de S. Germain. *A Paris, chez Michel Daniel,*
1619. In-8. veau antiqué, fil. tr. dor. (*Duru*).

684. Le tremble-terré ov ſont contenvs ſes cauſes, ſignes,
effets et remedes, par Louys du Thoum Doċteur ès Droiċts,
et Aduocat a la Cour. A Monſeigneur Louys De La Valete
Archeueſque de Toloſe. A Bovrdeavs, par Gilbert Vernoy.

   1616. In-8. mar. rouge, fil. tr. dor. anc. rel.

L'abbé Rive a écrit ſur ce volume la note ſuivante : Livre rare, & très-bel exemplaire. L'auteur ſe nomme lui-même Thaoum à la page 198. Il ſe dit de la conté
(ſic) de Nice, page 91.

685. Libro de Abbaco che infegna a fare ogni ragione mer-
cadantile, & pertegare le terre con l'arte di la geometria,
& altre nobiliffime ragione ftraordinarie con la Tarifa come
refpondono li pefi & monede de molte terre del mōdo
con la inclita citta di Vinegia. Elquale libro fe chiama
thefauro vniuerfale. *Stampato nell' inclita citta di Milano
per Jo. Antonio Borgo.* Sans date. In-8. fig. f. bois. mar.
vert, fil. tr. dor. (*Capé*).

686. Libro de Abucho. Qui comēza la nobel opera de arith-
metica ne laqual fe tratta tutte le cofe a mercantia pertinente
fatto z compilato per Piero Borgi da Uenefia. *Impreſſa in
Veneẓia per Zuane Baptiſta Seſſa.* 1501. adi 10 Decembrio.
In-4. mar. vert, fil. tr. dor. (*Capé*).

687. La vraye maniere pour apprēdre a chiffrer z cōpter /
par plume z geetz : felō la fciéce de algorifme en nōbre
entier z rōpu : fort facile a apprēdre a toutes gēs | tāt pour
lart darifmetique q̃ par fes queftions z exemples : cy dedans
inferes z corriges. *On les vend a Lyon en rue merciere à la
maiſon de Claude Ueycellier.* Cy finiſt lart et fcience de Arif-
meticque..... *nouuellemēt imprime a Lyon | par Claude veycel-
lier | demourant en rue merciere | A lenſeigne ſainct Iehan
Baptiſte.* Sans date. In-16 allongé. goth. mar. biftre, tr. dor.
(*Thompſon*).

688. LARISMETIQUE & Geometrie de maiſtre Eftienne de la
Roche dict Ville Franche, nouuellement imprimee & des
faultes corrigee, a la qvelle font adiouftées les Tables de
diuers comptes, auec leurs Canons, calculees par Gilles
Huguetan natif de Lyon, par lefquelles on pourra facille-
ment trouuer les comptes tous faictz, tant des calculz que
uentes de toutes marchandifes. Et principalement des marchandifes qui fe uendent, ou achetent a la mefure, cōme a
Laulne, a la Canne, a la Toyfe, a la Palme, au Pied, &
aultres femblables. Au poix, cōme a la Liure, au Quintal,
au Millier, a la Charge, au Marc, & a Lonce, a la Piece,
au Nōbre, a la Douzaine, a la Groffe, au cent, & au Millier. Auec deux Tables, feruantz aulx Librayres, uendeurs
& acheteurs de papier. Enfemble une Table de defpence, a
fceauoir a tant par iour, combien on defpēd Lan & le Moys,
& a tant le Moys, combien reuient lan & le iour, & a tant

pour an, cōbien on defpend tous les moys, & a combien reuient pour chafcun iour. Dauantaige, les Tables du fin dor & dargent, pour fcauoir (fcelon que le Marc de billon tiendra daloy, ou de fin) combien il uauldra de poix de fin or, ou dargent fin. *On les uend a Lyon a lenfeigne de la Sphaere, cheulx Gilles, & Iaques Huguetan freres.* 1538.

—Les Tables de diuers Comptes, auec leurs Canons, calculees par Gilles Huguetan..... La maniere de Aualuer, ou Reduyre par icelles Tables toutes Monnoyes, en liurez, fols, & deniers. Lart & fcience de Nombrer, Adioufter, Souftraire, Multiplier, & Partir, par le compte des Grecz. *On les uend a Lyon, a lenfeigne de la Sphaere, cheuʒ Gilles & Iaques Huguetan frères.* 1538. 2 parties en un vol. in-fol. góthique. les deux titres en lettres rondes. vélin. Dans toutes fes marges, avec des témoins.

La 1ʳᵉ partie fe compofe de 2 feuillets préliminaires, le titre compris. 158 ff. chiffrés, avec des réclames. La 2ᵉ partie, dont les pages font chiffrées, fans réclames, a des fignatures A. B. t. par 4 ff. aa-kk par 4. et u de 6. Au recto du dernier feuillet eft le regiftre de cette feconde partie & la foufcription fuivante : fcy finiffent les tables des comptes compofees & calculees par Gilles Huguetan : Et imprimees cheuz lediét Gilles & Iaques Huguetan frères. L'an 1538.

689. L'Arithmetiqve de Jean Tranchant, repartie en trois livres. Enfemble un petit difcours des Changes. Auec l'art de calculer aux Getons... *A Lyon, par Jean Pillehotte.* 1602. In-8.

690. L'Algebre de Iaqves Pelletier. *par Iean de Tovrnes. (Lyon).* 1620. In-8.

691. Paraphrafe de l'Aftrolabe. contenant les principes de Geometrie. la Sphere. l'Aftrolabe, ou déclaration des chofes céleftes. le Miroir du Monde, ou Expofition des parties de la Terre. *A Lyon, par Jean de Tournes.* MDxLVI. In-8. mar. vert, tr. dor.

692. Pratique de la Géométrie, fvr le Papier et fvr le Terrain. Avec vn novvel ordre et une Methode particuliere. *A Paris,* chez *Thomas Jolly,* 1669. In-12. figures de Séb. Le Clerc. frontifpice gravé. veau fauve, fil. tr. dor. *(Vogel).*

693. Traité des Mefures Itinéraires Anciennes et Modernes, par D'Anville. *Paris, Imprimerie Royale,* 1679. In-8. veau fauve, filets.

694. M. Vitrvvii Pollionis de Architeĉtvra libri decem ad Caefarem Auguftum. Accefferunt, Gulielmi Philandri Caf-tilioni, ciuis Romani annotationes caftigationes, et plus tertia parte locupletiores. Adjeĉta eft Epitome in omnes Georgij Agricolae de menfuris et ponderibus libros. *Lvg-dvni, apud Ioan. Tornaefivm.* MDLii. In-4. veau fauve, filets. (*Chaumont*).

Voir, fur la rareté & l'importance de cette édition, les *Obfervationes Vitruvianae* de *Poloni*, pp. 70 & 122. On la trouve rarement complète; c'eft qu'après la page 477, où finit le texte, fuivent fept feuillets non chiffrés, ils fe trouvent dans cet exemplaire. Entre les ff. 178 & 179 il y a une infcription fur une feuille pliée.

L'Index diĉtionum graecarum, l'Errata & le Privilége ont été refaits à la plume avec un grand talent calligraphique. Le volume eft d'une pureté parfaite. On y a inféré une feuille de notes manufcrites.

695. Livre extraordinaire de architeĉture de Sebaftien Serlio, Architeĉte du Roy tres chretien Auquel font demonf-trees trente Portes ruftiques meflees de diuers ordres. Et vingt autres d'oeuure delicate en diuerfes efpeces. *A Lyon par Jean De Tovrnes.* MDLi.

Suit un feuillet contenant :

Sebaftien Serlio aux leĉteurs. et Epiftre au Trefchreftien Roy Henri.

Et 4 feuillets contenant la defcription des trente portes ruftiques & celle des vingt portes de l'ordre délicat.

2e Titre. Extraordinario Libro di Architettura di Sebaftiano Serlio, Architetto del Re Chriftianiffimo, nel quale fi dimof-trano trenta porte di opera Ruftica mifta con diverfi ordini : Et venti di opera delicata di diverfe fpecie con la fcrittura dauanti, che narra il tutto. *In Lione, Per Giovan di Tornes.* MDLi.

Viennent 5 feuillets contenant, en Italien, ce qui eft décrit en Français dans les feuillets qui fuivent le premier titre. Viennent enfuite les figures des trente Portes Ruftiques, & des Vingt Portes d'œuvre délicate.

In-fol. mar. rouge, fil. tr. dor. (*Duru*). Très-bel exemplaire & d'une parfaite con-fervation.

696. Il terzo Libro di Sabaftiano Serlio Bolognefe, nel qval fi figvrano, e defcrivono le antiqvità di Roma, e le altre che fono in Italia, e fvori d'Italia. *Impreffo in Venetia per Francefco Marcolino des forli.* MDxxxx. dem. rel.

Exemplaire fur papier bleu, & non rogné.

697. L'Architeĉture de Vignole avec les commentaires du Sr

Daviter. 1691. *A Paris, chez N. Langlois.* — L'Architecture de Vignole et de Michel Ange. 1691. *A Paris, chez le même.* 2 parties en un vol. in-4. les titres gravés. mar. vert, fil. tr. dor. (*Bauzonnet*).

698. L'Art de navigver de M. Pierre de Medine, Efpagnol. Contenant toutes les Reigles, fecrets, et enfeignemens neceffaires à la bonne navigation, tradviɛt de Caftillan en François, avec augmentation et illuftration de plufieurs figures et annotations, par Nicolas de Nicolai, du Dauphiné. *A Lyon, par Gvillavme Roville.* MDLxix. In-4. fig. f. bois.

699. LE GRAND ROUTIER z pilotage z enfeignemét pour ancrer tant es portz | haures q̄ autres lieux en mer | fait par Pierre graue | dit Ferrāde. tant des parties de Frāce / Bretaigne | Angleterre | Efpaigne | Flādres z haultes Alemaignes. Auec les dāgers des portz | haures | riuieres z chenalz des parties z regions deffufdiɛtes. Auec vng Kalendrier z cōpoft a la fin dudit liure trefneceffaire a tous cōpagnōs. Et les iugemens doleron touchant le fait des nauires. *On en trouvera a Rouen chez Jehā burger le ieune | demourant prez le moulin Sainɛt Ouen.* Cy fine le grant routier....... *imprime a Rouen prez le moulin faint Ouen | fur Robec.* In-4. goth. fig. f. bois. Sans chiffres ni réclames. Sign. A-S par 4 ff. T de 6. mar. amarante, écuffons. tr. dor. (*Trautz Bauzonnet*).

700. Etat des Vaiffeaux et Officiers de la Marine Françaife au premier janvier 1723. Petit in-4. mar. rouge, filets. d. de mar. vert, dent. tr. dor.

701. HIERONYMI CARDANI, Medici Mediolonenfis de Svbtilitate libri XXI. Ad illuftriff. Principem Ferrandum Conzagam, Mediolanenfis Prouinciae Praefeɛtum. *Norimbergae apud Joh. Petreium, iam primo impreffum.* Anno MDL. In-fol. veau fauve.

Très-bel exemplaire de Grollier. Les plats, ornés de compartiments riches & élégants, font parfaitement confervés.

702. Traité phyſique et hiſtorique de l'Aurore boréale, par M. de Mairan. *Paris, Imprimerie Royale*, 1754. In-4. veau marbré.

Exemplaire offert à M. de Saint-Mars par l'Auteur qui a ſigné.

703. Cuvier. Diſcours ſur les révolutions du globe, avec des notes et un appendice d'après les travaux récens de MM. Humbold, Flourens, Lyell, Lyndley, &c., rédigés par le Dʳ Hoefer. *Paris*, 1850. In-12. br.

704. DISCOURS de la vérité des cauſes et effets, des divers cours, mouvements, flux, reflux, et ſaleure de la Mer Oceane, Mer Mediterranee et autres Mers de la terre, par Claude Duret. *A Paris, chez Jacques Rezé*, CDC. = Diſcours du tremblement de terre en forme de dialogue, pris de l'Italien de Lucio Maggio. *A Paris, chez Denys du Val*, MVCxxv. réunis en un vol. in-8. mar. vert. aux Armes de De Thou.

795. Hiſtoire naturelle et relation exacte du Vent particulier de la ville de Nyons en Dauphiné, dit le Vent de S. Céſarée d'Arles, et vulgairement le Pontias. En la quelle ſont inſerées pluſieurs remarques curieuſes, de la Géographie et de l'Hiſtoire Eccléſiaſtique, Civile et naturelle ; et notamment diverſes Merveilles de certains Vents Topiques et Régionaux cy devant inconnües. par Gabriel Bovle Marſeillois. *A Orange, chez Edouard Raban*, 1647. In-12.

M. de Terrebaſſe, qui a formé une riche collection d'éditions Dauphinoiſes, m'a aſſuré n'avoir jamais vu que cet exemplaire & le ſien.

706. La Cvrioſité Naturelle rédigée en queſtions ſelon l'ordre Alphabétique, par Scipion Dv P — Les Cavſes de la Veille et du Sommeil, des Songes, et de la Vie et de la Mort, par le même. *A Rouen, chez Daniel Lovdet*, 1645. In-8. veau brun.

707. Du Sommeil, des Rêves et du Sonnambuliſme dans l'état de ſanté et de maladie, précédé d'une lettre de M. le docteur Ceriſe, par M. Macario. *Lyon et Paris*, 1861. In-8. broché.

708. Traité du Ris, contenant ſon Eſſence, ſes Cauſes, et mervelheux effais, curieuſement recerchés, raiſonnés et ob-

ſervés, par M. Lavr. Jovbert. Item, la cauſe morale du Ris
de Democrite, expliquee et temognee par Hippocras. Plvs,
Vn Dialogue ſur la Cacographie Franſaiſe, avec des Annotations ſur l'ortographie de M. Jovbert. *A Paris, che*ʒ *Nicolas Cheſnau*, MDLXXIX. In-8. portrait gravé 1. bois. mar.
rouge, fil. tr. dor. (*Thouvenin*).

HISTOIRE NATURELLE

709. C'EST LE SECRET de lhiſtoire naturelle contenant les
merueilles ʒ choſes memorables du monde | ʒ ſignanti-
ment les choſes moſtrueuſes qui ſont trouuees en nature
humaīe ſelon la diuerſite des pais, contrees ʒ regiōs | en-
ſemble de toutes manieres de beſtes terreſtres | volatiles /
ʒ aquatiles | ʒ auſſi des arbres | herbes | fruiĉtz | pierres
fontaines | riuieres | ʒ īgenieux laberinthz | ʒ de diuers
treſors cachez in cauernis terre | par laſtuce ʒ cautelle dia-
bolique ainſi que le tout eſt amplement eſcript ʒ recite
par les tres excellens ʒ experimentez philoſophes naturelz /
Pline | Dolin | Democrite | Erodote | Droſe | Yſidore | ʒ
le doĉteur Geruaiſe leq̄l liure pour la copioſite | ʒ diuerſite
des choſes admirables cōtenues en iceluy il eſt ſur touz
aultres deleĉtable ʒ aux liſans moult ſolacieux. *On les vend
a paris par Jehan Keruer en la rue ſaint iaques demourāt au
gril | ou au troiſieſme pilier de la grāt ſalle du palais.* Sans
date. In-4. goth. veau olive, filets.

710. LES MERUEILLES du mōde. C'eſt le ſecret de lhyſtoire
naturelle contenant les merueilles ʒ choſes memorables
du monde | ʒ ſignātement les choſes monſtrueuſes qui
ſont trouuees en nature humaine ſelon la diuerſite des
pays contrees ʒ regiōs | enſemble de toutes manieres de
beſtes terreſtres | riuieres | ʒ ingenieux laberintz...... *On
les vend a Lyon aupres de noſtre dame de Confort cheul*ʒ *Oliuier
Arnoullet.* Icy prent fin le liure moult excellent ʒ recreatif
appelle le liure des merueilles du mōde ʒ des choſes memorables a pluſieurs incōgnueues. *Et a été acheue de imprimer a Lyon par Oliuier Arnoullet*, le XXV de Septembre

Milcccccxx | iiij. Petit in-4. goth. veau fauve, dent.
tr. dor.

711. Hiſtoire Naturelle des Animaux de Pline, trad. par Gueroult, avec le texte en regard. *Paris*, 1802. 3 vol. in-8.
veau racine, dent.

712. Morceaux extraits de l'Hiſtoire Naturelle de Pline, par
Gueroult, avec le texte en regard. *Paris*, 1809. 2 vol. in-8.
pap. vélin, veau racine, dent.

713. Oeuvres de Bernard Paliſſy, revues ſur les exemplaires
de la bibliotheque du Roi, avec des notes par Faujas de
ſaint fond, et Gobet. *A Paris, cheʒ Ruault*, 1777. In-4. veau
fauve.

714. Gvlielmi Rondeletii Doctoris Medici et Medicinae
in Schola Monſpelienſi Profeſſoris Regii libri de Piſcibus
Marinis. — Ejuſdem Vniuerſa aquatilium hiſtoriae pars al-
tera. *Lugduni apud Matthiam Bonhomme.* MDLiii et MDLv.
2 parties en un vol. in-fol. ſig. ſ. bois, veau fauve, fil. tr.
dor. anc. rel.

Exemplaire en grand papier. Témoins, & feuillets non ouverts.

715. Franciſci Bovſſveti Svrregiani Doctoris Medici, de Natvra
Aqvatilivm Carmen, in vniuerſam Gvlielmi Rondeletii doctoris Medici, et Medicinae in Schola Monſpelienſi profeſſoris Regii, quam de Piſcibus marinis ſcripſit hiſtoriam.
Lugdumi, apud Matthiam Bonhome, MDLviii. In-4. ſig. ſ.
bois.

716. La nature et propriete des poiſſons et avtres monſtres
aquatiques, qui hantent et habitent aux mers, riuieres, et
eſtangs, auec leurs pourtraicts et figures exprimez au plus
pres du naturel. *A Paris, pour la vefue Jean Bonfons, rue
neuue noſtre Dame a l'enſeigne Sainct Nicolas.* Sans date.
In-16. fig. ſ. bois. mar. bleu, tr. dor. (*Duru*).

717. La nature et diuerſité des poiſſons, auec leurs pourtraicts, repreſentez au pluspres du naturel, par Pierre Bel-
lon du Mans. *A Paris, cheʒ Charles Eſtienne.* MDLv. In-8.
oblong. veau jaſpé.

718. Hiſtoire Vniuerſelle des poiſſons, et autres monſtres
Aquatiques, Auecq' leurs pourtraicts et figures, exprimez

au plus pres du naturel, utile et profitable. *A Paris, par Nicolas Bonfons, rüe neuue noſtre Dame à l'enſeigne S. Nicolas.* 1584. In-16. fig. ſ. bois. titre encadré de vignettes, veau jaſpé.

719. L'Hiſtoire de la Nature des Oyſeaux, avec leurs deſcriptions, et naïfs portraicts retirez du naturel, eſcripte en ſept livres, par Pierre Belon du Mans. Av Roy. *A Paris, On les vend en la grand ſalle du Palais, en la boutique de Gilles CorroƷet, pres la Chambre des conſultations.* 1555. *Imprime A Paris par Benoiſt Preuoſt, demourant en la rue Fromental, pres le cloƷ Bruneau, à l'enſeigne de l'eſtoile d'or.* In-fol. réglé. figures ſ. bois colorſées, veau fauve, filets, coins ornés, tr. dor.

720. HISTOIRE NATURELLE d'Oiſeaux peu communs : et d'autres Animaux rares et qui n'ont pas été décrits, conſiſtant en Quadrupèdes ; Reptiles, Poiſſons, Inſeſctes, &cᵃ... par George Edwards. *Londres,* 1751. = Glanures d'Hiſtoire Naturelle..... par George Edwards, Traduit de l'Anglois par J. Du Pleſſis. *London,* 1758. 3 vol. in-4. figures coloriées. mar. vert, large dentelle à compartim. d. de tabis, tr. dor.

Exemplaire de Le Tellier de Courtanvaux.

721. Portraits d'Oyſeavx, Animavx, Serpens, Herbes, Arbres, Hommes et femmes, d'Arabie, et Egypte, obſeruez par P. Belon de Mans. *A Paris, cheƷ Guillaume Couellat,* 1557. In-4. fig. ſ. bois. avec les deux cartes du Mont Athos, et du Mont Sinaï, annoncées ſur le titre. Veau fauve.

722. Le traicte des beſtes | oyſeaulx | poiſſons | pierres précieuſes | et Urines du iardin de ſante. *ceſtuy preſent œuure... a eſte nouuellement Imprime a Paris par Philippe le noir libraire demourāt a Paris en la rue Sainct Jacques a lenſeigne de la Roſe blanche couronnee.*

Au recto du feuillet qui précède la Table eſt la marque de Philippe le noir, avec la date de 1539. In-fol. goth. à 2 col. fig. ſ. bois.

723. Viellerlen Müderbarlicher. (Recueil de divers animaux merveilleux habitant la terre, l'eau et l'air, pour l'uſage des peintres et des orſèvres, et en même temps des autres artiſans).

Franc-fort, 1546. In-4. fig. ſ. bois. veau antiqué, dent. à froid.

724. Vcelliera, Overo Difcorfo della natvra, e proprieta di diverfi Vcelli e in particolare di que' che cantano, con il modo di prendergli, conofcergli, alleuargli, e mantenergli. E con le figure cauate dal vero, e diligentamente intagliate in rame dal Tempefta, e dal Villamena. Opera di Gio. Pietro Olina Novarefe.'*in Roma, appreffo Andrea Fei*. MDCxxii. In-4. veau, fil. tr. dor.

J'ai facrifié un autre exemplaire pour ajouter à celui-ci. Un double 35ᵉ feuillet qui repréfente vis-à-vis un oifeau *Vpapa*, autre que le *Ghianduia*. Un double 50ᵉ feuillet qui repréfente vis-à-vis une chaffe au lieu del *Zivolo*. Ce feuillet 50ᵐᵉ eft toujours chiffré 46 par erreur. Un double du 56ᵉ feuillet qui repréfente en face une planche différente de la planche de la chaffe.

725. Hiftoire des Singes, et autres Animaux curieux, dont l'inftinct et l'induftrie excitent l'admiration des hommes, comme les Eléphans, les Caftors, &c. *Paris*, 1752. In-12. veau marbré.

726. Traité complet fur les Abeilles, avec une méthode nouvelle de les gouverner, telle qu'elle fe pratique à Syra, île de l'Archipel, précédé d'un précis hiftorique et économique de cette île, par l'abbé Della Rocca. *A Paris, chez Bleuet* père (*impᵉ. de Didot jeune*). 1790. 3 vol. in-8. veau jafpé. filets.

727. Traité des Abeilles où l'on voit la véritable maniere de les gouverner et d'en tirer du profit. Avec une differtation curieufe fur leur génération, et de nouvelles remarques fur toutes leurs Proprietez, par M. D. L. F. (De La Ferrière) Prêtre. *A Paris, chez Claude Jombert*, 1720. In-16. veau marbré.

728. Traicte des Animavls, Aians Aifles, qui nvifent par levrs piqvevres ou morfures, avec les remedes. Ovltreplvs vne hiftoire de qvelqves moufches ou papillons non vulgaires, apparues lan 1590, qu'on a eftimé fort venimeufes : le tout compofé par Jean Bavin. *Imprimé à Montbeliart*. MDxciii. Petit in-8. veau fauve.

Voir, fur Jean Bauhin & fur cet ouvrage, un long article dans le *Bulletin du Bibliophile*, Juillet 1860.

729. Traité des Dragons et des Efcarbouches. par Mes. Jean B. Panthoz, Docteur en Médécine de l'univerfité de Montpellier et Doyen du College des Medecins de Lyon. *A Lyon*,

che₇ Thomas Amaulry, rue Merciere, au Mercure Galant. MDxcɪ. Petit in-12. veau porphyre, fil. tr. dor.

730. Sur la découverte du Rapport conſtant entre l'Apparition ou la Diſparition, le Travail ou le non Travail, le plus ou moins d'étendue des toiles et des fils d'attache des Araignées des différentes eſpèces ; et les variations atmoſphériques du beau temps à la pluye, du ſec à l'humide, mais principalement du chaud au froid, et de la gelée à glace au véritable dégel : par Quatremere D'Isjonval. *A la Haye,* 1795. En hollandais et en français. In-8. cart.

On a joint à cet exemplaire les deux cartons des ff. q 3 & q 5, et deux extraits de journaux.

731. Recherches ſur les mœurs des fourmis indigènes, par D. Huber. *A Paris, che₇ J.-J. Paſchoud,* 1810. In-8. veau racine, filets.

732. Hiſtoria plantarvm. Earum imagines, nomenclaturae, qualitates, et natale ſolum. Quibus acceſſere ſimplicium medicamentorū facultates, ſecundum locos & genera, ex Dioſcoride. *Lvgdvni, apud Gabrielem Coterium.* 1561. Deux parties en un vol. in-16. fig. ſ. bois. veau fauve, filets, coins et médaillons fleurdelyſés, fleurs de lys ſur les tranches dorées et gauffrées.

Epître dédicatoire : Splendiſſ. Viro D. Nicolao Henry D. à Cremyeu, Treuoulx, Feurs. &c. Viennae Galliarum Praetori. Anton. Pinaeus. S.
On lit ſur l'un des plats du volume : *Ludovicvs a Lillis.* Et ſur l'autre : *Lvtetiae 26 Jvni, anno* 1566. Serait-ce le lieu & la date de la reliure ?

733. Lᴇ ɢʀᴀɴᴛ ʜᴇʀʙɪᴇʀ en francoys Contenant les qualitez vertus ₇ proprietez des Herbes Arbres Gommes ₇ Semences. Extraiɛt de pluſieurs traiɛtez de medecine Cōme d'Auicenne de Raſis de Conſtantin de Iſaac ₇ de Plataire, ſelon le commun uſage. Cy finiſt le grant herbier | tranſlate de latin en francoys. Auq̄l ſont contenus les qualitez...... *Imprime a Paris par Guillaume Nyuerd Pour Jehan petit | Et pour Michel le noir, Marchans Libraires iure₇ de Luniuerſite de Paris.* Sans date. In-fol. goth. à 2 col. fig. ſ. bois. dem. rel.

734. Lᴇ ɢʀᴀɴᴛ ʜᴇʀʙɪᴇʀ en francois.

Contenant les qualitez vertus & proprietez des herbes : arbres : gōmes : ʒ femēces ʒ pierres p̄cieufes Extrait de plu-
fieurs traiⅽ̄ties de medicine : cōme de Auicéne | de Rafis /
de Conſtātin | de Iſaac : ʒ Plateaire, felon le cōmun vſage :
biē correⅽ̄t *Imprime a Paris par Pierre le Caron*. Sans date.
Une marque, avec le mot : Frauboys, au bas du titre. In-fol. goth. fig.
f. bois. mar. vert, tr. dor. (*Capé*).

16 ff. fignés a. e. ı. A de 8 ff. B-E par 6. F de 8. G-O par 6. P de 8. Q-Z par 6.
ʒ de 4. dont le dernier blanc.

735. ORTUS SANITATIS.
Impreffum eſt autem hoc ip̄m in inclita ciuitate Moguntina...
Impreffum eſt inquam fub Archiprefulam Reuerendiffimi ʒ
digniffimi principis ʒ dn̄i domini Bertholdi archiepifcopi
Mogūtin̄ ac principis eleⅽ̄toris cuius feliciffimo aufpicio gra-
ditur, recipitur ʒ autorifatur. Anno falutis milleſimo qua-
drigente nouageſimo primo. Die vero Jouis viceſima tercia
menſis Junii. In-fol. goth. à 2 col. fig. f. bois. veau brun,
filets.

736. ORTUS SANITATIS tranſlaté de latin en françois. (Titre
du ıᵉʳ volume).

Le traiⅽ̄tie. des beſtes, oyſeaux poiſſons. pierres précieuſes et
Orines. du Jardin de ſāte. (Titre du 2ᵉ volume).

*Ceſtuy prefent oeuure..... A eſte nouuellemēt imprimee a paris pour
Anthoine Verard marchant libraire demourant a Paris en la
rue Saint Iaques pres petit pont a lenfeigne faint iehan leuāge-
liſte Ou au palais au premier pillier deuant la chapelle ou lon
chante la meſſe de meſſeigneurs les prefidens.* Sans date. 2 vol.
in-fol. mar. rouge, fil. tr. dor.

Exemplaire du mⁱˢ de Courtanvaux, dont l'eſtampille eſt avant la table du ıᵉʳ volume.

737. MACER FLORIDUS de viribus herbarum.
Petit in-8. goth. Sans lieu ni date. Figures de plantes gravées fur bois. Sans chiffres ni réclames. Sign. a-v par 8 ff.
le dernier blanc. Veau antiqué.

On lit en tête du premier feuillet :

Herbarum varias qui vis cognofcere vires :
Huc macer adeſt : quo duce doⅽ̄tor eris.

Ces deux vers font fuivis d'une figure f. bois, au bas de laquelle on lit les fuivants :

Cum bonis ambula.
Mors peccatorum peſſima.
Sic vtere tuo : vt alieno non egeas.

Au bas du dernier feuillet du texte, 7^{mr} v., on lit :

Habetis iuuenes ſtudioſiſſimi Macri floridi de virib⁹ herbarū opuſculum ab ōmi menda caſtigatiſſimum vna cum interpretatiunculis luce meridiana longe clariſſimis.

Baquetier.
Finis.

738. P. Bellonii Conomani de Arboribus Coniferis, Reſinieferis, aliis quoique nonnulis ſempiterna fronde virentibus, cum earundem iconibus ad viuum expreſſis. Item de melle cedrino, Codria, Agurico, Reſinis, et iis quae ex coniferis proficiſcuntur. *Pariſiis, apud Gulielmum Cauellat,* 1553. In-4. fig. ſ. bois. dem. rel. de veau antiqué.

739. DE VARIA QVERCVS Hiſtoria. Acceſſit Pylati Montis deſcriptio, Authore Jo. du Choul G. F. Lugdunenſi. *Lvgdvni, apud Gulielmum Rouillium,* 1555. In-8. fig. ſ. bois. mar. rouge, branchages de chêne en or ſur les plats. (*Trautʒ Bauʒonnet*).

Exemplaire non rogné.

740. Hiſtoire admirable des Plantes et Herbes Eſmerueillables et miraculeuſes en nature : meſmes d'aucunes qui ſont vrays Zoophytes, ou Plantanimales, Plantes et Animaux tout enſemble, pour auoir vie vegetatiue, ſenſitiue et animale... par M. Clavde Dvret, Preſident à Moulins en Bourbonnois. *A Paris, cheʒ Nicolas Byon,* MDCv. In-8. fig. ſ. bois. veau antiqué.

741. Les vertus et proprietez de l'herbe dite Scordion, autrement l'herbe de S. Roch, ſinguliere contre la Peſte, tirée de divers autheurs renommez anciens et modernes. *A Paris, cheʒ Simon Le Febvre.* MDCxxxIII. Petit in-8. cart.

742. Inſtruction de lherbe Petum ditte en France lherbe de la Royne ou Medicée : et ſur la racine Mechiocan principalement (avec quelques autres Simples rares et exquis) exemplaire à manier philoſophiquement tous autres Vegetaux, par J. G. C. (Jacques Gohory). *A Paris, par Galiot du Pré.* 1572. Petit in-8. veau fauve, fil. tr. dor.

743. Hiſtoire des drogues et épiceries, et de certains medi-

caments fimples qui naiffent ès Indes orientales et occidentales. Divifée en deux parties : la premiere compofée de
trois livres : les premiers de M. Garci du Jardin, et le troi-
fième de Chriftophle de la Cofte. La feconde compofée de
deux livres de M. Nicolas Monnard, traitant de ce qui nous
eft apporté des Indes appelées les Terres Neuves. Le tout,
trad. en françois, par Anthoine Colin apophicaire de Lyon.
Lyon, 1692. In-8. figures.

744. Hiftoire des Drogves et Efpiceries, et de certains Medicamens Simples, qui naiffent ès Indes, tant Orientales que
Occidentales, diuifée en deux parties. la premiere compofee de trois liures : les deux premiers de M. Garcie du
Jardin, et le troifieme de M. Chriftophle de la Cofte. la
feconde compofee de deux liures de M. Nicolas Monard,
traittant de ce qui nous eft apporté des Indes Occidentales,
autrement appellées les Terres Neuues. le tout fidelement
tranflaté en noftre vulgaire françois fur la traduction Latine
de Clufius : Par Anthoine Colin Apothicaire iuré de la ville
de Lyon. *A Lyon, par Jean Pillehotte*, M D C II. In-8. fig. f.
bois. veau brun.

745. Cy commence Vng petit traictie des eaues artificielles,
et les vertus et pprietes dicelles. lefquelles font prouffitables
pour les corps humains. Sans lieu ni date.

Ce titre, en quatre lignes, fuivi du prologue, eft au verfo du premier feuillet, au
recto duquel eft un titre en trois lignes, en groffes lettres de forme allemande, fuivi
d'une vignette en bois.

Petit in-4. goth. de 2i feuillets, fignés a-d 3. mar. vert, tr.
dor. (*Koehler*).

746. CY COMMENCE vng petit z vtile tractie des eaues
artifficieles et les vertus et proprietes d'icelles. Ce prefent
traictier. Imprime à Vienne par maiftre Pierre Schenck.
Sans date. Petit in-4. carac. femigothiques. figures fur bois
dans le texte, et au verfo du feuillet du titre. les lettres
têtes des chapitres en rouge. mar. bleu, tr. dor. (*Bauzonnet*).

747. Difcours admirables de la nature des eavx et fontaines,
tant natvrelles qv'artificielles, des metaux, des fels et falines,
des pierres, des terres, du feu et des emaux, Avec plufieuvrs
avtres excellens fecrets des chofes naturelles. Plvs vn traité

de la marne, fort vtile et néceſſaire, pour ceux qui ſe mellent de l'agriculture, par M. Bernard Paliſſy. *A Paris, chez Martin le jeune.* 1580. In-8.

748. Lycophantie Theriacale deſcovverte dans l'Apologie du Parallele de Viperes et Herbes Lyonnoiſes, auec les Romains et Candiotes : Illuſtree de qvatre nouueaux Paradoxes du Vin, du Miel, de la Squille, et du temps au quel la Theriaque doit eſtre compoſée : Avec vne exacte methode d'uſer d'icelle : Contre l'Ignorance, l'Envie, et la Calomnie. *A Lyon, chés Scipion Jaſſerme,* 1634. In-8.

749. Traité ſur le venin et la vipère, ſur les poiſons américains, ſur le laurier-ceriſe et ſur quelques autres poiſons végétaux. On y a joint les obſervations ſur la ſtructure primitive du corps animal, différentes expériences ſur la reproduction des nerfs et la deſcription d'un nouveau canal de l'oeil, par Félix Fontana. *Florence,* 1785. In-8. mar. citron, fil. tr. dor. (*Derome*).

750. Recit fidelle de la Tortve vivante, tirée du genoux d'vn Muſicien habitant, et bourgeois d'Annecy en Savoye, Par les merveilleux ſecrets d'vn Seigneur Sicilien nommé Dom Antonio Fardella de Calvello Gentit-homme de la ville de Trapano en Sicile, habitant aujour d'huy dans le même lieu. A Chambery, chez E. Riondet. Achevé d'imprimer à Chambery ce 4 ſeptembre 1686. Petit in-12. mar. rouge, filets à compart. tr. dor. (*Cloſſ*).

751. Traitté de la Vigne et du Vin, extrait des diverſes leçons de M. Pierre Meſſie Gentil-homme de Sicile. Enſemble un brief diſcours de l'excellence de l'Eau et de ſes qualitez. *A Paris, chez Frederic Morel,* 1579. Petit in-8. veau fauve, fil. tr. dor.

752. Traité du Vin et du Sildre, par Julien de Paulmier, Docteur en la faculté de Medecine a Paris. *A Caen, chez Adam Cavellier,* 1607. In-8. mar. bleu, fil. tr. dor. (*Bauzonnet Trautz*).

753. La Vertu et proprieté de la Qvinte Eſſence de toutes choſes, Faicte en Latin par Ioannes de Ruperſciſſa, Et miſe en François par Antoine du Moulin Maſconnois, valet de

chambre de la Royne de nauarre. *A Lyon, par Jean De Tournes*, MDxlix. In-8. veau fauve, fil. tr. dor. (*Nie-drée*).

754. La vertu et proprieté de la Qvinte Effence de toutes chofes, Faicte en Latin par Ioannes de Ruperfciffa, et mife en François par Antoine du Moulin Mafconnois, valet de chambre de la Royne de Nauarre. *A Lyon, par Jean De Tournes*, MDLxxxi. In-16. mar. vert, filets à froid et coins dorés. tr. dor. (*Capé*).

755. Traitté de l'Aiman. Divifé en deux parties. la premiere contient les expériences; et la feconde les raifons que l'on en peut rendre. par M. D*** (Dalencé). *A Amfterdam, chez Henry Wetftein*, 1687. In-12. figures. vélin.

756. Recherches fur la découverte de l'Effence de Rofes, par L. Langlés. *A Paris, de l'Imprimerie Imperiale.* 1804. In-12. dem. rel. dos et coins de mar. violet. Non rogné.

757. Méthode néceffaire aux Marins et aux Voyageurs, pour Recueillir avec fuccès les curiofités de l'Hiftoire naturelle, dans les lieux de leur origine; et de les ajoufter pour les faire parvenir en bon état à leur deftination. par M. Marvye. *A Paris, chez Ch. Ant. Jombert.* 1743. figures.

Dans le même volume :

Catalogue des plus excellens fruits, les plus rares et les plus eftimés, qui fe cultivent dans les Pepinieres des RR. PP. Chartreux de Paris; Avec leurs defcriptions, et le temps le plus ordinaire de leur maturité. Il y a auffi différentes Plantes étrangères, et autres Arbuftes. *A Paris, chez Thibouft*, 1756. In-12. Veau brun.

758. Jules Obfequent des Prodiges. Plvs trois liures de Poly-dore Vergile fur la mefme matiere. Traduit de Latin en François par George de la Bouthiere Autunois. *A Lyon par Ian de Tovrnes*. MDLv. In-8. fig. f. bois. veau fauve.

AGRICULTURE

759. De Re Ruftica. M. Catonis lib. I. M. Terentii Varronis
lib. III. Palladii lib. XIIII. *Apud Seb. Gryphium Lvgdvni.*
1535. 3 tom. en un vol. in-8. Réglé. veau brun, compart.
à froid, tranche dorée et cifelée. Imitation d'une ancienne
reliure. (*Niedrée*).

760. Γεωπονικά. De Re Ruftica feleétorvm libri XX Graeci,
Conftantino qvidem Caefari nuncupati, ac iam non libris,
fed thefauris annumerandi, io. Alexandrini Brafficani opera
in lucem editi. Item, Ariftotelis de Plantis libri dvo Graeci,
nuper ad interitu liberati, ac ftudiofomorum ufui hac primùm editione reftituti. *Bafileae*, 1559. In-8. veau fauve,
dent. tr. dor. (*Bozerian*).

761. Γεωπονικά. Geoponicorum five De Re Ruftica libri XX.
Caffiano Baffo colleétore, antea Conftantino Porphyrogen-
neto a qvibvfdam adfcripti. Graece et Latine poft Petri
Needhami cvras ad Mss. fidem denuo recenfi et illvftrati ab
Io. Nicolao Niclas. *Lipfiae*, 1781. 4 tomes en 2 vol. in-8.
papier fort, veau jafpé, filets.

762. Γεωπονικόν. en grec vulgaire.
Geoponicon. Inftruétions pour greffer et planter les Arbres,
et autres chofes femblables. Comment chacun doit fe gouverner pour fe maintenir en fanté. Remèdes divers, recueillis
de médecins favants, contre toute maladie. Menologion
pour toutes les fêtes de l'année. par le Moine Agapius
Crétois. *Venife*, 1806. *chez Nicolas Clilki*. In-8. broché.
Non rogné.

763. L'Agricvltvre, et Maifon Rvfttique de MM. Charles
Éftienne, et Jean Liebault. *A Lyon, par Jaqves Gvichard*,
MDXCI.
— La Chaffe de Lovp, néceffaire à la Maifon Rvftiqve, par
Jean de Clarmogan. *A Lyon, par Jaqves Gvichard*, MDLXXX.
avec figures f. bois. 2 parties en un vol. in-4. dem. rel.
de veau vert.

764. La Colombiere, et maifon rvſtiqve, de Philibert Guyde, dit Hegemon, de Chalon ſur la ſaone : Contenant vne deſcription des douze moys, et quatre ſaiſons de l'annee, avec enſeignement de ce que le laboureur doit faire pour chacun moys. Les epithetes poetiques des arbres, plantes, herbes, animaux terreſtres, et aquatiques : des pierres precieuſes, et metaux, avec leurs proprietes. L'Oſtraciſme, ou exil honorable. L'Abeille françoiſe, du meſme Autheur. Ses fables morales, et autres Poeſies. *A Paris, cheʒ Jamet Mettayer.* Sans date (1583). In-8. goth. maroquin bleu, fil. tr. dor. (*Koehler*).

765. Le Bon Meſnager. Au preſent volume des prouffitz Champeſtres ʒ Ruraulx eſt traicte du labour des Champs / Vignes | Jardins | Arbres de tous eſpeces. De leur nature et bonte | de la nature et vertu des herbes } de la maniere de nourrir toutes beſtes | volailles et oyſeaulx de proye : Pareillement la maniere de prendre toutes beſtes ſauluages / poiſſons et oyſeaulx : Ouure moult vtile ʒ prouffitable. Le dit liure cõpile par Pierre des Creſcés iadis bourgeoys de Boulongne la graſſe | nouuellemét corrige | veu ʒ amende ſur les vieilz originaulx au parauant imprimez. Oudit liure eſt adiouſte oultre les precedentes impreſſions : La maniere de enter | Planter et nourrir tous arbres : ſelon le iugement de maiſtre Corgole de corne. *On les vend a Paris au premier pillier de la grand ſalle du Palays | par Jehan andre. Ce preſent liure fut acheue de imprimer a Paris* le xxiie iour de auril. Mil cinq cens xxxvi. In-fol. goth. à 2 colonnes. mar. bleu, filets et coins, tr. dor.

766. Le bon Meſnager. Au preſent volume des proffitz Chãpeſtres ʒ Ruraulx eſt traicte du labour des Chãps | Vignes / Jardins | Arbres de tous eſpeces. De leur nature ʒ bonte / de la nature ʒ vertu des herbes | de la maniere de nourrir toutes beſtes | volailles et oyſaulx de proye : Pareillement la maniere de prendre toutes beſtes ſauluages | poiſſons et oyſeaulx ; Oeuure moult vtile et proffitable. Le dit liure compile par Pierre des Creſcens iadis bourgeoys de Boulong la graſſe | Nouuellement corrige, veu ʒ amende ſur les vieilz originaulx au par auant imprimez. Audit liure eſt adiouſte outre les precedentes impreſſions : la maniere de Enter / Planter et nourrir tous arbres | ſelon le iugement de maiſtre

Corgole de come. MDxi. *On les vend a Paris en la grand
salle du palais au premier pillier deuant la chappelle de Mes-
sieurs les presidens | par Charles langellier. Le present liure
fut acheue de imprimer a Paris | par Estienne caueiller* le
xvi^e iour Dapuril Mil cinq cent xl. In-fol. goth. Veau brun.

Il contient 2 pages de notes de M. Huzard.

767. Lr liure des prouffitz châpestres et ruraulx : Compose Maistre Pierre des Crescens felon la doctrine des An-
ciens afcauoir de Aristote | Theophraste | Diofcorides /
Cato | Collumella | Palladius | Pline et autres qui ont dili-
gément traicte des labours et fruictz de la terre : Traduit
de lang   Tofcane en Francoys. Auquel est traicte de la
congnoissance du bon Air | De la bône terre | Des bonnes
eaues | Du labour des châps | Vignes | Jardins | Arbres /
de toutes efpeces | z de la maniere de les Enter | De la
nature z vertu des herbes | De la maniere de nourrir toutes
bestes volailles et oyfeaulx de Proye. Pareillement la maniere de prendre toutes bestes fauuages poissons et oyfeaulx.
*On les vend a Lyon en la maifon de Pierre de Saincte Lucie
dict le Prince pres nostre Dame de Confort.* Cy fine ce prefent liure..... Compose par maistre Pierre des Crescens.....
Et depuis a ete tranflate de Latin en Francoys | a la re-
queste du Roy Charles cinquiefme de ce nom. *Imprime
nouuellemēt a Lyon par Pierre de Saicte Lucie | dit le Prince.*
Lan de grace mil cinq cens trente z neuf. In-4. goth. fig.
f. bois.

768. Les vingt livres de Conftantin Caefar, Aufquelz font
traictez les bons enfeignemens d'Agriculture : traduictz en
François par Maistre Antoine Pierre, licencié en droict. *A
Lyon. Par Thibauld Payan.* 1557. A la fin : *par Ian d'Ogerolles.*
1557. In-16. mar. bleu, dent. tr. dor.

769. Le tiers et quatriefme liures de Lucius Moderetus Co-
lumella, touchant le labour, traduictz de langue latine en
francoyfe par Loys Megret. *On les vend a Paris en la rue
neufue nostre dame à l'enfeigne fainct Jehan Baptifte, par Denis
Janot.* Sans date. In-8. mar. rouge, compartiments, tr. dor.
(*Bauzonnet*).

770. Seminarivm, et Plantarivm fructiferarum praefertis arbo-
rum quae poft hortos conferi folent : Denuò auctum et

completatum. Huic acceſſit altes libellus de conferendis arboribus in feminarin : déque iis in plantarium transferendis atque inferendis. *Pariſiis. ex Officina Roberti Stephani.* MDxl. In-8.

771. La maniere de enter et planter en iardins pluſieurs choſes bien eſtranges. Cy finiſt la maniere de enter et planter. Sans lieu ni date. Petit in-4. goth. de 4 feuillets. 2 fig. ſ. bois au recto et au verſo du titre. dem. rel. cuir de Ruſſie.

772. Operetta della Semente. La quale inſegna quando ſi debbe Seminare, e quando e tempo di traſporre, e di meſe in meſe come ſi debbe far le ricolte. con dua belliſſimi capitoli uno di Bernardo Giambullari, et l'altro di M. Pamphilo Suſſo ſopra il deſtino. *nuouamente Stampata. Stampata in Firenẓe preſſo al Veſcouado* lanno MDLxi. In-4. de 6 feuillets. fig. ſ. bois. mar. rouge, fil. tr. dor. (*Bauẓonnet Trautẓ*).

773. L'Oeconomie ov Meſnage des Terres invtiles. propres à bruſler et à faire charbon de forge. Diuiſé en xii parties, dont l'ordre eſt contenu en la page ſuiuante. *A Paris, cheẓ Melchior Mondiere.* MDCxxviii. Une longue note manuſcrite.

Dans le même volume :

L'Abregé des Voitures par l'Abregé des ſinuoſitez et nauigation des eaux mortes des valons, paluds, terres inondees et ionction des riuieres nauigables ioignant les deux Mers. *A Paris, cheẓ Melchior Mondiere.* MDCxxvii.   In-12. veau brun.

774. De l'Agriculture en France, d'après les Documents officiels, par L. Mounier, avec des Remarques par M. Rubichon. *Paris*, 1846. 2 volumes in-8. dem. rel. de veau fauve.

SCIENCES MÉDICALES

MÉDECINS ANCIENS ET MODERNES

775. Hippocratis opera omnia, graece et latine, edita et ad omnes editiones accomodata. induſtria et diligentia Joan.

Antonidae Vander Linden. *Lugd. Batavorum. Gaesbeck.* 1665. 2 vol. in-8. veau jaſpé.

776. Aphoriſmi Hippocratis (Gr. et Lat.) ex recognitione Adolphi Voſtrii. Accedunt Loca Parallela ex ipſo Hippocrate, ut et Celſo, petita. Et Index luculentus. *Lugd. Batav. apud Gaesbekios.* Sans date. Titre précédé d'un frontiſpice gravé. In-32. mar. rouge, fil. tr. dor.

777. Traité d'Hippocrate Des Airs, des Eaux et des Lieux. traduction nouvelle, avec le texte grec collationné ſur deux manuſcrits, des notes critiques, hiſtoriques et médicales, un diſcours préliminaire, un tableau comparatif des vents anciens et modernes, une carte géographique, et les index néceſſaires, Par Coray. *Paris, impᵉ de Baudelot et Eberhart.* 1800. 2 vol. in-8. veau fauve, filets.

778. Le livre des preſaiges du divin Hippocras diuiſé en troys parties. Item La proteſtation. que le dict Hippocrates faiſait faires à ſes diſciples. Le tout nouuellement tranſlaté par maiſtre Pierre Vernei, Docteur en médecine. *A Lyon, chés Eſtienne Dolet.* 1542. Petit in-8. vélin, carac. ital.

779. Traités d'Hippocrate, de la nature de l'Homme, de l'ancienne médecine, des Humeurs, de l'Art médical. traduits en françois, et le texte en regard, par le Chevalier de Mercy. *Paris,* 1823. 2 vol. in-12.

780. GALENI opera omnia, Graece. *Venetiis, in aedibus Aldi et Andreae ſoceri.* 1525. 5 vol. in-fol. vélin.

781. De la raiſon de curer par euacuation de ſang. autheur Galien. *A Lyon, chés Sulpice Sabon, pour Antoine Conſtantin.* Sans date. Petit in-8. lettres rondes. vélin.

782. Des Tumeurs oultre le couſtumier de nature. Opuſcule nouuellement traduict de Grec en Latin : et de Latin en Francoys. Autheur Galien. *A Lyon, chés Eſtienne Dolet.* 1542. Ce preſent Opuſcule a eſte traduict par maiſtre Pierre Tolet medecin de l'hoſpital de Lyon. Et par luy auſſi a eſte traduict l'aultre Opuſcule de Galien, intitulé : De la maniere de curer par phlebotomie. Petit in-8. caract. ital. vélin.

783. Deux Livres des Simples de Galien. C'eſt aſſauoir, Le

cinquiefme, et le neufuiefme. Nouuellement traduicts de Latin en Francoys par Monfieur maiftre Jehan Canappe Docteur en medecine. *A Lyon, chés Eftienne Dolet.* 1542. Petit in-8. caract. ital. vélin.

784. Du mouuement des mvfcles livre devx. Autheur Galien. nouuellement traduict de Latin en Francoys par monfieur maiftre Canappe Docteur en Medecine. *A Lyon, chez Sulpice Sabon : par Antoine Conftantin.* Sans date. Petit in-8. caract. ital. vélin.

785. Lanatomie des os dv corps hvmain. Autheur Galien. nouuellement traduicte de Latin en Francoys, par monfieur maiftre Jehan Canappe Docteur en Medecine. *A Lyon, chés Eftienne Dolet.* 1541. Petit in-8. caract. ital. vélin.

786. Le qvatriefme (cinquiefme et fixiefme) livre de la Therapeutique ou methode curatiue de Claude Galien, prince des Medecins, auquel eft fingulieremét traictee la cvre des vlceres. tranflate par Philiatros. MDxxxvii. *On les vend a Lyon, chez Francoys Jufte, deuant noftre Dame de Confort.* 3 parties en un vol. in-16. goth. mar. biftre, tr. dor. (*Duru*).

Chaque livre a des fignatures particulières. Le quatrième (imprimé en caractères plus petits que les fuivants), A-C par 8 ff. D de 10. Le cinquième, A-F. par 8 ff. Le fixième, A F par 8 ff., dont le dernier, blanc, porte au recto un *Siryngotome.* Le verfo du 7me porte le *Glotto comon figure par l'inuention de M. Francoys Rabelais docteur en medecine.*

787. Perioche des fept premiers liures de la methode therapeutique de Galien : traduicte par maiftre Guillaume Chriftian, médecin, docteur, lifant a Orleans. *On les vend à Paris par Denys Janot, demourant en la rue neufue noftre Dame, à l'enfeigne fainct Jehan Baptifte, pres faincte Geneuiefue des Ardens.* 1540. In-8. veau fauve, fil. tr. dor. (*Niedrée*).

788. Αετίου Αμηδινοῦ ϐιϐλίων Ιατρικῶν Τόμος Α'. Ιουτέξι ϐιϐλία ὀκτὼ Ιὰ πρῶτα.

Aetioni Amidoni librorum medicinialium tomvs primvs, Primi fcilicet libri octo nvnc primvm in lvcem editi. *Venetiis in aedibus haeredum Aldi Manutii, et Andreae Afulani.* Menfe Sept. MDxxxiiii. In-fol. vélin.

789. AETII ANTIOCHENI Medici de Cognofcendis et Cu-

randis Morbis fermones fex, iam primum in lucem editi, Interprete Iano Cornario Zuiccanień. Medico quae in fingulis fermonibus continentur in principio cuiufq3 habetur. De Ponderibus et menfuris, ex Paulo Argineta, eodem interprete. *Bafileae ex Officina Frobeniana.* Anno MDxxxiii. In-fol. veau, à riches compartiments.

EXEMPLAIRE GROLIER. Dans toutes fes marges, nombreux témoins, d'une parfaite confervation.

790. Avrelii Cor. Celfi de Re Medica libri octo. Item Q. Sereni Liber de Medicina. Q. Rhemnii Fannij Paleomonis de Ponderibus et Menfuris Liber. *Lvgdvni apud S. Gryphivm.* 1542. In-8. réglé. veau, tranches dorées et gauffrées.

791. Methode, ov brieve introduction, pour paruenir à la congnoiffance de la vraye et folide Medecine, compofee par M. Leonard Fuchs, et traduite en François par maiftre Guillaume Paradin. *A Lyon, par Jean De Tovrnes, et Guil. Gazeav.* MDLvi. In-16. veau à compartiments, riche reliure ancienne.

Exemplaire des frères Dupuy, dont le double Delta fe voit fur les plats.

792. Dictionnarivm medicum, Vel, Expofitiones vocum medicinaliũ, ad verbum excerptae ex Hippocrate, Galeno, Oribafio, Rufo Ermerio, Aetio, Alex. Tralliano, Paulo Aegineta, Actvario, Cornel. Celfo, cum Latina interpretatione. Lexica duo in Hippocratem huic Dictionnario praefixa funt, vnvm, Erotiani, nunquã antea editũ : alterũ, Galeni, multo emendata quàm antea excufum. An. MDLxiiii *Excudebat Henricus Stephanus.* In-8. Veau fauve, dent. tr. dor.

ANATOMIE, CHIRURGIE

793. Oribafii Anatomica, ex Libris Galleni, Graece, cum verfione Latina J. B. Rafarii, curante Gul. Dandaff; cujus notae accedun . *Lugduni Batavorum, apud Langerack,* 1735. In-4. dem. rel. de mar. rouge. Non rogné.

794. Anonymi Introductio Anatomica, Gr. et Lat. Item Hypatus de Partibus Corporis, Gr. et Lat. cum notis Dan.

Wilh. Tritteri et Jo. Stephani Bernard. *Lugduni Batavorum,* 1744. In-8. dem. rel. de mar. rouge. Non rogné.

795. (Graece) Theophile de Hominis fabrica, lib. v, ex bibliotheca regia. *Parifiis* M D Lv. *apud Guil. Morelium.* In-8. dem. rel. de mar. vert. Non rogné.

796. La Chirurgie de Pavlvs Aegineta, nouuellement traduite de Grec en Francoys. *A Lyon, chés Eftienne Dolet.* 1542. Petit in-8. caract. ital. vélin.

797. Practica in chirurgia.
(Suit la marque de Portonurius.)

Practica in arte chirurgica copiofa Ioannis de vigo Julii ij Pon. Max. Continés noué libros infrafcriptos. De anatomia chirurgo neceffaria. De apoftematibus in vniuerfali et particulari. De vulneribus in vniuerfali et particulari. De vlceribus in vniuerfali et particulari. De morbo gallico : et diflocatione fundtururum. De fradtura et diflocatione offium. De natura fimplicium et poffe eorum. De natura compofitorum : et eft antidoturium. De quibufdam additionibus totum complentibus. *Prefens opus impreffum fuit : Lugduni in edibus Jacobi myt calographi, Sumptib' honefti viri Uincétii de portonarijs de tridino de monte Ferraro.* Anno a virginis partu MD decimo fexto die vero vigefima méfis Odtobris. In-4. goth. à 2 col.

798. De Vigo en fràcoys. La practiq et cirurgie de trefexcellent dodteur en medecine Maiftre Jehà de Vigo, nouuellemét imprimee z recongneue diligétement fur le latin, avec les aphorifmes et canons de cirurgie compofes per maiftre Nicolas godin dodteur en medecine les quelz font inferes en la fin de ce petit liure apres la partie compendieufe.
Divifion de la dicte practique. La pmiere ptie eft nõmee la copieufe ztenàt neuf liures pticuliers. La fecode eft dicte cõpédieufe q?tient cinq liures pticuliers : lefqlz font delarez en la pa   fequente. 1531.
(Au redto du feuillet xxxvii de la feconde partie.)

Cy finift la cirurgie et pradtique... *Imprimee a Lyon par Jehan Marefchal,* Lan de noftre feigneur Jefuchrift Mil cinq cens trente z ung. Petit in-4. femi gothique. mar. bleu, tr. dor.
(Lortic.)

799. Le Guidō en frācoys (de Guido de Cauliac) Nouuel-lemēt Imprime auec les gloſes de treſexcellent doĉteur en medecine maiſtre Jehan falcon conſeiller du Roy noſtre ſire et liſant ordinaire de la tresfamee Vniuerſite de Montpellier et ſpeciallement ſur le traiĉte des playes et Vlceres : Et ſont ordōnees apres vng chaſcun traiĉte ou chapitre en-ſuyuant le texte : et auſſi les additions de maiſtre Simpho-rien chāpiel : auec les additions de maiſtre Anthoine romeri doĉteur liſant en ladiĉte Vniuerſite ſus lantidotaire tres vtiles miſes a la fin. *Imprime a Paris* MDxxxiiii. *On le vend au clos bruneau par Guillaume le bret a la corne de cerf.* In-4. goth. mar. rouge, fleurons et coins, tr. dor. (*Niedrée*).

10 ff. préliminaires, & 324 ff. chiffrés.

800. Prologue, et chapitre ſingvlier de treſexcellent Doĉteur en Medecine, et Chirurgie maiſtre Guidon de Cauliac. Le tout nouuellement traduit, et illuſtré de commentaires par maiſtre Jean Canappe. Doĉteur en Medecine et Leĉteur pu-blic des Chirurgiens à Lyon. *Chés Eſtienne Dolet a Lyon.* Petit in-8. caraĉt. ital. vélin.

801. Τᾶν Ἰσπιαιρικᾶν βιϐλία δύω. Veterinariae medicinae libri duo. à Joanne Ruellio Sueſſionenſis olim quidem lati-nitate donati, nunc vero ijdem ſua, hoc eſt Graeca lingua primum in lucem editi. (edente Symeone Grynaeo). *Baſi-leae apud Ioan. Valdervm.* MDXXXVII. In-4.

On lit ſur la feuille de garde :

Hoc exemplar collatum eſt cum codicibus manuſcriptis biblio-thecae Vaticanae.

On y trouve pluſieurs variantes manuſcrites.

802. La maniere de traiĉter les playes faiĉtes tāt par haque-butes, que par fleches : et les accidentz d'icelles, cōme frac-tures et caries des os, gangrène et mortification : auec les pourtraiĉtz des inſtrumentz neceſſaires pour leur curation. Et la methode de curer les combuſtions principalement faiĉtes par la poudre à canon. Le tout cōpoſé par Ambroiſe Paré, maiſtre Barbier Chirurgien à Paris. *A Paris, Par la vefue Jean de Brie, demourante en la rue S. Jaques à l'enſeigne de la Lymace.* 1551. *Imprimé par la Vefue Jean de Brie, l'an mil cinq cens cinquante et deux, le dixieſme iour de Mars.*

In-8. mar. jaune à compartiments, tr. dor. Reliure du temps.

Précieux exemplaire, imprimé fur vélin, de la dédicace à Henri II. dont le chiffre, entrelacé avec celui de Diane de Poitiers, orne le frontifpice ; peint en or & couleurs, furmonté des trois croiffants. Toutes les figures qui accompagnent le texte, & les majufcules en tête des chapitres, font auffi peintes en or, argent & couleurs.

803. Traicte de la natvre et curation des playes de Piftolle, Harqvebovfe, et autres baftons, a feu Enfemble Les remedes de combuftions et bruflures externes et fuperficielles : Par J. Le Pavlmier Docteur en Medecine à Paris. *A Caen, chez Pierre Philippe.* 1569.

Dans le même volume :

Lart et fcience de trovver les Eavx et Fontaines cachees fovbs terre, autrement que par les moyens vulgaires des Agriculteurs et Architectes, par Jaques Beffon Dauphinois, Mathematicien. *A Orléans, par Eloi Gibier.* MDLxix. In-4 grand de marges, nombreux témoins.

804. Sommaire treffingulier de toute Medecine z Cyrurgie / fpecialement côtre toutes maladies fouruenātes quotidianemét au corps humain | côpofe z approuue par maiftre Jehā Goeurot docteur en medecine z medecin de tres chreftien roy de Frāce Francoye premier de ce nom. Item ung regime fingulier côtre la pefte compofe par maiftre Nicolas de Bouffemaine auffi docteur en medecine en luniuerfite Dangiers. *Imprime a Paris le premier iour de Juing mil cinq cens et trente par Nicolas Sauetier imprimeur demourant en la rue des Carmes a lenfeigne de lhomme fauluaige.* In-8. mar. vert, tr. dor. (*Trautz Bauzonnet*).

805. De conceptu et Generatione Hominis : De Matrice et eius partibus, nec non de contitione infantis in vtero....... opera clariffimi viri Jacobi Rueffi, chirurgi Tigurini. *Francofurti ad Moenum.* MDLxxxvii. *apud Petrum Fabricium, impenfis Sigifmundi Feyrabendij.* In-4. fig. f. bois. Dans toutes fes marges, prefque non rogné.

6 ff. préliminaires, dont le dernier blanc. A-Z par 4 ff.

806. Des diuers travaulx et enfantemés des femmes | z p quel moyen lon doit furuenir aux accidens qui peuuent echeoir deuant z apres iceulx travaulx. Item quel lait z quelle nourriffe on doit eflire aux enfans : enfemble aucuns remedes

concernens plusieurs maladies suruenātes aus d⁵ enfans nouuaux nez. Livret fort vtile et duysāt pour suruenir a beaucoup de neceffitez. compose premierement en latin, par excellent medecin de Francfort, maistre Euchaire Rodion, et depuis tourne en langue francoyse, a lutilité de plusieurs personnes. 1534. *On les vend a Paris, rue sainct Jacques, a lenseigne de lescu de Florence, en la boutique de Jehan Foucher.* In-8. goth. figures. mar. bleu, tr. dor. (*Capé*).

PATHOLOGIE, PHARMACIE

807. Synesius de Febribus. (Gr. et Lat.) edit, vertit, notisque illustravit Jo. Steph. Bernard. Accedit Viatrici Constantino Africano interprete lib. VII. *Amstelodami*, 1749. In-8. veau fauve, fil. tr. dor.

808. Palludii de Febribus concisa synopsis Graece et Latine, cum notis Jo. Steph. Bernard. Accedunt Glossae Chemicae et Excerpta ex Poetis Chemicis. *Lugduni Batavorum*, 1745. In-8. veau orange, fil. tr. dor.

809. Demetrii Pepagomeni Liber de Podagra Graece et Latine, recensuit et notis illustravit Joh. Steph. Bernard. *Lugduni Batavorum*, 1743. In-8. dem. rel. de veau fauve.

810. Traicte de la Govtte contenant les cavsez et origine d'icelle, le moyen de s'en pouuoir preseruer et la sçauoir guerir estant acquise. Escrit en Grec du commandement de Michel Paleologue Empereur de Constantinople. par Demetrivs Pepagomenvs son premier medecin. Traduict en François, restitué et emendé de plusieurs belles Corrections et Annotations par M. Frederic Jamot, Docteur en medecine. *A Paris, pour Galiot du Pré.* petit in-8. veau fauve, fil. tr. dor.

811. Ruffi Ephesii De vesica renúmque morbis. De purgantibus medicamentis. De partibus corporis homini. Sorani de vtero et muliebri pudendo (Graece). Ex Bibliotheca Regia. *Parisiis*, MDLIIII. *Apud Adr. Turnebum.* = Theophili Protospatarii de Corporis humani fabrica, libri v, Junio Paulo

Craſſo Patauino interprete. Ex Sorano de Vvlva et pudendo muliebri, Ioan. Baptiſta Raſario interprete. *Pariſiis,* MDLvi. *Apud Guil. Morelium.* Réunis en un vol. in-8. veau gauffré, fil. tr. dor. *(Bozerian).*

812. Theophili de Vrinis libellus (Gr. et Lat.) Thomas Gvidotivs Innumeras, quibus haĉtenus scatuit, de novo vertit, et notas adjecit. *Lvgdvni Batavorvm Apud Henricvm Teering.* 1703. In-8. dem. rel. de mar. rouge. Non rogné.

813. L'ordre et regime qu'on doit garder et tenir en la cure des fieures, avec ung chapitre ſingulier contenant les cauſes et remedes des fieures peſtilentielles. Plus un dialogue contenant les cauſes, jugemens, couleurs et hypoſtaſe des Vrines, les quelles aduiennent le plus ſouuent a ceus qui ont la fieure. Le tout compoſé par M. Sebaſtien Colin, medecin a Fontenay le Comte en Poitou. *A Poitiers, de l'imprimerie d'Enguilbert de Marnef.* MDLvIII. ═ L'onzieſme liure d'Alexandre Tralliant traittant des Gouttes : traduit du Grec en François par Sebaſtien Colin. Auec une briefue expoſition d'aucuns mots, pour facilement entendre l'autheur, faiĉte par le Tranſlateur. Plus, la praĉtique et methode de guerir les Gouttes, eſcrite par Anthoine le Gagnier, traduitte de Latin en François. *A Poitiers, par Enguilbert de Marnef.* 1557. 3 parties en un vol. in-8. veau brun.

814. Obſervations ſur les fievres et les febrifuges, par M. Spon, Doĉteur médecin...... *A Lyon, chez Thomas Amaulry,* 1684. In-12. mar. rouge, filets à compartiments, tr. dor. anc. reliure.

815. La ſcience du povlx, le meillevr et plus certain moyen de iuger des maladies. dreſſee treſmethodiquement en langue Françoyſe par Jean Euſebe Bourbonnois. *On les vend a Lyon chez Jean Saugrain.* 1568. In-8. Veau olive, filets. *(Koehler).*

816. Traiĉte des Arcbuſades, contenant la vraye eſſence du mal, et ſa propre curation, par certaines et methodiques indications : avec l'explication de divers problemes touchant cette matiere. par M. Laurent Joubert Medecin du Roy. *A Paris, à l'Olivier de P. l'Huillier.* 1570. In-8. Veau fauve, fil. tr. dor.

817. De Cancri natvra et cvratione, ex probatiſſimis qui-buſq3 autoribus, tum Graecis, tum Latinis, per Bene-dictvm Textorem Medicvm. Lvgdvni, apvd Ioan. Tornaeſium. MDxxxxx. 24 ff. dont le dernier blanc. ═ De la ma-niere de preſeruer de la Peſtilence, et d'en guerir, ſelon les bons Autheurs, par Benoît Textor, Medecin, natif de Pont de Vaux en Breſſe. *A Lyon, Par Jean de Tovrnes, et Guil. Gaʒeav.* MDLI. 78 ff. et 2 blancs. plus 3 ff. non chiffrés et 2 blancs. Réunis en un vol. in-8. Veau fauve, fil. tr. dor. (*Niedrée*).

818. De la nature et cure du Chancre, ſelon les meilleurs auteurs tant Grecs que Latins, par Benoît Textor Medecin. *A Lyon, Par Jean de Tournes.* MDxxxxx.

ς8 pp. plus un feuillet blanc portant la marque de Detournes au triangle, & 2 autres ff. blancs.

═ Premier Diſcours, de la Préparation des Médicaments, con-tenant les raiſons pourquoy et comme ils le doiuent eſtre. Plys y ſont accordez les points principaux differents entre les Medecins Galeniſtes, et Paracelſiſtes : auec la declaration des principes et fondements de Paracelſe, par Clavde Da-riot natif de Poumart Medecin à Beaune. *A Lyon, Par Charles Peſnot.* MDxxxII. Un feuillet blanc à la fin. Réunis en un vol. in-8. Veau fauve, fil. tr. dor. (*Niedrée*).

819. Traicte de la maladie nouuellement appelée Criſtaline, diligemment diſputée ſuiuant la doctrine nouuelle et an-cienne, comme ſe verra par les authoritez miſes pour plus grande preuve, par T. Guillaumet, Chirurgien du Roy, Doyen et Maiſtre juré en la Cité de Niſme. *A Lyon, cheʒ Pierre Rigaud,* MDCxi. In-12. Veau fauve.

820. Examen des Elephantiques et Lepreux, recueilly de plu-ſieurs bons et renommez autheurs, Grecs, Latins, Arabes et François, par G. des Innocens, Chirurgien, natif et habitant de Toloſe. *A Lyon, pour Thomas Soupron.* 1595. In-8.

821. Diſcours de Pierre Pavl Magni Plaiſentin : Touchant la ſaignée des corps humains. Le Moyen d'attacher les ſang-ſues et Ventouſes : et de faire frictions et veſſicatoires,

avec tres-bons et vtiles aduertiſſemens. Traduits d'Italien en François. *A Lyon, Pour Jean Lertouc.* MDLxxxvi. In-16.

———

822. Πεδακίου Διοσκορίδου ἀναϡαρϐέως ϖερὶ ὕλης ἰαϡρικῆς λόγοι ἐξ. ἔϊι ϖερὶ ἰοϐόλων ἐν ᾧ καὶ ϖερὶ λυσσῶνϊος κυνός. σημέιωσίς ϊε ϊῶν ὑϖ᾽ αὐϊῶν δεδογμένων ααὶ δεραϖέια. Νικάνδρου ϊοῦ κολοφωνίου ϖοιηϊῦ ϑηριακά. μεϊὰ σχολίων. ϊοῦ αὐϊοῦ ἀλεξιφάρμακα.

Pedacii Dioſcoridis Anazarbaei opera. Nicandri theriaca et alexipharmaca. Graece, cum ſcholiis. *Uenetiis apud Aldum Manutium.* menſe Julio. MID. In-fol.

823. Dioſcoridis Libri octo. Graece et Latine. *Pariſiis, Apud Petrum Haultinum.* 1549. In-8. Veau fauve, fil. tr. dor.

824. Les ſix Livres de Pedacion Dioſcoride d'Anazarbe De la Matiere Medicale, tranſlatee de Latin en François. A chacun chapitre ſont adiouſtees certaines annotations fort doctes, et recueillies des plus excellens Medecins, anciens, et modernes. *A Lyon, chez Thibault Payan.* 1559. In-4. fig. ſur bois. Veau fauve, fil. tr. dor. (*Bauzonnet Trautz*).

825. Nicandri Theriaca. Eiuſdem Alexipharmaca. Interpretatio innominati autoris in Theriaca. Cōmentarij diverſo℞ auto℞ in Alexipharmaca. Graece et Latine. Interprete Johanne Lonicero. *Coloniae opera Ioan. Soteris.* Anno MDxxx et xxxi. 2 parties en un volume in-4. Veau fauve, fil. tr. dor.

826. Nicandri Theriaca et Alexipharmaca, Graece. Latinis verſibus Joannes Gorrhaeus reddidit. Italicis vero Ant. Mar. Salvinius. Accedunt variantes Codicum Lectiones, ſelectae Annotationes, et Graeca Eutecni Sophiſtae Metaphraſi, curante Baudinio. *Florentiae,* 1764. In-8. dem. rel. de mar. rouge. Non rogné.

827. Les oevvres de Nicandre medecin et poete Grec, tradvictes en vers François. Enſemble Deux Liures des Venins,

auxquels il eſt amplement diſcouru des beſtes venimeuſes, theriaques, poiſons et contrepoiſons, par Iaques Gréuin de Clermont en Beauuaiſis, medecin a Paris. *a Anvers, de l'imprimerie de Chriſtophle Plantin.* M D L x v i i. 2 parties en un vol. in-4. fig. ſ. bois.

828. Marcelli Sidetae Medici, de Remediis et Piſcibus : fragmentum Poematis de re Medica, è Biblioth. Reg. Medicaea erutum (Gr. et Lat.) Interprete fed. Morello. *Lutetiae, Apud F. Morellum.* M D x c i. In-8. Veau ſauve, fil. tr. dor.

829. Paraphraſe ſur la Pharmacopée. Diuiſee en deux Liures, par M. Bricon Bavderon, Docteur en Medecine, de Parcy en Charloloys, à preſent demouraut à Maſcon. *A Lyon, par Eſtienne Servain.* M D x c v i. In-16. vélin.

830. Enchirid, ov Manipvl des Miropoles, ſommairement traduict et commenté ſuyuant le texte Latin, par M. Michel Duſſeau, Apothicaire, iadis Garde iuré de l'Apothicairerie de Paris : pour les inerudits et tyroncles du dit eſtat, en forme de Theorique. *A Lyon, par Jean de Tovrnes,* MDLxxxi. In-16. mar. rouge, fil. tr. dor.

831. Cure de Medecine Contre la Pierre et la Grauelle, treſ-excellent z bien approuue de pluſieurs notables aucteurs en medecine, Tranſlate de latin en francoys par maiſtre Pierre de la foreſt medecin a Montpellier natif de Neuers. 1537. *On les vend a Paris, en la rue neufue noſtre Dame a l'enſeigne de leſcu de france.* Petit in-8. goth. de 20 ff. mar. vert, tr. dor. (*Trautz Bauzonnet*).

832. Hiſtoire Notable de la Rage des Lovps, adveve l'an MDxc. Avec les remedes povr empeſcher la rage, qui ſuruient apres la morſure des Loups, Chiens, et autres beſtes enragees. Le tout mis en lumiere par Jean Beavhind, Medecin de tres-illuſtre Prince, Monſieur Friderich, Conte de Vvirtemberg, Mont le. &c. *Imprimé à Montbeliard,* l'An 1591. In-8. Veau jaſpé. Portrait de Bauhind gravé ſ. bois.

833. Recette tres-veritable povr la gveriſon des perſonnes, et animaux mordus de chiens, loups et autres animaux enragez. Pour les experiences qui en ont été faites, achettee auec l'autorité du Parlement de Prouence par les Eſtats dudit

pays de Jacques Caiffan, habitant du lieu du Luc, pour le prix et fomme de dix-huit cens liures. *A Paris, chez Touffaint Dv Bray, rüe S. Iacques aux Epics-meurs. Et au Palais en la gallerie des prifonniers.* MDCXV. Petit in-8. de 15 feuillets.

834. Tractatvs Magiftri Arnoldi. de Villa nova de arte cognofcendi venera evm qvis timet fibi ea miniftrari. In-4. de 18 feuillets, lettres rondes. Sans lieu ni date, fans chiffres, réclames, ni fignatures. dem. rel. (Patavii 1475 ?)

835. Traicte des Venins de Pierre d'Albano dict Conciliatevr, Auquel a efte adioufté la folution d'une' tres difficile queftion : enfemble vn traicté de Theophrafte Paracelfus des vertus et proprietez merueilleufes des ferpents, araignees, crapeaux, et cancres, auec la cure des taches ou fignes tirez du ventre de la mere, de la quelle aucun parci deuans n'a faict encores mention. Le tout traduit de Latin en François, par Lazare Boet. *A Lyon, Par Jean Hvgvetan.* MDXCIII. In-16. Veau jafpé.

836. Le plaifant iardin des Receptes, ou font plantes divers arbriffeaux et odorantes fleurs, du creu de philofophie naturelle, cultiue par medecins trefexpers en phifique fpeculation. Contenant deux parties. La premiere traictera des remedes pour maladies furuenantes au corps humain. La feconde de plufieurs Joyeufetes a faire en toute honnefte compagnie. Item plufieurs receptes pour faire pouldre a Canon. Traduict de langue Italique en Francoys, par maiftre Guillery de paffebreue. *On les vend a Lyon par Francoys et Benoift chauffard freres, pres noftre dame de Confort.* Mil cinq cens cinquante fix. *Imprime nouuellement a Lyon par Francoys et Benoift Chauffard freres...* Petit in-4. goth. belles marges, témoins.

837. Lart et moyen parfaict de tirer huyles et eaux, de tous medicamens fimples et oleogineux. Premierement receu d'un certain Empirique qu'on eftimoit Alleman, et depuis confirmé par raifons et experiences. Nouvellent corrigé et augmenté d'un fecond Livre, par Jaques Beffon, Daulphinois, Profeffeur des fciences mathematiques. *A Paris, par Galliot du Pré.* 1573. Petit in-8. fig. f. bois. Veau fauve, fil. tr. dor.

838. Teſaurus Pauperum. Qvi incomincia illibro chiamato Teſoro depoveri compilato et faċto per Maeſtro Piero Spano. *Stampata in Venecia per Gioan ragaʒo & Gioan maria compagni*. del Mcccclxxxiiii. adi xvii Marzo. Laus deo. In-4. Lettres rondes. a-h par 8 ff. i de 6. Dans toutes ſes marges. mar. vert, tr. dor. (*Trautʒ Bauʒonnet*).

839. Le treſor des pouures : ſelon maiſtre Arnoult de ville-noue : maiſtre Gerard de ſolo : ʒ pluſieurs aultres doċteurs en medicine de Montpellier. nouuellemēt imprime et corrige. *On les vend a Lyon en la maiſon de Claude nourry | diċt le Prince | au pres noſtre dame de Confort*. Cy finiſt le treſor des pouures tres vtile et profitable pour la sāte du corps humain. *Imprime a Lyon p̄ Claude nourry dit le Prince* le viiii iour Daouſt Mil cinq cens xxvii. In-4. goth. mar. vert, fil. tr. dor. (*Trautʒ Bauʒonnet*).

A de 4 ff. dont les 3, préliminaires, non chiffrés. Le 4ᵐᵉ eſt le premier du texte. B-M par 8 ff. N de 10.

840. Le Treſor des poures : parlant des maladies venans aux corps humaïs. Et des remedes ordonnez contre icelles. Auec-ques la cyrurgie et pluſieurs autres nouuelles praticq̄s. Selon Maiſtre Arnoult de Villenoue et Maiſtre Girard de ſolo / doċteurs en medecine de Montpellier. Nouuellement corrige et amende. On en trouvera a Caen a limaige ſaint Michel prez les cordeliers. Cy fine ce preſent liure intitule le Tre-ſor des poures. *Nouuellemēt imprime a Rouen par Eſtienne darne Imprimeur | demourant audit lieu. Pour Michel angel Libraire | demourant a Caen a lenſeigne du mont ſaint Michel : au preʒ des grādes Eſcolles*. Et fut acheue en lan Mil cinq centz vingt neuf le xxvii iour du moys de Oċtobre. In-4. goth. une figure f. bois au verſo du dernier feuillet. mar. rouge, fil. tr. dor. (*Niedrée*).

841. Recveil de receptes choiſies expérimentées et approu-vées. contre quantité de maux fort com̄uns tant internes qu'externes inveterés, et difficiles à guerir (par Mᵐᵉ Fou-quet). *A Villefranche, de l'imprimerie de Pierre Grandſaigne*. MDclxxv. 1ʳᵉ et 2ᵉ partie. In-16. mar. rouge, fil. tr. dor. anc. rel.

842. Treſor des remedes secretz, par Evonyme Philiatre. Livre Phyſic, Medical, Alchymic, et Diſpenſatif de toutes ſub-

ftantiales liqueurs, et appareil de vins de diverfes faueurs, neceffaire a toutes gens, principalement à Medecins, Chirurgiens, et Apothicaires. *A Lyon, chez la Veufue de Balthazar Arnoullet.* MDLVIII. Petit in-4. mar. rouge, tr. dor. (*Capé*).

843. Trefor des remedes fecretz, par Evonyme Philiatre. Livre phyfic, medical, alchymic, et difpenfatif de toutes fubfantiales liqueurs, et appareil de vins de diverfes faveurs, néceffaire a toutes gens, principalement a medecins, Chirurgiens, et Apothicaires. (trad. du Latin de Conrad Gefner, par Barth. Aneau. Voir la lettre à *Maiftre Simon Guy, Chirurgien*. Traduction inconnue au P. Nicéron). *A Lyon, chez Antoine Vincent,* 1557. *imp. par Balthazar Arnoullet.* (Voir le Privilége, daté de 1554). A la fin : *chez la Vefve de Balth Arnoullet.*

Le titre du Latin, relaté dans le Privilége, eft : *Thefaurus Euonymi Philiatri, de Remediis fecretis.....*

844. Empirie, et Secrets, Dv S. Alexis Piemontois, Divifet en fi liures. A Lyon, Par Guillaume Roville. 1564. 2 vol. petit in-12. mar. rouge, fil. tr. dor. (*Derome*).

845. Erreurs Popvlaires et Propos Vvlgaires tovchant la Medecine et le regime de fanté expliqvez et refvtez par M. Laur. Joubert. A Bovrdeavx. Par S. Millanges 1579. — Qveftion Vvlgaire. Quel langage parleroit vn enfant, qui n'auroit iamais oüi parler. par le même. A Bovrdeavls. Par S. Millanges. 1579. — La fante dv Prince, par le même. idem. 1579 — Seconde partie des Errevrs Popvlaires, et Propos vvlgaires, touchant la Medecine..... par le même. *A Paris, pour Abel l'Angelier, tenant fa boutique au premier pillier de la grand'falle du Palais,* 1580. In-8. Portrait de Joubert gravé f. bois. mar. orange, fil. tr. dor. (*Koehler*).

Bel exemplaire.

846. Errevrs popvlaires et propos vvlgaires, tovchant la medecine et le regime de fanté, expliqvez et refvtez par M. Laur. Jovbert. première partie. *à Bovrdeaux, par S. Millanges.* 1579 — Seconde partie des erreurs populaires..... *A Paris, pour Abel l'Angelier.* MDLXXIX. In-8. mar. rouge, tr. dor.

Très-bel exemplaire. Témoins.

847. Errevrs Popvlaires tovchant la Medecine et regime de
ſanté : par M. Gaſpard Buchot Bourbonnois. Oeuure nouuelle, deſirée de pluſieurs, et promiſe par feu M. Laurens
Jovbert. *A Lyon, par Barthelemy Vincent*. MDCxxvi. In-8.
Veau jaſpé, fil. tr. dor.

848. Traité de Primeroſe ſur les Erreurs Vulgaires de la Medecine, par M. De Roſtogny. *A Lyon, Cheʒ Jean Certe*.
MDCLxxxix. In-8. Veau brun.

──────────

MALADIES PESTILENTIELLES

849. Les Vertus des eaues et des herbes. Auec le regime
contre la peſtilence | faiᵈᵗ et compoſe par meſſieurs les
medecins de la cite de Baſle en Allemaigne. Sans lieu ni
date. 2 parties. In-4. fig. ſ. bois. mar. vert ruſſe, tr. dor.
(*Bauʒonnet*).

Très-bel exemplaire, relié ſur brochure, rempli de témoins.

850. Traiᵈᵗe de la Peſte, de la petite verolle et Rougeolle :
Avec vne briefue deſcription de la Lepre, par Ambroiſe
Paré, Conſeiller et premier Chirurgien du Roy. *A Paris,
par Gabriel Buon, au Clos Bruneau*. 1580. mar. bleu, tr.
dor. (*Lortic*).

851. Diſcours tres ample de la Peſte, diviſé en trois livres ;
adreſſant à meſſieurs de Tours : par M. Nicolas de Nancel,
Noyonnois, medecin au dit Tours. Icy ſont traiᵈᵗees pluſieurs choſes contre l'opinion cõmune, et tradition ordinaire ; tant au premier livre, touchant la definition, differences, cauſes, ſignes, pronoſtic de la Peſte : comme au 2.
de la precaution ; et au 3. de la curation d'icelle. *A Paris,
cheʒ Denys du Val*. 1581. In-8. Veau fauve, filets.

852. Remedes preſervatifs et curatifs de peſte, nouvellement
compoſez par Maiſtre Oger Ferrier, Medecin, natif de Toloſe. *A Paris, cheʒ Guillaume Julien*, 1562. In-16. mar.
bleu, tr. dor. (*Capé*).

853. La peſte recogneve et compatve, enſemble la reforma-

tion des Theriaques et Antidotes Opiatiques. Le tout enrichy des plus exquis et fouuerains remedes empruntez de l'une et de l'autre medecine. par Jos. Du Chefne, fieur de la Violette. *A Paris, chez Claude Morel.* MDCxxIIII. In-8. Veau antiqué.

854. Traicté de la Pefte avqvel eft amplement difcovrv de l'origine, cavfe, fignes, preferuation et curation d'icelle. Avec les vertus et facultez de l'electuaire de boeuf : duquel iadis fouloit vfer ce grand Empereur Maximilien. Par Nicolas Hovel, Apothicaire a Paris. *A Paris, Pour Galiot du Pré.* 1573. In-8. réglé.

Dans toutes fes marges.

855. Traicté de la Pefte, avec les moyens de s'en preferver et guerir ; Enfemble qvelqves queftions curieufes touchant icelle. par Me Parcrace Marcellin Doyen du College des Medecins de Lyon. *A Lyon, Par Clavde Cayne, rüe Noire, au Lyon d'Or.* MDCxxxIx. Petit in-12. vélin.

856. Pieces diverfes de differens Auteurs ; concernant les Remedes et Precautions néceffaires contre la Pefte. et la conduite chréftienne que l'on doit garder dans les tems de Contagion. *A Lyon, chez André Molin.* 1721. In-8. dos et coins de veau fauve. Non rogné.

857. Pièces Diverfes de differens Auteurs.....................

Même ouvrage que le précédent, mais volume dans lequel on trouve :

L'ordre public pour la ville de Lyon, pendant la maladie contagieufe, Auec le remede contre la pefte de feu M. le Curé de Colonge. *A Lyon, de l'impe de Simon Rigaud',* et chez Jean Molin. 1549.

858. Remedes contre la Pefte. Petit in-8. mar. vert, tr. dor. (*Traut Bozonnet*).

Recueil compofé des pièces fuivantes :

I. Succinta et Utiliffima preferuatio epidemie | feu febris peftilente : vna cum eiufdem cura | nuper i lucé ad cõmune bonũ emiffa. MDxII. *Venundantur in Regali palatio i deãbulatorio | quo itur ad cancellariam.* Goth. de 4 ff. fig. f. bois au dernier.

II. Remede trefutile contre fieure peftilentieufe et autre maniere de epidemie aprouuee par plufieurs docteurs en medecine. *On les vent en la rue defporees a lymage fainct febaf-
tien.* Sans date. goth. de 8 ff.

III. Recepte aprouuee pour faire une finguliere Pouldre :
pour guerir de la Pefte. Enfemble plufieurs aultres fingu-
lieres Receptes pour donner remede a la Colicque Pierre |
Gravelle | et douleur de Raïs | compofez par le medecin
de Monfieur le duc de Ferrare ; *On les vend au Palais | pres
la porte de la Chancellerie | par Jehan du pin.* Sans date. goth.
de 4 ff. Une figure f. bois fur le titre.

IV. Souuerain remede contre lepudimye Boffe ou mauluais
aer. Compofe de plufieurs grans Docteurs ʒ gräs clercs en
medecine dedans Avignon ou temps que la grant peftilence
y eftoit. Sans date. goth. de 4 ff. Une figure f. bois fur le
titre.

V. Remede trefutile contre la pefte et contre toutes fiebures
peftilencieufes approuuee par plufieurs docteurs en medecine. *Imprime a Paris par maiftre Guychard Soquand : deuant
L hoftel Dieu.* Sans date. goth. de 4 ff.

859. Remèdes contre la Pefte. Petit in-8. mar. vert, tr. dor.
(*Trautʒ Bauʒonnet*).

Recueil compofé des pièces fuivantes :

I. Remede certain et bien approuuee contre la Pefte. *A Paris
cheʒ Nicolas Buffet.* 1545. 4 ff. Sur le titre une figure fur
bois et une autre au verfo du dernier feuillet.

II. Briefue inftitvtion povr preferuer et guerir de la pefte. *On
les vend a Paris cheʒ Nicolas Buffet demourant a la Rue def-
coffe, deuant le college de Rome.* 1545. 7 ff. Titre orné d'une
vignette f. bois.

III. Traicte et remede contre la pefte vtile et falutaire a gens
de tous eftaz, compofe par maiftre Jehan Guido, docteur
regent en Luniuerfite de Paris. *A Paris En la maifon de
Nicolas Buffet.* 1545. 7 ff. Deux figures f. bois, l'une fur le
titre, l'autre au verfo du dernier feuillet.

Ces trois opufcules font imprimés en lettres rondes.

860. Le general et fouuerain remede contre la maladie Peftilentieufe, Nouuellement mis en lumiere par un Medecin du

. Roy. *sur l'imprimé à Paris, chez Gervais Aliot.* MDCXXIII. Pet. in-8.

861. Le prefervatif des fievres malignes, et peftilentes de ce temps, par Rodolphe Le Maiftre. *A Lyon, chez Jean Jullieron.* MDCxxviii. In-8. Veau olive, filets. (*Koehler*).

862. Difcovrs des maladies epidemiqves ov contagievfes advenues en cette ville de Paris, és années 1595 et 97. et és années 1606 et 607. comme auffi en l'année 1619. fort vtile et neceffaire au public pour fe conferuer et preferuer des fufdites maladies, par Meffire Gvillaume Potel, natif de Meaux, M. Barbier et Chirurgien Iuré à Paris. *A Paris, par Nicolas Callemont,* 1623. In-8. Veau fauve.

863. Aduertiffement et confeil à meffieurs de Paris, tant povr fe preferuer de la Pefte, comme auffi pour nettoyer la ville et les maifons qui y ont efte infectees. par M. Eftienne Gourmelen, docteur en la faculte de medecine a Paris. A Monfeigneur le Preuoft des Marchans. *A Lyon, par Benoift Rigavd* (1581). Petit in-8. de 28 pp. plus un feuillet blanc portant au recto une figure f. bois, dem. rel. dos et coins de mar. bleu.

864. Relation hiftorique de tout ce qui s'eft paffé à Marfeille. pendant la derniere pefte. *A Cologne, chez Pierre Marteau,* 1723. In-12.

865. Regime et remede contre la pefte compofe par Lienard Foufch Medecin trefrenommé aux Allemaignes, et nouuellement tourné de Latin en Francoys, par l'amateur de la fanté publique. *A Paris, Chés Jacques Gazeau, à l'enfeigne de l'envie, prés le college de Cambray.* 1545. Pet. in-8. de 16 ff. mar. vert, tr. dor. (*Trautz Bauzonnet*).

866. Opvfcvle contenant l'ordre qv'on doit tenir pour definfecter les maifons quand elles sõt infectes, et pour euiter que la pefte ne face progrés en icelles. *A Befançon, Par Denys Covché.* 1629. In-32.

867. Reggimento contra pefte di Gio. Paolo Caftagno, per conferuare i fani, et curare gli infermi, col modo di ufare il Compofto, che egli fa ogni anno per la Magnifica Com-

munità di Ferrara. *Stampato in Ferrara.* 1572. In-4. de 4 ff.
broché.

Figure f. bois, de St-Roch, au verso du dernier feuillet.

RÉGIME SANITAIRE, ÉCONOMIE DOMESTIQUE, COSMÉTIQUES ET ALIMENTS

868. Registrum speculi intellectualis foelicitatis humane :
atq3 breuis compédii de bone valitudinis cura : quod pro
honore : obedientia & amore illustriffimo principi domino
Friderici Archiduci Saxonie : &c., &c. deditum est.

6 feuillets.

— Speculum Phlebotomye.

a-h par 6 ff. l de 4 dont les deux derniers blancs. Le 5ᵐᵉ feuillet e est auffi blanc.
à partir du feuillet d 11 Le titre courant est : *Simplicium medicinarum tractatus.*

— Speculum intellectuale felicitatis humane quo cum illud
lumen fignatū fuper nos vultus tui domine in nostre mentis
tenebras ptenfius poffit irradiare ad cōtuedū : atq3 cognof-
cédum te deū patré per tuū filium p leticia cordis nostri in
augmétū orthodoxe fidei atq3 pfectiōis nostre.

A-N par 6 ff. O de 2.

Au bas du verso du feuillet O 11 on lit :

Speculum intellectuale felicitatis humane : omné fere facre
pagine medulā cōplectés; p egregiū virum dominū doctoré
Vldericū Pinder litteraria incude excufum : ac illuftriffimo
principi domino Friderico duci Saxonie : &c.,&c. dedicatū :
Hic : deorū fauore : explicit foeliciter. Anno orthogonie
Millefimo quingentefimo decimo. TELOS.

— Prologus in breue compendiū de bone valitudinis cura.

Aa-Cc par 6 ff. Dd de 2.

Compendium breue de bone valitudinis cura finit feliciter.

Le prologue est en tête du fecond feuillet Aa. Le premier de cette fignature est
blanc.

In-fol. Portraits & figures f. bois. Les grandes lettres remplies à la main en rouge
& bleu, mar. brun à compartiments.

Exemplaire Grolier. Il paraît avoir appartenu auffi au médecin Bacci ; car,
à côté du portrait, fur le premier feuillet de ce volume, on voit appofé un cartouche
portant ces lettres : R. BACCȘ. M. D.

869. SPECULUM intellectuale felicitatis humane.

Exemplaire à très-grandes marges, avec des témoins, en demi-reliure, dos & coins de vélin blanc.

Même ouvrage que le précédent. Dans cet exemplaire les parties font placées dans l'ordre fuivant :

— Speculum intellectuale felicitatis humane.
— Compendium breue de bone valitudinis cura : Q^d' & Regimen fanitatis : atq3 dicta poterit nuncupari. Preterea regimen Sanitatis in dieta cōfiftit. Dicta in fex. rerum nonnaturalium debito vfu. Debitus vfus in cordis : Stomachi : cerebri : fpiritufq3 diligenti cura. Quod ꝑ honore : obedientia & amore Illuftriffimo principi domino : domino Friderico archyduci Saxonie, &c., &c. dedicatum eft.

Ce titre occupe le recto du feuillet Aa i qui eft dans l'exemplaire Grolier. Vient enfuite, avec le feuillet Aa ii

le Prologus in breue compendiü.......
— Speculum Phlebotomye.......

Le volume finit au cahier h de 6 ff. de cette partie. Les deux feuillets fignés l ne s'y trouvent pas. Dans cet exemplaire les grandes lettres font auffi en rouge & bleu.

870. BENEDICTUS DE NURSIA. Pulcherimum et utiliffimum opus ad fanitatis confervationem. Rome in domo nobilis uiri Johannis Philippi de Lignamine Meffañ. S. D. N. familiaris *hoc libellus impſſꝗ eſt*. Anno dñi. Mcccclxxxv. Die XIIII Menfis Januarii. Pont. Syxti IIII Anno eius quarto. In-4. Sans chiffres, réclames ni fignatures, mar. rouge, dentelle.

Le volume commence par une épître dédicatoire de Joh. Phi. de Lignamine à Sixte IV. Elle occupe cinq feuillets qui font fuivis de deux de table. Le texte occupe 131 ff. La foufcription fe lit en tête du dernier.

871. DE CONSERUANDA bona valetvdine, fcholae Salernitanae opufculum. Cur Arnoldi nouicomenfis, Medici et Philofophi celeberrimi, breuidas et luculentis enarrationibus : Accuratiuo iam et emendatiur edita per Ioannem Curionem, et Jacobum Crellium. Item, De electionem meliorum Simplicium, ac Specierum Medicinalium, Rhythmi M. Othonis Cremonenfis, De moderatione cibi et potus, item fomni et uigiliarum, loci aliquot, ex Philippi Melanthonis de anima, libro. Polybii de victus falubris ratione priuatorum, Tractatus *Frac̄. Apud Chr. Egenolphum*. (A la fin) MDLIII. In-8. fig. f. bois, mar. rouge, fil. tr. dor. (*Bauʒonnet*).

Exemplaire pur, d'une parfaite confervation. Témoins.

872. REGIMEN SANITATIS ſalernitarū necnō et mgri Arnoldi
d'noua villa feliciter ūipit. Explicit regimen ſanitatis com-
poſitum ſeu ordinatum a magiſtro Arnoldo de villa noua
Cathalono omnium medicorum viuentium Gemma. Sans
lieu ni date. In-4. goth. à longues lignes, ſans chiffres ni
réclames, mar. rouge, médaillons ſur les plats. tr. dor. (*Trautʒ
Bauʒonnet*).

Un feuillet blanc, et 134 de texte. a-r par 8. Le 1ᵉʳ cahier commence par a 2. Le
premier feuillet, blanc, comptare pour a 1.

873. REGIMĒ SANITATIS ſalernitarum editum a magiſtro
Arnoldo de villa noua Cathalano omnium medicorum
gemma. *Impreſſum Colonie per Corneliū de Zuryckʒee, apud
predicatores*, Anno Milleſimo quingenteſimo ſeptimo. Menſſ
Septembris die prima. In-4. goth. Sans chiffres ni réclames,
mar. rouge, tr. dor. (*Trautʒ Bauʒonnet*).

A-F par 8 & 4 ff. G de 4. H de 6. I de 4. Exemplaire dans toutes ſes marges,
preſque non rogné.

873 *bis*. Regimen ſanitatis cum expoſitione magiſtri Arnoldi
de villa noua. Tractatus qui de regimíe ſanitatis nuncupa-
tur : finit feliciter. Sans lieu ni date. In-4. goth. à 2 col.
Sans chiffres ni réclames. a-f par 8 ff. mar. rouge, tr. dor.
(*Trautʒ Bauʒonnet*).

874. La maniere de regler la ſante par ce qui nous envi-
ronne, par ce qve nous recevons, et par les exercices, ou
par la Gymnaſtique moderne, le tout appliqvé av pevple de
France, et pour ſervir d'exemple quelquefois aux habitans
de la ville d'Aix, par Maiſtre Michel D'icais Docteur et pro-
feſſeur en medecine, dans l'Vniuerſité de la dite ville. *A Aix,
cheʒ Charles David*, MDCLxix. In-8. mar. rouge, fil. tr.
dor. (*Capé*).

875. Conſeil tres-utile contre la famine, et remedes d'icelle,
Item regine de ſanté pour les poures, facile à tenir. *A Paris,
cheʒ Jaques Gaʒeau*, MDxlvi. Petit in-12. mar. rouge, tr.
dor. (*Capé*).

876. LENTRETENEMENT de vie ſommairement cōpoſe par
maiſtre Jehan Goeurot docteur en medecine | ʒ medecin
du tres cretien Roy Frācoys p̄mier de ce nom, Cōtenant
les remedes de medecine ʒ cyrurgie | cōtre toutes maladies

furuenãtes quotidiannement es corps humains. Lefquelles il a approuuees | z en ce petit liure inferrees. a la reqſte de Madame pour la fante vtilite z prouffit de tout le monde. ⫶ Ce que depuis a eſte adjoute. ⫶ Ité vng regime fingulier cõtre peſte : approuue fur plufieurs. ⫶ Ité en la marge plufieurs additiõs | z Vne table pour plus facillemét trouuer le cõtenu du dit liure | nouuellemét imprime. Cy fin Lentretenent de vie..... *Imprime a Lyon par Claude Veycellier demourant en rue merciere a l'éſeigne ſainᶜᵗ Jehã baptiſte.* Sans date. Petit in-8. goth. mar. bleu, tr. dor. (*Koehler*).

877. Traiᶜte av qvel eſt declare la facvlte de tovtes fortes de Pain, Vin, Eau, Chair, Poiſſons, et autres chofes pour l'entretenement de la fante de la vie humaine. Extrait de plufieurs anciens Doᶜteurs, comme Hippocrate, Diofcoride, Ariſtote, Galien, Pline, et autres. *A Lyon, par Benoiſt Rigaud,* 1ƒ67. In-16.

878. Le Benefice Commvn de tout le monde, ou commodité de vie d'vn chacun, pour la conferuation de fanté. Remedes fegretz, tirées des plantes contre toutes maladies. *A Roven, Pour Robert du govt, au portail des Libraires.* 1ƒƒ8. 2 parties en un vol. in-16. Veau olive, fil. tr. dor. (*Koehler*).

Sur le titre de la 1ʳᵉ partie une figure f. bois repréſente un médecin tenant une plante. Sur le titre de la feconde eſt la marque du libraire, avec la légende : De. Gort. Ex. Gort.

879. Oenologie ov difcours du vin, et de fes excellentes propriétés, pour l'entretien de la fanté et guérifon des plus grandes maladies....... par M. Lazare Meyſſonnier, Mafconnois. *A Lyon, pour Lovys Odin,* MDCxxxvI. = Les merveillevx effeᶜts du vin, ov la maniere de gverir auec le vin feul, ou mixtionné..... par le même. *A Lyon, cheȥ l'Autheur.* MDCxxxIx. In-8. mar. vert, tr. dor. (*Duru*).

880. Le bon ufage du Thé, du Caffé et du Chocolat pour la preferuation et pour la guerifon des maladies, par de Blegny. *A Paris,* MDCLxxxvII. In-12. figures, et frontifpice gravé. Veau fauve, fil. tr. dor. (*Niedrée*).

881. Marfilius Ficinius Florentinus de triplici vita.

Titre en deux lignes fuivi de la marque de l'imprimeur. Au bas du recto du feuillet qui précède la table :

XVI Septébris. MCCCCLXXXVIIII. In ago Caregio.

Sans autre note. In-8. Lettres rondes, fans chiffres ni réclames. Sign. a-Y IIII. A IIII. mar. rouge, anc. rel.

Bel exemplaire d'une parfaite confervation. Les lettres, têtes de chapitres, remplies à la main en encre rouge.

882. Platyne de honefta voluptate z valedutié ad ampliffimum ac doctiffimū D. B. Rouerellam. S. Clemétis presbyterum cardinalem..... *Impreffum alma in vniuerfitate Louanienfi Per me Iohannem de weftfalia.* Sans date. In-4. goth. a-m par 8 ff. n de 6. Le 1er et le dernier blancs. mar. rouge, médaillons fur les plats. tr. dor. (*Trautz Bauzonnet*).

883. VIRI DOCTISSIMI PLATYNAE opufculum de obfoniis ac honefta voluptate : *impreffum Venetiis Duce iclyto Petro Mor cenico.* Idibus Iunii MCCCCLXXV. In-4. lettres rondes. Sans chiffres, réclames ni fignatures, vélin.

1re édition avec date. 4 ff. de table. Au bas du verfo du 4e eft la foufcription ci-deffus. Suit un cahier de 10 ff. enfuite 11 cahiers par 8 ff. On a collé des lettres imprimées à la place des majufcules, têtes des chapitres qui dans l'impreffion étaient laiffées en blanc.

884. PLATYNE de Honefta Voluptate : z Valetudie. ad Am-pliffimū ac Doctiffimum D. B. Rouerellam S. Clemétis Presbyterū Cardinalem. Viri doctiffime Platyne opufculum de obfoniis : ac de honefta voluptate z valitudine : *impreffuz in Ciuitate Auftrie : impenfis z expenfis Gerardi de Flandria. Uenetianuz Duce Inclito Iohanne Moceico.* Nono Kalendas Nouembris Mccccᵒlxxxᵒ. In-4. goth. Sans chiffres, réclames ni fignatures. 89 ff. de texte, 4 de table et un blanc. mar. rouge, médaillons fur les plats, tr. dor. (*Trautz Bauzonnet*).

Bel exemplaire à grandes marges, témoins.

885. PLATYNE De honefta Voluptate : z Valetudié. *impreffuz in Ciuitate Auftrie : impenfis z expenfis Gerardi de Flandria. Uenetianuz Duce Inclito Iohanne Moceico.* Nono Kalendas Nouembris. Mccccᵒlxxxᵒ. In-4. goth. Sans chiffres, réclames ni fignatures. 88 ff. de texte, et 4 de table. Mar. rouge, tr. dor. (*Trautz Bauzonnet*).

886. PLATINE de hoñefte volupte. Senfuyt le liure de Platine
tres-utile z neceffaire a toutes gens | lequel nous mõftre z
enfeigne cõment lon doit regir z gouuerner le corps humain
pour viure longuement en bonne fante : et eft diuife en dix
parties..... 1522. Cy finift Platine.... leql a efte tranflate
de latin en frãcoys | et augmente copieufement de plufieurs
docteurs | principalement par meffire Didier Xpol prieur
de faint Maurice pres mõtpellier. *Et imprime nouuellement a
Lyon par Antoine du Ry*. Lan mil cinq cens et huyt, le iiii
iour de Iuing. In-4. goth. à 2 col. mar. rouge, fil. tr. dor.
(*Trautz Bauzonnet*).

887. BAPTISTE PLATINE de Clermonne de lhonefte volvpte,
liure trefneceffaire a la vie humaine pour obferuer bonne
fante | premierement compofe en latin par Platine en court
de Rome : et apres tranflate en francoys par meffire Defdier
chriftol prieur de Sainct Maurice pres Montpellier. 1539.
On les vend a Paris par Pierre Sergent. In-8. lettres rondes,
exemplaire de Le Tellier de Courtanvaux. recouvert en
mar. bleu, fil. tr. dor. (*Capé*).

888. Baptifte Platine de Cremone de l'Honnefte volupté, liure
tres neceffaire à la vie humaine. *A Lyon, par Balthazar
Arnoullet*. MDXLVIII. In-8. mar. vert, tr. dor. (*Trautz
Bauzonnet*).

---

889. CY COMMENCE vng trefexcellent liure nomme le proprietaire des chofes tranflate de latin en frãcoys a la requefte
de trefchreftien et trefpuiffant roy charles quint d' ce nom
adonc regnant en france paifiblemét | lequel traicte moult
amplement de plufieurs notables matieres comme on pourra
appceuoir par les prologues qui fenfuyent. Ceftuy liure des
proprietez des chofes fut tranflate de latin en frenceois lã
de grace Mccclxxii par le commãdement de tres puiffant et
noble prince Charles le quint de ce nom regnant en ce
temps en france paifiblement. et le tranflata fon petit et
humble chapellain frere iehan corbichõ de lordre faint au-
guftin | maiftre en theologie de la grace et pmocion du dit
drince et feigneur très excellét, et a efte reuifite par uene-
rable z difcrete perfonne frere pierre ferget docteur en theo-

logie du couuent des auguftins de lion. et imprime audit
lieu de lion par hõnorable hõme maiftre Jehan cyber maiftre
é lart de impreffion. Sans date. In-fol. goth. à 2 col. fig.
f. bois, mar. vert, filets, tr. dor. anc. rel.

Très-bel exemplaire.

Les lettres-titres & les initiales font remplies à la main en rouge. Chacun des
dix-neuf livres dont fe compofe cet ouvrage, eft précédé d'une grande vignette f. bois
relative au fujet du livre. Ces vignettes font coloriées. Le titre occupe le feuillet 11.
Le premier feuillet eft blanc.

890. CY COMMENCE vng trefexcellent liure nomme le proprietaire des chofes trãflate de latin (de Bartholomaeus
de Glanville) en francoys a la requefte de trefchreftien z
trefpuiffant roy Charles quint de ce nom adõc regnãt en
france paifiblement | Le quel traiȼte moult amplemẽt de
plufieurs notables matieres cõme on pourra apperceuoir par
les prologues qui senfuyent. c Eftuy liure des ppietes des
chofes fut tranflate de latin en francois lan de grace mil
ccclxxii par le cõmandement de trefpuiffant et noble prince
Charles le quint de ce nom....... Et le tranflata fon petit
z humble chapellain frere iehan corbichõ de lordre faint
Auguftin maiftre en theologie de la grace et pmocion du
dit prince et feigneur tres excellent. Et a efte reuifite p venerable z difcrete perfonne frere pierre ferget doȼteur en
theologie du couuent des auguftins de lyon | *Et imprime
audit lieu de lyon par honnorable hõme maiftre mathieu huftz
maiftre en lart de impreffion* le xii iour de oȼtobre | Lan
Milcccc huitante z cinq. In-fol. goth. à 2 col. fig. f. bois.
Veau fauve.

Exemplaire de Soubife.

Le titre eft au verfo du 1ᵉʳ feuillet dont le reȼto eft blanc. Les figures de cette édition de 1485, imitées de celles de l'édition, font plus hiftoriées. La figure du titre eft
identiquement la même dans les deux éditions.

891. LE GRAND PROPRIETAIRE de toutes chofes. Trefvtile
et profitable povr tenir le corps humain en fanté. Contenant plufievrs diuerfes maladies, et dont ilz procedent, et
auffi les remedes preferuatifz. Auec les proprietez du Ciel,
de la Terre, des Beftes, des Oyfaulx, des Pierres, et des
Metaulx, et autre matiere moult bonne pour toute perfonne
qui à volonté de fçauoir diuerfes chofes. Tranflaté de Latin
en François. par maiftre Jehan Corbichon. Additions nouuellement faiȼtes. Les vertus et proprietez des Eaues attifi-
cielles, et des Herbes. Les Natiuitez des Hommes et des

femmes, felon les douze Signes, et plufieurs Receptes contre aucunes Maladies. Remede moult vtile et profitable
contre Fiebure Peftilencieufe et autre maniere d'Epidemie.
*A Paris, Par Eftienne Grouleau, demourant en la rue neufue
noftre Dame à l'enfeigne fainct Iean Baptifte*, 1556. In-fol.
lettres rondes, à 2 col. fig. f. bois. Veau fauve, filets, tr. dor.

Exemplaire à grandes marges.

892. LE MÉNAGIER DE PARIS, traité de Morale et d'Econo-
mie demeftique compofé vers 1393, par un bourgeois Parifien ; contenant des préceptes moraux, quelques faits hiftoriques, des inftructions fur l'art de diriger une maifon, des
renfeignements fur la confommation du Roi, des Princes,
et de la ville de Paris, à la fin du quatorzième fiècle, des
confeils fur le jardinage et fur le choix des chevaux ; un
traité de cuifine fort étendu, et un autre non moins complet
fur la chaffe à l'épervier. Enfemble : l'hiftoire de Grifélidis,
Mellibée, de Prudence par Alberdan de Brefcia (1246), traduit par frere Renault de Louens ; et le chemin de Poureté
et de Richeffe, poème compofé en 1342, par Jean Bruyant,
notaire au Châtelet de Paris ; publié pour la première fois
par la Société des Bibliophiles François. *A Paris, de l'Imprimerie de Crapelet.* MDCCCXLVI. 2 vol, in-8. cuir de
Ruffie, fil. tr. dor. (*Trautz Bauzonnet*).

Exemplaire de Sociétaire, en grand papier de Hollande.

893. Caminologie, ou traité des cheminées, contenant des
obfervations fur les différentes caufes qui font fumer les
cheminées, avec des moyens pour corriger ces défauts. (par
Dom Pierre Hebrard, Bénédictin). *Dijon.* 1756. In-8. dem.
rel. de veau fauve. Non rogné.

894. Epargne-Bois, c'eft à dire, Nouvelle et par ci-devant non
commvne, ni mife en lvmiere, invention de certains et divers fovrneaux artificiels, par l'vfage des qvels, on pourra
annvellement efpargner une infinite de bois, et autres matieres nourriffantes le feu..... efcrite premierement en Allemand..... par François Keflar, Peintre et habitant à Francfort fur le Mein, maintenant publiee en François..... par
Jean Theodore de Bry Marchant Libraire et Bourgeois d'Op-
penheim qui eft fur le Rhin. MDCXIX. in-4. figures, mar.
rouge, d. de moere, fil. tr. dor.

895. Le moien de foy enrichir | profitable et vtile a toutes gés, Cōpofe p maiftre frācoys girault Nouuellement imprime a Paris. Sans date. Pet. in-8. goth. de 4 feuillets. mar. noir, tr. dor. (*Niedrée*).

---

896. LA DECORATION Dhumaine nature et aornement des Dames Compile et extraiɾt de tres excellés doɾteurs ⌐ et plus expers medecins | tant anciens que modernes par Maiftre Andre le fournier doɾteur regent en la faculte de medecine en luniuerfite de Paris Nouuellement imprime et non veu par cy deuant. *On les vend a Paris par Jehan fainɾt Denys z Jehan Longis | au palays a la gallerie | par ou on va à la Chancellerie*. MDxxx.

Une figure f. bois au verfo du 2ᵉ feuillet.

Cy finift ce prefent liure..... *nouuellemēt imprime a Paris | par Pierre le ber* et fut acheue le xviii du moys doɾtobre. Mil cinq cens trente. In-8. goth. mar. rouge, filets à compart. tr. dor. (*Niedrée*).

897. LA DECORATION Dhumaine nature | z aornement des Dames | Compile z extraiɾt des trefexcellens doɾteurs et expers medecins | tant anciés que modernes | par Maiftre Andre le Fournier doɾteur regēt en la faculte de Medecine en Luniuerfite de Paris. Œ Itē plufieurs fouueraines Receptes tāt en lart de medecine que pour faire fauons | pouldres / z pōmes redolentes. Aufli plufieurs eaues prouffitables a lauer z nettoyer tant les corps que les abillemens | les quelles preferuent de toute corruption. *On les vend a Lyon par Thibault Payen.*

Cy finift ce prefent liure intitule decoration dhumaine nature. *Nouuellemēt imprimee a Lyon par Thibault Payen. Et fut acheue* le feptiefme iour du moys de Aouft Mil d cens trente z fept. Pet. in-8. goth. mar. vert, fil. tr. dor. (*Duru*).

898. Hiftoire des embelliffemens, avec la methode povr gverir les maladies du cuir. de l'inuention de L. P. (Lazare Pefne, doɾteur licencié en la faculté de Medecine de Paris). *A Paris, Chez Jean Berjon*, MDCxvi. In-8. mar. vert, fil. tr. dor. anc. rel.

899. Trois Livres de l'embelliffement et ornement du corps humain, pris du Latin de M. Jean Liebavt Docteur Medecin a Paris, et faict françois. *A Lyon, par Benoiſt Rigavd*. MDxcv. In-16. mar. bleu, fil. tr. dor. (*Trautʒ Bauʒonnet*).

900. Excellent et moult utile Opufcule à toutes neceffaires qui defirent auoir cognoiffance de plufieurs exquifes Receptes, diuifé en deux parties. La premiere traicte de diuerfes façons de fardement et fenteurs pour illuftrer et embellir la face. La feconde nous monftre la façon et maniere, de faire confitures de plufieurs fortes, tant en miel, que fucre, et vin cuit, le tout mis par chapitres, comme eft fait amplement mention en la Table. Nouuellement compofé par maiftre Michel de Noftredame docteur en Medecine de la ville de Salon de Craux en Prouence, et de nouueau mis en lumiere. *A Lyon, Par Antoine Volant*. MDLvi. *Imprimé à Lyon, par Jean Pullon, dit de Trin*. In-16, mar. biftre, fil. tr. dor. (*Bauʒonnet*).

901. Le grand cuifinier, tres utile et profitable a tous, contenant la maniere d'habiller toutes fortes de viandes tant chair que poiffon, et de feruir es banquets et feftins, avec memoire de faire efcriteau, pour le feruice d'iceux. *A Rouen, de l'imprimerie de Thomas Duré*. Sans date. Pet. in-12. mar. rouge, fil. tr. dor. (*Cloſſ*).

902. Opera noua chiamata Epulario Quale tracta il modo di cucinare ogni carne | Vcelli | pefci | de ogni forte Et fare fapori | torte | paftelli | al modo di tutte le prouincie : z molte altre gētilezze. Cōpofto p Maeftro Giouāne deroffetti. Frācefe. *Stampato in Venetia per Nicolo Zopino e Vincenʒo Compagni* nel MDxviii adi xi di Agofto. In-8.

903. LE LIURE DE TAILLEUENT grand cuyfinier du Roy de France. *On les vend a Lyon | en la maiſon de feu Barnabe Chauſſard | pres noſtre dame de Confort*. Cy finift le liure de Tailleuét..... *Imprime nouuellement : à la maiſon de feu Barnabe chauſſard*..... MDxv. In-16. goth. mar. vert, filets,

d. de mar. citron, coins et ornement à la Rofe, tr. dor. (*Bauʒonnet*).

Très-bel exemplaire.
Un exemplaire, d'édition plus récente, Lyon, Olivier Arnoullet, 1542, en demi-reliure de maroquin, condition très-médiocre, a été vendu fr. 500, — à la vente de J.-J. de Bure, décembre 1853.

904. LE LIVRE DE TAILLEVENT Grand cuyfinier du Roy de France. Contenant l'art et fcience d'appareiller viandes : à fçavoir boully, roufty : poiffon de mer et d'eau douce : fauces, efpices et aultres chofes à ce conuenables. *A Lyon, Cheʒ Pierre Rigavd*. MDCIIII. In-16. Veau olive, fil. tr. dor. (*Koehler*).

905. Le Livre de honnefte volvpté. Contenant la maniere d'habiller toutes fortes de viandes, tant chair que poiffon et de feruir en banquets et feftes. Auec un memoire pour faire efcriteau pour vn banquet. *A Lyon, Povr Pierre Rigavd*. 1602. In-16. Veau fauve, fil. tr. dor. (*Simier*).

906. La pratiqve de faire tovtes confitvres, condiments, dif-tillations deaux odoriferantes et plufieurs autres receptes tres utiles, Auec la vertu et proprieté du vinaigre, approuué (contre l'opinion de plufieurs) grandement profitable au corps humain. *A Lyon par Benoift Rigaud et Jean Saugrain*. 1558. In-16. mar. vert, fil. tr. dor. (*Trautʒ Bauʒonnet*).

907. LE CUISINIER FRANÇOIS. enfeignant la maniere de bien apprefter et affaifonner toutes fortes de viandes graffes et maigres, légumes, patifferies, et autres mets qui fe fer-vent fur les tables des Grands que des particuliers. avec une inftruction pour faire des confitures : par le fieur de La Varenne. *A La Haye, cheʒ Adriaen Vlacq*, MDCLXIV. In-12.

908. Le cuifinier François, ou l'Ecole des ragouts, où eft en-feigné la maniere d'apprêter toutes fortes de viandes, de patifferies et confitures. par le fieur de La Varenne, écuyer de cuifine de M. le Marquis d'Uxelles. *A Lyon, cheʒ fran-çois Sarraʒin*. 1699. Pet. in-12. maroquin vert, fil. tr. dor. (*Capé*).

909. Traicté de la nature des viandes et dv boire, avec levrs vertvs, vices, remedes, et hiftoires naturelles : vtile et delec-

table à quiconque defire viure en fanté. De l'Italien du Docteur Balthazar Pifanelli mis en noftre vulgaire, par A. D. P. à S. Omer, *chez Charles Bofcan*, 1620. Pet. in-12. Veau marbré.

910. L'école des ragouts, ou le chef d'oeuvre du cuifinier, du patiffier, et du confiturier, où eft enfeignée la maniere d'ap-prêter toute forte de viande, de faire toute forte de patifferies, et des confitures. *à Lyon, chez Jacques Canier*, MDCLxxxviii. In-12. Veau olive, filets. (*Cloff*).

911. LE PATISSIER FRANÇOIS, où eft enfeigné la maniere de faire toute forte de Patifferie, très utile à toute forte de perfonnes, enfemble le moyen d'aprefter toutes fortes d'œufs pour les jours maigres, et autres, en plus de foixante façons. *à Amfterdam, chez Louys et Daniel Elzevier*, MDCLx. In-12. mar. bleu, tr. dor.

912. LE PARFUMEUR FRANÇOIS, qui enfeigne toutes les manieres de tirer les odeurs des fleurs, et de faire toutes fortes de compofitions de parfums. Avec le fecret de purger le tabac en poudre, et de le parfumer de toutes fortes d'o-deurs. *Amfterdam, Paul Maret*. Sans date. Pet. in-12. Veau fauve, filets (*Koehler*).

913. LE JARDINER FRANÇOIS, qui enfeigne à cultiver les Arbres, et Herbes Potageres; Avec la maniere de conferver les fruits, et faire toutes fortes de Confitures, Conferves, et Maffepans. Dédié aux Dames. cinquiefme édition, reveüe par l'Autheur (Nic. de Bonnefons), *à Amfterdam, chez Jean Blaev*. MDCLiiii. In-12. figures. mar. vert, fil. tr. dor. (*Koehler*).

PHILOSOPHIE OCCULTE

PRÉDICTIONS ASTROLOGIQUES
PRONOSTICATION. CALENDRIERS
DIVINATION. DAEMONOLOGIE

914. La Philofophie Occulte de Her. Corn. Agrippa, traduite du Latin. *La Haye*, 1737. 2 vol. in-8. grand papier. mar. rouge, tr. dor. (*Duru*).

915. Secrets de la Lvne. Opvfcvle non moins plaifant qve vtile, fur le particulier confent et manifefte accord de plufieurs chofes du monde, avec la Lune : comme du Soleil, du fexe feminin, de certaines beftes, oyfeaux, poiffons, pierres, herbes, arbres, malades, maladies, et autres de grande admiration et fingularité. Par Antoine Mizavld, Medecin et Mathematicien. *A Paris, de l'imprimerie de Federic Morel, rue S. Ian de Beauuais, au Franc Meurier.* MIƆLXX. In-8.

916. Le Miroir d'Alqvimie de Rogier Bacon Philofophe tres-excellent, Traduiɛt de Latin en François, par vn gentilhomme du Daulphiné. *A Lyon, par Macé Bonhomme.* 1557. Pet. in-8. Veau jafpé.

Bien complet, conforme à la defcription qu'en donne M. Brunet, tom. I, p. 299.

917. Hasii Chiromantica.

Le premier feuillet eft occupé par une figure f. bois, en tête de laquelle on lit :

Prefatio laudatoria in artem Chiromanticam. à la fin : Impreffum Augufte par Ioannem Erffordianum Anno domini MDxviiii.

Soufcription fuivie d'un privilége, & précédée de vers.

In laudem Ioannis hafii Memmingenfis œrts Iurium : et medicinarum doɛtoris | Chyromancie principis. In-4. goth. a-h par 4 ff. Veau fauve, filets, tr. dor. anc. rel.

Dans toutes fes marges, témoins.

918. La Phyfique Occulte, ou Traité de la Baguette Divinatoire. *A la Haye, Che╕ Adrien Moetgens,* 1722. Frontifpice gravé. 2 tomes en un vol. in-12. Veau fauve, fil. tr. dor.

919. La Verge de Jacob, ou l'Art de trouver les Tréfors, les Sources, les Limites, les Metaux, les Mines, les Mineraux, et autres chofes cachées, par l'ufage du Bâton fourché. Par I. N. *A Lyon, Che╕ Hilaire Baritel.* MDcxcii. Pet. in-12. Un feuillet de figures en regard du titre. Veau fauve, fil. tr. dor.

920. Differtation phyfique en forme de lettre à Monfieur de Seve, feigneur de Flecheres, dans la quelle il eft prouvé que les talens extraordinaires qu'a Jacques Aymar, de fuivre

avec une baguette les Meurtriers et les voleurs à la piſte, de trouver de l'eau, l'argent caché, les bornes tranſplantées, &c. dépendent d'une cauſe très naturelle et très ordinaire. par Pierre Garnier. *A Lyon, chez Jean Baptiſte de Ville*, MDcLXXXXII. Pet. 12.

921. Lettres qui decouvrent l'Illuſion des Philoſophes ſur la Baguette et qui détruiſent leurs ſyſtèmes. Suivant la copie. *A Paris, chez Jean Boudot.* MDCxcvi. Pet. in-12. dem. rel. de mar. olive.

922. L'art et ſcience de trovver les eaux et fontaines cachees ſovbs terre, autrement que par les moyens vulgaires des Agriculteurs et Architectes, par Iaques Beſſon Dauphinois Mathematicien. *A Orleans, par Eloy Gibier.* MDLxix. Pet. in-4. Veau olive, fil. tr. dor.

923. Les occvltes merveilles et ſecretz de nature, avec pluſieurs enſeignemens des choſes diuerſes tant par raiſon probable que par coniecture artificielle, par Louis Lemne Medecin Zirizeen, traduit de Latin en François par J. G. P. (Jacques Goherry Pariſien). *A Paris, par Pierre du Pré.* MDLxxii.

Dans le même volume :

Diſcours admirables, de la nature des Eaux et Fontaines, tant natvrelles qv'artificielles, des metaux, des ſels et ſalines, des pierres, des terres, du feu et des emaux..... plus vn traité de la Marne..... par Bernard Paliſſi. *A Paris, chez Martin le jeune.* 1580. In-8. Veau fauve armorié, filets.

924. Advertiſſement ſur les iugemens d'Aſtrologie, à une ſtudieuſe damoyſelle (par Mellin de Saint-Gelais). *A Lyon, par Jean De Tournes.* 1546. In-8. dem. rel. de mar. bleu (*Thouvenin*).

925. Des Jvgemens aſtronomiqves ſur les nativitez, par Oger Ferrier Medecin, natif de Tolouze. *A Lyon, par Jean De Tovrnes.* MDxxxxx. In-8. mar. biſtre, tr. dor. (*Trautz Bauzonnet*).

926. Ἀρτεμιδώρου Ὀνειροκριτικῶν βιβλία πέντε.
Περὶ Ἐνυπνίων Συνεσίου ὡς λέγουσιν.

Artemidori de fomniorum interpretatione libri quinq3. De infomniis, quod Synefii cuiufdam nomine circūfertur. *Venetis in aedibus Aldi, et Andreae foceri* menfe Augufto, MDXVIII. In-8. Veau fauve, fil. tr. dor.

927. L'Onirocrite mvffvlman, ov la doctrine et interpretation des fonges felon les Arabes, par Gabdorrhachaman fils de Nafcar. de la traduction de M. Pierre Vattier Docteur en Medecine, Lecteur et Profeffeur du Roy en langue Arabique, fur le Manufcrit Arabe. *A Paris, chez Lovis Billaïne.* MDLXIV. In-12. mar. rouge, fil. tr. dor. anc. rel.

928. LE SORTI di Francefco Marcolino da Forli intitolate giardino di penfieri allo illuftriffimo fignore Hercole Eftenfe Duca di Ferrara. *In Venetia per Francefco Marcolino du Forli,* negli anni del Signore MDXXXX nel mefe di Ottobre. In-fol. figures f. bois, de Jos. Porta. mar. rouge, fil. tr. dor. (*Bauzonnet Trautz*).

1ʳᵉ édition, belles épreuves, 107 pp. chiffrées 1 à CVII. Suivent une férie de chiffres doubles, répétés au verfo & au recto, 108 à 206.

929. SPECULUM naturalis coeleftis et propheticae vifionis : omniū calamitatum tribulationū et anxietatum ; quae fuper omés fatu : ftirpes et nationes Chriftianae reipublice : prefertim quae cancro et feptimo climati fubiectae funt : proximis tēporibus venture funt. *Impreffum Nuinberge per me Georgiū Stuchs.* MDviij. (autore Jos. Grunpeekt). In-fol. lettres rondes. 13 grandes belles figures f. bois. 18 feuillets non chiffrés, fign. a-c, fans réclames. mar. bleu, fil. tr. dor. (*Niedrée*).

930. METHODIUS primū olimpiade et poftea Cyri ciuitatum epifcop'. fub Diocleciano Imperatore In Calcide ciuitate (que nigropontum appelatur vt diuus fcribit hieronymus martyrio) coronatur : qui eū erudiffimus effer vir multa edidit documenta et prefferit de mundi creatione eidem in carcere

reuelata. paſſus fuit quartadecima Kalendas octobris. De reuelatione facta ab angelo beato Methodio in carcere detédo. Finit *Baſileae per Michaelem Furter opera et vigilantia Sebaſtiani Brant* Anno Mccccccxvi. ᾽ Kal. Martij. In-4. goth. fig. ſur bois. mar. biſtre, filets à compartiments, tr. dor.

931. Frederici Navseae Blanci Campiani, Eximii L. L. doctoris, inclytae eccleſiae Moguntinae à ſacris Concionibus eminentis, Libri Mirabilium ſeptem. *Coloniae apud Petrum Quentell.* Anno MDxxxii. fig. ſ. bois Dans toutes ſes marges.

Dans le même volume :

Clariſſimi Hyginii Aſtronomi De mundi et Sphaerae ac vtriusq3 Partium Declaratione Cum Planetis Ex variis ſignis Hiſtoriatis. *Impreſſuſq3 Uenetiis exactiſſima cura per Melchiorem Seſſam et Petrum de Rauanis ſocios* Anno dñi Mccccxvii. Die 24 Mar. fig. ſ. bois. In-4. Veau noir.

932. Mirabilis liber : qui Prophetias : Reuelatiões q3 nec non res mirandas : preteritas : preſentes : et futuras aperte demonſtrat. *Uenalis eſt Parrhiſius in vico ſancti Jacobi ad edē diui Juonis ab Eng berto et Joãne de Marnef bibliopolis commorantibus apud pellicanem.* Sans date. In-4. mar. vert, fil. tr. dor. (*Koehler*).

Avec la partie françoiſe, & la marque de De Marnef.

933. Recveil Chrestien. où ſont vue Prophetie de Ste Brigide Royne d'Eſcoſſe..... Et vn Diſcours, faict par le ſieur Mario Verdiſot Venitien, (traduit en François), deſcrivant et narrant, des grands voyages faicts en la Turquie : Et les chemins, villes..... nommément de la Terre Sainte. Par G. de Bonnet, Sieur et Baron d'Aumelas. A La Royne Regente. *A Paris, Chez Pierre Chevalier.* MDcxl.

36 ff. préliminaires, un feuillet blanc. 200 p.

Portraits de Henri IV, de Louis XIII & de Marie de Medicis.

Enſuite

Extrait d'vn Livre Intitulé Hiſtoriale Deſcription de l'Ethiopie, imprimé en Anuers par Chriſtofle Plantin, l'an 1558. Où

font les Propheties confirmatiues de celles qui font cy devant
(dans le Recueil Chreftien). Des lettres efcrites à noftre
Sainct Pere le Pape Clement VII par l'Empereur, et Roy
d'Ethiopie, autrement Prete-Ian..... *A Paris*, 1611.

Les quatre derniers feuillets de cette partie qui finit à la p. 39, contiennent des vers,
par P. De Movret, à Monfieur d'Aumelas, fur fon Recueil
Chreftien.   In-8. réglé. mar. rouge, fil. tr. dor.

EXEMPLAIRE DE MARIE DE MÉDICIS, portant, fur les plats & au dos, des Ly^s
couronnés.

934. Les vrayes centuries et propheties de Maiftre Michel
Noftradamus. où fe void reprefenté tout ce qui s'eft paffé,
tant en France, Efpagne, Italie, Alemagne, Angleterre,
et autres parties du monde. *Amfterdam, Vaesberg*, 1668.
In-12.

Exemplaire non rogné, & relié.

935. La Clef de Noftradamus, Ifagoge ou Introduction au
veritable fens des Propheties de ce fameux Auteur, Avec
la Critique touchant les fentimens et interpretations de ceux
qui ont cidevant écrit fur cette matiere. Ouvrage très-curieux,
Et même très-utile à toutes les perfonnes qui veulent lire
ou étudier avec progrès ces fortes de Propheties. par un foli-
taire. par M..... ancien Curé de Louvicamp, Diocefe de
Rouen. In-8. Veau brun.

936. Eclairciffement des veritables quatrains de Maiftre Michel Noftradamus, Docteur et Profeffeur en Medecine,
Confeiller et Medecin ordinaire des Roys Henri II. Fran-
zois II. et Charles IX. grand Aftrologue de fon temps, et
fpecialement pour la connoiffance des chofes futures.
MDCLvi. Sans autre indication. Pet. in-12. Veau fauve,
filets.

937. Les Contredicts du Seigneur Dv Pavillon, les Lorriz, en
Gaftinois, aux faulfes & abbufiues propheties de Noftra-
damus, & autres aftrologues. Adioufté quelques oeuures de
Michel Marot, fils de feu Clement Marot, prince des poetes
Francois. *A Paris, Pour Charles l'Angelier, libraire iuré de
l'Uniuerfité de Paris, tenant fa boutique au perron de la falle des
merciers, ioignant la porte de la grand'falle du Palais.* 1560.
In-8. mar. vert, fil. tr. dor. (*Koehler*).

938. Les pleiades dv S. De Chavigny Beavnois divifées en
VII Livres, Où en l'explication des antiques prophéties,
conférées avec les oracles du célèbre Noftra-Damus, eft
traiété du renouuellement des fiecles, changement des Em-
pires, & auancement du nom Chreftien. Auec les prouefſes,
viétoires, & couronnes promiſes à noftre magnanime Prince
Henry IIII Roy de France & de Navarre. *A Lyon, chez
Pierre Rigavd*, 1603. In-8. mar. vert, fil., tr. dor., anc.
reliure.

939. LIVRE DE L'ESTAT ET MVTATION DES TEMPS. Prou-
uant par authoritez de l'Efcripture fainéte, et par raiſons
aftrologales, la fin du Monde eftre prochaine. *A Lyon, chez
Guillaume Rouillé, à l'Eſcu de Veniſe*. 1550. Pet. in-8. mar.
bleu, fleurons, tr. dor. (*Trautz Bauzonnet*).

Ouvrage curieux & très-rare, attribué à M. Rouſſat, Langrois, chanoine et médecin. Cet exemplaire eft le fecond que je connaiſſe. On lit à la page 162 le paſſage
fuivant, où la Révolution Françaiſe femble être annoncée d'une manière bien plus
poſitive que dans le *Mirabilis liber* :

» merveilleuſe conjonétion que les aftrologues diſent être à
» venir environ les ans de N. S. mil fept cent oétante et neuf
» avec fix révolutions faturnales : et oultre environ vingt-cinq
» ans après fera la quatrième et dernière ftation de l'altidu-
» naire firmament. Toutes ces choſes calculées, concluent les
» aftrologues, que, fi le monde jufques à ce temps dure, de
» tres grandes merveilleuſes et efpouvantables mutations et
» altérations feront en ceftuy monde, mefmement quand aux
» feétes et loyx »

Les fameuſes époques de 1789 & 1814, prédites trois fiècles auparavant. La Bibliothèque de la ville de Lyon &, je crois, même la Bibliothèque Impériale, ne poſſèdent
pas ce livre.

940. Vaticinia, fiue Prophetiae Abbatis Iachimi, & Anſelmi
Epifcopi Marficani, cum imaginibus aere incifis, correétione,
et pulchritudine, plurium manufcriptorum exemplariũ ope,
et uariarũ imaginũ tabulis, et delincationibu', aliis antehac
impreſſis longe praeſtantiora. Qvibvs Rota, et oraculum
turcicum maxime confiderationis adieéta ſunt, vna cum
praefatione, et adnotationibus Pafchalini Regiſelmi. *Venetiis* MDC *apud Ioannem Baptiſtam Bertonum*. Pet. in-4.
Figures.

941. Pronofticatio in Latino. Rara ꝫ prius nõ audita que expofit ꝫ declarat nõnullos celi influxus ꝫ inclinationem certa ♃ conftellacionũ magne videlicet cõiunctionis ꝫ eclipfis q̃ fuerant iftis annis quid boni malive hoc tp̃e ꝫ infuturunt huic mundo poftendant durabitq3 pluribus annis. *Datum in vico umbrofo fubtus quercũ Carpentali* Anno domini Mcccclxxxviij. Kalendas Aprili ꝑ ꝑegrinũ *Ruth in nemoribus lantanem.....* In-fol. goth. fig. f. bois. dem. rel. dos et coins de mar. rouge.

942. PROGNOSTICATIO Ioannis Liechtenbergers. qvam olim fcripfit fuper magna illa Saturni a Jouis conionctione, quae fuit Anno MCCCCLXXIII. praeterea ad eclipfim Solis anni fequẽtis uidelicet Lxxxv. in annũ ad hunc ufq'3 durans MDLxvii. iam iterũ, mendis quibufdam haud modicis fublatis, quaeq'3 obfcuri, adeò et imperfecti erant fenfus ut cũq'3 reftitutis, diligenter excuffu. Excvfa fvnt haec prognoftica Ioannis Liechtenberger Pridie nonan Iunij, Anno xxvi. In-4. fig. f. bois. mar. rouge, tr. dor. (*Duru*).

1ʳᵉ édition. Au feuillet 44 on voit la figure :

Monachus in alta cucula, et diabolus in fcapulis.

60 feuillets. a-P par 4. Le dernier blanc.

943. PROGNOSTICATIO Ioannis Liechtenbergers, qvam olim fcripfit fuper magna illa Saturni ac Jouis cõinctione, quae fuit Anno MCCCCLXXXIIII, praeterea ad eclypfim Solis anni fequẽtis uidelicet Lxxxv. durans in annum ufq3 MDlxvii. iam iterum fublatis mendis quibus fcatebat pluribus, quandiligentiffime excufa. *Excufum eft hoc prognofticum Impenfis honefti et fpectati uiri Petri Quentel, Ciuis Colonienfis,* quarto Idus Maij Anno MDxxvi. In-4. lettres rondes, fig. f. bois. dem. rel. de mar. violet.

944. PRONOSTICATIO Johannis Liechtenbergers, iam denuo fublatis mendis, quibus fcadebat pluribus, quam diligentiffime excuffa Anno MDxxviii. *Excufum eft hoc prognofticum Impẽfis honefti et fpectati uiri Petri Quentel, Ciuis Colonienfis,* Menfe Januario. Anno millefimo quingentefimo uiceffimo octauo. In-8. fig. f. bois. mar. rouge, fil. tr. dor. (*Koehler*).

Il y a à la fin du volume un feuillet blanc avec une figure au verfo.

945. PROGNOSTICATION Dallemaigne Cōpoſee par lexpt τ treſrenōme Maiſtre Jehan Charion de Bückehéym | Aſtrologue de tresilluſtre Prince Electeur Duc de Brandenburg τc. Pour Lan Milcccccxxxiiii. Sans lieu ni date. In-4. goth. de 4 ff. broché. Non rogné.

946. PRACTICQUE OU PRONOSTICATION a touſiours durant : comme a ung devot homme fut reuele en lan milccxvi, nouvellement tranſlatee de latin en francoys, et au vray calculee par un renomme recteur, tant en theologie que medecine, docteur, premier chantre de la chapelle du royal clergé, et doyen de Saint Martin de Peaulgres. *Imprime a Lyon, par la veuſue de feu Claude Nourry, dict le Prince,* lan milcccccxxxiiii. In-4. goth. à longues lignes, de 8 ff. Veau fauve, fil. tr. dor. (*Koehler*).

947. LA PRONOSTICATION nouuelle pour l'an mcccc quatre vingtz τ XII. Cy finiſt la dicte reuolution de ceſte dicte annee milcccc quattre vingt τ douze. Sans lieu ni date. marque de Jean Treppeler ſur le titre. In-4. goth. de 8 ff. mar. bleu, tr. dor. (*Duru*).

948. PRONOSTICATION fort vtile et proffitable a toutes gens : inuentée par les bons Peres anciens, pour le temps preſent et aduenir. Auec vn treſneceſſaire Regime pour toutes gens. *A Paris, Par Antoine Houic, demourant en la rue S. Iacques, à l'enſeigne de l'Elephant, deuant les Mathurins.* Sans date. Figures ſ. bois dans le texte.

— Pronoſtication Perpetvelle compoſée et pratiquée par les expers anciens, et modernes Aſtrologues, et Medecins, comme Pythagoras en ſes circules et anglez, Joſeph le Juſte, Daniel le Prophete, maiſtre Eſtienne de Raſo, Seraphino, Calbarſi et Guido, en leurs almanachz, et pluſieurs autres. *A Paris, par le même.* Sans date. Vignette et figure ſ. bois. In-16. Veau fauve, fil. tr. dor. (*Koehler*).

949. PREVOYANCES povr ſix annees, ivſqves à l'an MDLxxxii. par Jean Maria Coloni, Piedmontois, excellent Mathematicien, Citoyen de Romans en Dauphiné. De l'abondance ou rareté des fruicts de la terre, et autres particularitez deduicte par chacune ſaiſon deſdictes annees. *A Paris, par Nicolas Bonfons.* Sans date.

Pièce de 16 ff. non chiffrés, le dernier blanc, avec figure ſ. bois.

= Advertiſſement de preſage fatidique pour ſix ans, contenant au long la prediction des ſignes celeſtes pour les ans
1578. 1579. 1580. 1581. 1582. iuſques et comprins l'an
1583. an de conionction de Planetes merueilleuſes et eſ-
pouuantables en leur ſignification. Auec une inſtruction
pour chacune annee, neceſſaire pour tous oeconomiſtes,
laboureurs et autres Menagers : le tout preueu ſelon la
ſcience Aſtronomique, par M. Emond le Maiſtre, Prouençal,
Mathematicien tres-expert. Pièce de 16 ff. chiffrés, le dernier blanc.
In-8. mar. vert, fil. tr. dor. (Duru).

950. LA PRONOSTICATION des Laboureurs.
Suit une Lune entre deux vignettes, & immédiatement le texte qui eſt en vers. &
au bas du 1ᵉʳ feuillet, en caract. italiques :

En rue Thomaſſin, chez Iames Munier, à la paix univerſelle. (Lyon)
Sans date. In-8. de 4 ff. Lettres rondes. dem. rel. dos et
coins de mar. rouge. (Niedrée).

951. LA GRĀDE PNOSTICACIŌ D'S LABOUREURS durant a
touſiours mais | faicte z compoſee par les anciens par vſage
de ſcauoir. Sans lieu ni date. Une figure ſ. bois et 14 vers.
In-4. goth. de 4 ff. cart.

952. ALMANACH, ou Prognoſtication des Laboureurs reduite
ſelon le Kalendrier Gregorien. Avec quelques obſeruations
particulieres ſur l'annee 1588. de ſi long temps menacee.
Par Jean Voſtet Breton. Voicy le plus certain de tous les
Almanachs, Mais quoy qu'il ſoit ainſi (Lecteur) ie ne veux
pas l'aſſeurer bien certain, a fin que l'on ne die que ie ſuis un
menteur, s'il contient menterie. A Paris, chez Jean Richer,
rüe S. Jean de Latran, à l'Arbre Verdoyant. MDLxxxvIII.
Petit in-8. dem. rel. de mar. vert.

953. PRONOSTICATIONE in vulgare rara z più nō edita la
quale expone e dechiara alcuni influxi del cielo : et la incli-
natione de cette conſtellatione : cioe de la conionctione
grande : et de la eclipſe : le quale ſono ſtate a q̄ſti anni
quella de male o de bñ demōſtraō a queſto tēpo : et p la
aduéire. Et durata piu añi cioe ī fino al año MDLxvII. Œ
qui finiſſe queſta pronoſticatione laquale durara infino a
lanno MccccclxvII. Impreſſo in Milano per Ioanne Angelo
Scinzenzeler ne lanno Mcccccxxiii adi xi de Aprile. In-4. fig.
ſ. bois. mar. rouge, tr. dor. (Duru).

954. LE GRAND KALENDRIER ℨ Compoſt des Bergers, compoſe par le Berger de la grand Montaigne. Auquel ſont adiouſtez pluſieurs nouuelles Tables ℨ figures | dont vous trouuerez la declaration en la page ſuiuante. *A Paris* | *cheʒ* *Nicolas Bonfons* | *demourant en la rue neuue noſtre Dame* | *a lenſeigne ſainct Nicolas.* Sans date. In-4. goth. fig. ſ. bois. Le Calendrier, au verſo du 1ᵉʳ feuillet C commence à 1576. maroquin biſtre, filets à compartiments, tr. dor. (*Moreau*).

955. LE GRAND CALENDRIER et Compoſt des Bergers compoſé par le Berger de la Grand Montagne. Auquel ſont adiouſtez pluſieurs nouuelles Tables et figures, dont vous trouuerez la declaration en la page ſuivante. *A Paris, Par* *Nicolas Bonfons*....... Sans date. In-4. Lettres rondes, fig. ſ. bois. Le Calendrier, au feuillet C II commence à 1589. Mar. rouge, fil. tr. dor. (*Trautʒ Bauʒonnet*).

La compoſition de ces deux éditions eſt la même. a de 8 ff. b-z. aa-dd par 4.

956. LE VRAY REGIME ℨ gouuernement des Bergers ℨ Bergeres : compoſe par le ruſtique Jehan de Brie le bon Berger. mDXLII. *A Paris, de l'imprimerie de Denys Jonot (ſic) imprimeur ℨ libraire.* In-16. goth. fig. ſ. bois. Veau jaſpé vert, filets.

957. PETIT CŌPOST en Francoys. On les vend à Paris en la rue neufue noſtre dame a lenſeigne ſainct Nicolas. Compille au college ſainct Michel decenat pres les carmes et de la place maubert a Paris 1516 Et imprime Lan 1530. *Imprime a Paris pour Jehã ſainct denis libraire.....* Très-petit in-8. goth. mar. rouge, fil. tr. dor. anc. rel.

La marque de l'imprimeur ſur le titre. Au verſo du dernier feuillet une prière à la Sainte Vierge, ſuivie d'une figure ſ. bois.

958. LE GRAND CALENDRIER et Compoſt des Bergers, Compoſé par le Berger de la Grande Montagne, avec le Compôt naturel reformé ſelon le retranchement des dix jours, par le Pape Gregoire III, enſemble la maniere comme ſe doit gouverner le Berger pour empêcher qu'aucuns ſorciers ne faſſent mourir leurs troupeaux, avec toutes choſes neceſſaires pour ſe regler en leur art. *A Troyes, Cheʒ* *Jacques Oudet.* 1705. In-4. fig. ſ. bois. Veau antiqué armorié, tr. dor.

959. Le grand Kalendrier z cõpoſt des Bergiers auecq leur Aſtrologie. Et pluſieurs aultres choſes, Imprime nouuellement a Lyon. Cy finiſt le Kalendrier et compoſt des bergiers, *Imprime a Lyon par Claude nourry* Lan Mccccxxiiij. le xvi iour de Janvier. In-4. goth. fig. f. bois, cuir de Ruſſie, tr. dor. a de 6 ff. b-k par 8.

960. Le Manvel Calendrier. Par le quel il eſt facile ſauoir le lieu et diſcours du Soleil et de la Lune, enſemble les feſtes mobiles, en Legliſe Romaine celebrees Par maiſtre Manavle Engelfred medicin d'Arles. *A Lyon, par Jean de Tovrnes.* MDxlviii. In-8. dem. rel. de veau.

961. Cy est le compost et Kalendrier des Bergiers nouuellement et autremét compoſe que neſtoit par auant. Au quel ſont adiouſtez pluſieurs nouuelles | comme ceulx qui le verront pourront congnoiſtre. Et enſeigne les iours heures et minutes des lunes nouuelles et des ecliſes du ſoleil et de la lune. La ſcience ſalutaire des bergiers que chaſcun doit ſauoir : et que plus eſt leur compoſt et kalendrier ſur la main en francoys et latin tel quilz parlent entre eulx. Larbre des Vices. Larbre des Vertus : et la tour de ſapiéce figuree. enſemble la phiſique et regime de ſante diceulx bergiers, quel nothomye et fleubothomye. Leur aſtrologie des ſignes / eſtoilles | et planetes. et phizonomye. Et pluſieurs choſes exquiſes et difficiles a congnoiſtre. Lequel compoſt et Kalendrier touchant les lunes et ecliſes eſt approprie comme doit eſtre pour le climat de france au iugemét et congnoiſſance des bergiers. finiſt le compoſt et kalendrier des bergiers. *Imprime à Paris, par Maiſtre Guy Marchant demourãt en beauregard derriere le college de Navarre.* Lan Mildc. le x iour de Septembre. In-fol. goth. fig. f. bois. Sans chiffres ni réclames, mar. vert, filets compoſés, dos de mar. rouge à compart. tr. dor. (*Riche reliure de Niedrée*).

Sign. a-n. Les cah. a. b. f. g. h. n par 8 ff. c. d. e. i. k. l. m par 6. Le cah. h eſt ſuivi d'un feuillet indépendant, repréſentant la tour de Sapience.

962. Compost et Manvel Kalendrier. Par le quel toutes perſonnes peuuent facilement apprendre et ſçauoir les cours du Soleil et de la Lune, et ſemblablement les feſtes fixes et mobiles que l'on doit celebrer en l'Egliſe. ſuyuant la correction ordõnee par noſtre S. Pere Gregoire XIII. Com-

posé par Thoinon Arbeav, demourant à Langres. *A Paris, Chez Jean Richer, rue sainct Jean de Latran, à l'Arbre Verdoyant.* 1588. In-8. mar. rouge, tr. dor. (*Thompson*).

963. Le Compost Manvel Calendrier, et Almanach Perpetvel. Recueilli et reformé selon le retranchement des dix jours. Avec la Declinaison du Soleil reformée. Vn abbrégé de la Sphere, et autres choses appartenantes à la Navigation : Principalement pour la Longitude de l'Est et Ouest. Par J. De Seville, dit le Soucy, Medecin Mathematicien. *A Roven, Chez Thomas Mallard, deuant la porte du Palais, à l'Homme armé.* MDxcv. In-4. vélin.

964. Le grant Kaledrier et compost des bergiers compose par le bergier de la grantmontaigne. Auquel sont adioustez plusieurs nouuelles figures et tables lesquelles sont bien vtiles a toutes gens ainsi que vous pourrez veoir cy apres en ce present liure. On les vêt a paris en la rue neufue nostre dame a lescu de france. Cy finist le compost......... *Imprime a Paris, par la Veufue feu Jehan trepperel et Jehan iehannot.* Sans date. (1516) In-4. goth. fig. s. bois. mar. rouge, fil. tr. dor. (*Bauzonnet*).

965. Le grāt Kaledrier Des bergiers nouuellemēt imprime a Lyon. Ordonne a la Verite au quel sōt plusieurs augmētatiōs z corrections nouuellemēt adioustees aultrement quil nestoit par auant. Ensuyt ce que contient ce present Kalendrier des bergiers....... Sans date, ni autre indication. In-4. goth. fig. s. bois. Veau fauve, fil. tr. dor. (*Niedrée*).

Le titre & le Calendrier des mois imprimés en rouge & noir.

966. Calendrier historial. *A Lyon par Jean de Tovrnes.* MDLxiii. In-16. fig. s. bois. imprimé en rouge et noir. mar. rouge, tr. dor. (*Duru*).

967. Calendrier perpétuel, ou recueil de xxxv calendriers, précédés d'une table calculée pour 2200 années, dont chacune renvoie par un n° à celui de ces 35 Calendriers qui lui convient (par Jombert jeune). *Paris, chez Jombert jeune, de l'imprimerie de Didot l'ainé,* 1785. In-8. Veau jaspé.

968. Albumarar de magnis conionctionibus : annorum reuo-

lutionibus : cu eorum profectionibus : octo continens tractatus. Opus almubazaris....... explicit feliciter. magiftri
iohannis angeli... diligéti correctione : *Erhardiq3 ratdolt...
induftria : & mira imprimendi arte : qua nup venetiis : nunc
augufte vindelico y encellit noratiffim⁹* pridie Kal. Aprilis. 1489.
In-4. goth. fig. f. bois.

Sans chiffres ni réclames. A-P par 8 ff. excepté O qui eft de 6.

969. INTRODUCTORIUM in Aftronomiam Albumafaris abalachi octo continens libros partiales. Opus introductoriú í
aftronomiã Albumafaris abalachi explicit felicit'. *Uenetiis :
mandato & expenfis Melchionis Seffa per Jacobum pentium Leu-
cenfe₇.* Anno dñi 1506 Die 5 Septembris. Regnante inclyto
domino Leonardo Lauredano Uenetianum Principe. In-4.
fig. f. bois.

Sans chiffres ni réclames. a-h par 8 ff. dont le dernier blanc.

---

970. MIROUER DU TEMPS, autrement dict, Ephemerides
perpétuelles de l'Air : par les quelles font tous les iours
dōnez urais fignes de touts changements de temps, feu-
lemét par chofes qui a touts apparoiffent, au Ciel, en l'Air,
fur Terre, et fur Eaue. Le tout par petits aphorifmes, et
breues fentéces diligemment compris. Oultre ce, aduertiffement trefutile en forme de prologue, fur les prefages, et
fignes donnez par les animaux, touchant les mutations de
l'Air : Auecques breue inftruction pour toft et feurement
pouoir iuger d'un chafcun changement de temps, auffi bien
le iour que la nuict, foit aux champs, ou à la ville, en toutes
faifons, et pais (par Ant. Mazauld). *A Paris, de l'imprimerie
de Regnauld Chaudiere,* et Claude fon filz. 1547. In-8. Veau
racine.

971. Les Signes des changemens des Temps d'après les obfervations de l'aftronome Toaldo, fuivis des pronoftics
d'Aratus et d'une differtation fur le moyen de conjecturer
les faifons à venir, ouvrage utile aux agriculteurs, aux voyageurs, etc. Sans année. *A Metz, de l'imprimerie de Blouet.*
In-12. dem. rel. de veau fauve, non rogné.

972. Recueil des Proverbes, Météorologiques, et Agrono-
miques des Cévennois, fuivi des Pronoftics des Payfans
Languedociens fur les Changemens des Temps ; par M. E.
A. D. F. (L'A. D'Hombres Firmas). *Paris*, 1822. in-8.
broché.

---

973. DE LANIÍS et phitonicis mulieribus
    Teutonice vnholden vel heren
Tractatus ad illuftriffimum principem dñm Sigifmundũ archi-
ducem auftrie..... de lanijs et phitonicis mulieribus per
Vlricum molitoris de conftantia.....

Au bas du dernier feuillet on lit :

Accipe..... Ex conftañ. anno dñi mcccclxxxix die decima
ianuarij. In-4. goth. à longues lignes, de 34 à la page
pleine. Sans chiffres ni réclames. Fig. f. bois. Sign. a et b
par 8 ff. c et d par 6. le dernier blanc.

Exemplaire non rogné.

974. DE LANIIS ꟗ phitonicis mulieribus
Tractat⁹ ad illuftriffimũ pricipem dñm Sigifmundum....... de
laniis z phitonicis mulieribus per Ulricum molitoris de conftantia.....

Au bas du dernier feuillet :

Accipe....... Exconftañ. anno dñi mcccclxxxix die decima
ianuarii. In-4. goth. à longues lignes, de 34 à la page
pleine. Fig. f. bois. Sans chiffres ni réclames. Sign. a et b
par 8 ff. c et d par 6. le dernier blanc. Mar. rouge, fil. tr.
dor. (*Trautᴢ Bauᴢonnet*). Toutes les grandes lettres dans le
texte font rehauffées de rouge, et la première majufcule, E,
eft figurée en rouge.

Voici deux éditions qui diffèrent entre elles par la forme des caractères & par
l'impreffion de certains mots. Elles diffèrent auffi par les chiffres des fignatures. Les
pages ne fe terminent pas toujours uniformémènt. A l'exception de la première figure
qui n'eft pas la même dans les deux éditions, les autres font femblables. Dans le
précédent article les figures font encadrées d'un double trait. Dans celui-ci elles le
font d'un fimple trait.

975. Cvriofitez inovyes, fvr la fcvlptvre Talifmaniqve, des
Perfans, Horofcope des Patriarches. Et Lectvre des Eftoilles.
Par M. J. Gaffarel. MDCL. Sans lieu. In-8. Veau fauve,
fil. tr. dor. (*Simier*).

976. Tifionomia. con grandiſſima breuità raccolta da i libri di antichi Filoſofi. Nuouamente fatta volgare per Paolo Pinzio. Et per la diligenza di M. Antonio del Moulin meſſa in luce. *in Lione per Giovan di Tovrnes.* MDxxxxx. Petit in-8. Veau fauve, fil. tr. dor. (*Niedrée*).

977. Diſcovrs des Sorciers. Tiré de quelques procez, faicts dez deux ans en ça à pluſieurs de la meſme ſecte, en la terre de S. Oyan de Joux, dicte de S. Claude au Comté de Bourgogne. Auec une Inſtruction pour un Juge, en faict de Sorcellerie. Par Henry Bogvet, grand Iuge de la ſuſdicte terre. *A Lyon, Par Iean Pillehotte.* MDCII. In-8. mar. bleu. tr. dor. (*Duru*).

778. Le fleau des Demons et Sorciers, par L. B. Angevin. *à Nyort, par Dauid du Terreoir.* MDCxvi. In-8.

979. Diſcovrs, et hiſtoires des ſpectres viſions et apparitions des eſprits, anges, demons et ames, ſe montrans viſibles aux hommes..... par Pierre le Loyer. *A Paris, chez Nicolas Bvon,* MDCv. In-4. Veau fauve, filets. au chiffre de Gaſton Duc d'Orleans.

980. Traité hiſtorique et dogmatique ſur les apparitions, les viſions et les révélations particulieres. avec des obſervations ſur les diſſertations du R. P. Dom Calmet, Abbé de Senonnes, ſur les apparitions et les revenans, par l'abbé Lenglet Dufreſnoy. *à Avignon et à Paris.* 1751. 2 vol. in-12. Veau fauve, fil. tr. dor. aux Armes de l'infant d'Eſpagne, Duc de Parme.

981. Traité de l'Apparition des Eſprits, a ſcauoir, Des ames ſeparees, fantoſmes, prodiges, et accidens merueilleux, qui precedent quelquefois la mort des grands perſonnages, ou ſignifient changemens de la choſe publique. par F. N. Taillepied, Lecteur en Theologie. *A Roven, Chez Romain de Beauuais, pres le grand portail noſtre Dame.* 1602. Petit in-12. vélin.

982. Michaelli Pſelli de Operatione dae'monum Dialogus (Gr. et Lat.). Gilbertvs Gavlminvs Molinenſis Primum Graece edidit et notis illuſtrauit. *Lutetiae Pariſiorvm. Sumptibus Hie-*

ronymi Drovart, via Jacobaea, sub scuto Solari. MDCxv. Pet. in-4. vélin.

983. Compendium maleficarum, ex quo nefandissima in genus humanum opera venefica, ac ad illa vitanda remedia conspiciuntur. Per fratrem Francifcum Mariam Guaccium Ord. S. Antonii ad nemus Mediolani compilatum. In hac autem fecunda aeditione ab eodem authore plucherrimis doctrinis dilatum, exemplis auctum, et remediis locupletatum. His additus eft Exorcifmus potentiffimus ad folvendum omne opus diabolicum ; nec non modus curandi febricitantes, ad dei gloriam, et hominum folatium. *Mediolani, ex collegii Ambrosiani typographia.* 1626. In-4.

984. Difcovrs veritable d'vn forcier nommé Gimmel Turc, natif de Leon en Bretaigne, furprins en fes charmes et forcelleries au pays du Viuarois. Enfemble la recepte pour guarir le beftail, que par fa fubtile poifon auoit mis fur les Champs, en l'annee 1609. *A Paris, Iouxte la copie imprimee à Lyon, par* **H. Botet,** 1609. In-8. de 8 ff. Veau fauve, fil. tr. dor.

985. Des Efprits et de leurs manifeftations fluidiques, par J. Eudes de Mirville. 2ᵉᵐᵉ édition. *Paris,* 1854. = Queftion des Efprits, fes progrès dans la fcience. Examen des faits nouveaux et de publications importantes fur les tables, les efprits et le furnaturel, par le même. *Paris,* 1855. Grand in-8. dem. rel. de veau rouge.

POIDS ET MONNOIES, PIERRES, ET MÉLANGES D'ARTS

986. Gvlielmi Bvdaei Parifienfis, Confiliarii Regii, fvpplicvmqve libellorum in Regio Magiftri, de Affe, et partibvs eivs, libri v. Ab ipfo autore nouiffimè et recogniti et locupletati. *Lvgdvni apvd Seb. Grvphivm.* 1550. In-8. Veau.

987. Traité des Finances et de la Fauffe Monnoie des Romains, Au quel on a joint une differtation fur la maniere

de difcerner les Medailles Antiques d'avec les Contrefaites. *A Paris, chez Briaſſon*, 1740. In-12. Veau fauve, fil. tr. dor.

Le Traité eſt de Chaffipol, la Diſſertation de Beauvais.

988. Recherches fur la valeur des monnoies, et fur le prix des grains, avant et après le concile de Francfort (par Dupré de Saint Maur). Paris, 1557. In-12.

989. Les recherches des monnoyes, poix, et maniere de nombrer, des premieres et plus renõmees nations du monde ; depuis l'eſtabliſſemẽt de la police humaine iuſques à prefent. Reduiĉtes et Rapportees aux monnoyes, pois, et maniere de nombrer en François. Auec vne facile inſtruĉtion pour partir et diuifer vn entier en pluſieurs parties, et reduire pluſieur parties en vn entier : à l'imitation de l'As Romain. Livres trois par francois Garravlt ſieur des Gorges. *A Paris, chez Martin le jeune, rue ſainĉt Jean de Latran à l'enſeigne du Serpent*. 1576. In-8.

990. Les mõnoies dor et dargent du billyon et no eualuez de pluſieurs princes Royaulmes pays z villes. *Nurmberg. Iohann vom berg et vlrich Newber*. Sans date (vers 1545). explications en Allemand et en François. In-16, goth. fig. f. bois. mar. rouge, tr. dor. *(Capé)*.

991. Traité des Monnoyes, de leurs Circonſtances et Dépendances, édition augmentée d'un diĉtionnaire des termes qui font en uſage dans les Monnoyes, et d'un Traité pour l'inſtruĉtion des Monnoyeurs et des Negocians en matieres d'or et d'argent. par J. Boizard. *A Paris, chez Antoine-Urbain Couſtelier*. 1714. 2 vol. in-12. Veau brun.

992. Almanach des Monnoies Année 1786. *A Paris, Chez Méquignon, de l'imprimerie de Stoupe*. In-12. mar. rouge, armorié, fil. tr. dor.

A la fin du volume 7 feuillets chiffrés, chargés d'empreintes de monnoies, & 4 feuillets de Poinçons des Communautés d'Orfevres.

993. Le rapport des poix et monnoyes des Anciens aux noſtres, et maniere de compter et nombrer en iceux. par Loys Hullin. *A Paris, de l'imprimerie de Pierre Hvrg*, 1586. — La redvĉtion des meſvres des anciens aux noſtres, par leſ-

quelles lon mefure les interualles des chofes. par le même. *A Paris, chez Pierre Hvrg*, MDLxxxvi. Petit in-8. Veau fauve.

994. Tariffa de i Pefi, e Mifvre corrifpondenti dal Leuante al Ponente : e da una terra, e lungo allaltro, quafi p tutte le parti de Mondo. con la dichiaratione, e notificatione di tutte le robbe : che fi tragono di uno paefe per laltro. Compofta P M. Bartholomeo di Pafi da Venetia..... *in Vinetia*. MDxL. *nelle cafe di Pietro di Nicolini de Sabbio*. In-8. vélin.

995. Pfellus de Lapidum Virtutibus, Graece et Latine cum notis Phil. Gac. Mauffaci et Joan. Steph. Bernard. Accedit Fragmentum de Colore Sanguinis ex Doctrina Medica Perfaruni. *Lugduni Batavorum*. 1745. In-8. dem. rel. de mar. violet. Non rogné.

996. Traité des Pierres de Théophrafte, traduit du Grec, Avec des notes Phyfiques et Critiques, traduites de l'Anglois de M. Hill. *Paris*. 1756. In-12. Veau marbré.

997. Le Lapidaire en francoys cōpofe par meffire Jehan de mandeuille chevalier. Petit in-8. goth. Sans aucune note. Sans chiffres, réclames ni fignatures. Figures fur bois aux rectos et aux verfos du 1er et du dernier feuillet. Veau jafpé, fil. tr. dor.

Bel exemplaire, rempli de témoins.

998. Le Parfaict Joaillier, ov Hiftoire des Pierreries : ov font amplement defcrites leur naiffance, iufte prix, moyen de les cognoiftre, et fe garder des contrefaites, facultez medicinales, et proprietez curieufes. Compofe par Anfelme Boece de Boot, Medecin de l'Empereur Rodolphe II. Et de nouueau enrichi de belles Annotations, Indices et figures. par André Toll, doct. Med. de Leide. *A Lyon, chez Jean-Antoine Hvgvetan*. MDCxLIv. In-8.

999. Des Pierres Precieufes et des Pierres fines. Avec les moyens de les connoître et de les évaluer, par Dutens. *A Paris, de l'imprim. de Didot*. 1776. In-18. dem. rel. de mar. rouge. Non rogné.

1000. Le Mercvre Indien, ou le Trefor des Indes. Premiere partie, dans la quelle eft traitté de l'Or, de l'Argent et du Vif argent, de leur formation, de leur Origine, de leur Vfage, et de leur Valeur. Avec une explication fommaire des Titres de l'Or et de l'Argent, et de leur Affinage. Dédié à Monfeigneur Le Tellier.

2 ff. préliminaires & 44 pages.

Seconde partie, Dans la quelle eft traitté des Pierres précieufes, et des Perles...... Avec un Traitté fommaire des autres Pierres moins précieufes, fçavoir de l'Agathe, du Jafpe, du Lapis et autres. Et mefmes des Pierres plus communes, telles que le Corail, le Cryftal, l'Ambre et le Bezoard.

8 ff. préliminaires & 176 pp. entre les pp. 136 & 137 un feuillet non chiffré, ayant le titre :

De l'Eftimation des Pierres précieufes et des Perles. par P. D. R. (Pierre de Rofnel, Orfevre ordinaire du Roy, annoncé au Privilege). *A Paris.* MDCLXXII. *De l'imprimerie de Robert Chevillion.* In-8. mar. rouge, filets à compartim. tr. dor. anc. rel.

1001. Vita (e opere) di Benvenuto Cellini, con note da Gio. Palamede Carpani. *Milano*, 1806-11. 3 vol. in-8. dem. rel. de veau olive.

1002. Dve Trattati, vno intorno alle otto principali Arti dell' Orifeceria. L'altro in materia dell' Arte della Scultura, doue fi veggono infiniti fegreti nel lauorar le figure di Marmo, et nel gettarle di Bronze. Compofti da M. Benvenuto Cellini Scvltore Fiorentino. *in Firenza, Per Valente Panizzij, et Mario Peri.* MDLXVIII. In-4. vélin.

1003. Theophyli presbyteri et monachi libri III feu diverfarum artium fchedula. Théophile prêtre et moine. Effai fur divers arts, publié par le Cte Charles de l'Efcalopier, et précédé d'une introduction par J. Marie Guichard. *Paris, impe de Firmin Didot freres.* 1843. In-4. dem. rel. dos et coins de mar. jaune. Non rogné.

1004. La fidelle Ouuerture de Lart de Serrurier : ou Lon Void les principaulx preceptes, Deffeings, et figures touchant les experiences et operations Manuelles du dict Art. Enfemble vn petit traicté de diuerfes trempes. Le tout faict, et com-pofé par Mathvrin Jovffe De La Fleche. *A la Fleche che*z *Georges Griveau Imprimevr Ordinaire du Roi.* 1027. Frontif-pice gravé. In-fol. figures. Veau fauve, filets en or et à froid à compartiments, tr. dor. (*Simier*).

1005. L'Art de Conduire et de Regler les Pendules et les Montres. par Ferdinand Berthoud. *A La Haye, che*z *Pierre Goffe Junior.* 1761. Pet. in-12. dem. rel. dos et coins de mar. rouge. Non rogné.

ART MILITAIRE. MANIEMENT
DES ARMES, DES CHEVAUX,
GYMNASTIQUE, SALTATION, LUTTE, NATATION

1006. Polyaeni Strategematum Libri octo. (Graece) et lat. Jufto Vultejo interprete. Pancr. Maufvicius recenfuit, Ifaaci Cafauboni, nec non fuas, notas adjecit. *Lugduni Batavo-rum*, 1691. In-8. mar. rouge, dent. tr. dor.

1007. Polyaeni Strategematum libri octo (Graece). *Parifiis, ex typographia Eberhardi.* 1809. In-8. mar. rouge, dent. et compart. d. de moere, dent. mors de maroquin, tr. dor. (*Courteval*).

C'eft le tome 1er des Παρέργων Ελληνικῆς Βιϐλιοθήκης de Coray.

1008. Arriani Ars tactica, Acies contra Alanos. Periplus Ponti Euxini, Periplus Maris Erythraci, Liber de Venatione, Epic-teti Echiridion, Ejufdem Apophtegmata et fragmenta, quae in Ioannis Stobaei Florilegio, et in Agellii Noctibus Atticis Supersùnt. Graece. cum Interpretibus Latinis, et Notis. Ex recenfione Nic. Blancardi. *Amftelodami, apud Waesbegios,* 1683. In-8. vélin.

1009. Delle Artiglierie del Mccc al MDcc. difcorfo del Cava-liere Lvigi Cibrario. terza edizione. *Lione, Lvigi Perrin,* 1854. In-4. cart. Non rogné.

1010. Dialogue des Devifes d'Armes et d'Armevrs dv S. Paolo Iovio, Auec un Difcours de M. Loys Dominique fur le mefme fubiect. Traduit d'Italien par le S. Vafquin Philieul. Auquel auons adioufté les Deuifes Heroiques et Morales du Seigneur Gabriel Symeon. *A Lyon, Par Gvillavme Roville.* 1561. In-4. fig. fur bois. Veau fauve, filets à compart. tr. dor. (*Simier*).

1011. Opera nova di Achille Marozzo Bolognefe, Maeftro Generale de l'arte de l'Armi. *in Venetia, appreffo gli Heredi di Marchio Seffa.* 1568. In-4. Figure f. bois. Vélin.

1012. Devx traitez, l'vn de la Guerre, l'autre dv Dvel. au roy de Navarre, par B. de Loque, dauphinois. *A Lyon, par Jacob Ratoyre,* 1589. In-8. Veau fauve, filets, tr. dor. (*Koehler*).

1013. Traité des Armes, des Machines de Gverre, des feux d'artifice, des Enfeignes et des Inftruments Militaires Anciens et Modernes; avec la maniere dont on s'en fert prefentement dans les Armees tant Françaifes qu'Etrangeres. Par le fieur de Gaya, cy-devant Capitaine dans le Regiment de Champagne. *A Paris, Chez Sebaftien Cramoify, rüe Sainct Jacques, à la Renommee.* MDCLXXVIII. Titre précédé d'un frontifpice gravé. In-12. Figures. mar. bleu, tr. dor. (*Duru*).

1014. Traité de l'Exercice Militaire, où eft l'inftruction des jeux de toutes fortes d'Armes, et celuy du Drapeau. Auec vne methode tres-facile pour faire faire l'Exercice aux Soldats, et dreffer toutes fortes de Bataillons..... Compofé, et enfeigné par le Capitaine Collombon, Commiffaire de l'Artillerie de France. *A Lyon, chez Pierre Anard,* 1650. In-8. Figures. Titre précédé d'un frontifpice gravé. Mar. vert, tr. dor. (*Niedrée*).

1015. Trattato di Scientia d'Arme, con un Dialogo di filofofia di Camillo Agrippa Milanefe. *in Roma per Antonio Blado ftampatore Apoftolico,* MDLIII. In-4. Veau antiqué, dentelle à froid et fleurons en or. tr. dor. (*Thompfon*).

Le titre eft au verfo du feuillet, au recto eft le portrait d'Agrippa.

1016. DISCOVRS fur la Caftrametation et Difcipline Mili-

taire des Romains, Efcript par Guillaume du Choul, Gentilhomme Lyonnois, Confeiller du Roy, et Baillif des montaignes du Daulphiné. Des bains et antiques exercitations
Grecques et Romaines. De la religion des anciens Romains.
A Lyon, De l'imprimerie de Guillaume Rouille. MDLV. fig.
f. bois. caract. romains.

Après le feuillet 55 il y a un feuillet blanc. Le traité des Bains & antiques exercitations a des chiffres & des fignatures fpéciales. 20 ff. chiffrés. 5 ff. pour les tables
de tout l'ouvrage, & un feuillet blanc.

Dans le même volume :

Flaue Vegece Rene homme noble et illuftre | du fait de guerre :
et fleur de cheualerie. quatre liures. Sexte Jule Florentin
homme confulaire | des Stratagemes | efpeces | z fubtilitez
de guerre | quatre liures. Aelian de lordre et inftruction
des batailles, vng liure. Modefte des vocables du fait de
guerre, vng liure. Pareillement cxx hiftoires concernans le
fait de guerre | ioinctes a Vegece. Traduicts fidellement de
latin en francois : z collationnez (par le polugraphe humble
fecretaire z hiftorien du parc dhonneur) aux liures anciens /
tant à ceulx de Bude | que Beroalde | et Bude. *Imprime a
Paris par Chreftian wechel. A lenfeigne de lefcu de Bafle. En
la rue fainct Jacques*. Lan du falut des Chreftiens MDxxxvi.
Goth. fig. f. bois.

L'avant-dernier feuillet a une figure au recto, & une autre au verfo avec ces mots :

Vegetius de Re Militari.

Le dernier feuillet eft blanc, & il porte au verfo la marque de Chr. Wechel.

In-fol. Veau antiqué, riches compartiments à froid, tr. dor.
(*Reliure anglaife de Smith*).

1017. Discours de la Religion des Anciens Romains, de la
Caftramentation et difcipline militaire d'iceux. Des Bains
et Antiques exercitations Grecques et Romaines, Efcript
par Noble S. Guillaume du Choul, Confeiller du Roy, et
Bailly des Montaignes du Daulphiné : Illuftré de Médailles
et figures retirées des marbres Antiques, qui fe treuuent à
Rome, et par noftre Gaule. *A Lyon, par Gvillavme Roville,
A' l'efcv de Venize*, MDxlvii. 2 tomes en un vol. in-4.
réglé, fig. f. bois.

Très-bel exemplaire, dans fa première reliure en vélin blanc à compartiments &
au chiffre de Gafton, frère de Louis XIII.

1018. Discorso del S. Gvglielmo Chovl Gentilhuomo Lio-
nese consigliero del Rè et Bagly delle Montagne del Delfi-
nato. sopra la Castramentatione et Bagni antichi de i Greci
et Romani. Et nuouamente reuisto et ricorretto dall' istesso
Autore. Con l'aggiunta della figura del Campo Romano.
Sans lieu (Padoue) *Per Innocento Olmo.* 1558. Petit in-8. fig.
f. bois. mar. rouge, fil. tr. dor. ancre Adine sur les plats.
(*Trautz Bauzonnet*).

L'épître dédicatoire à François de Montmorency est signée : Gabriel Simeoni
Eudochius. La grande planche qui se déploie, s'y trouve.

1019. Libro della natura delli caualli. Et del modo di rele-
uarli : medicarli : e dormali : et cognoscerli. Et ḡli sono
boni : Et del modo di farli perfetti : Et trarli dalli uicii liquali
sono uiciati. Et del modo di ferrarli bene : et mantenerli in
possanza : et gagliardi. Et de qual sorte morsi a loro si co-
nuiene secondo le nature e uicii o qualita di quelli : Li quali
sono tutti historiati in questo &c. Item similmente tratta
della natura di releuar : gouernar : et mantenir Sparauieri :
Astori : Falconi : et Simili &c. *Impressum Venetiis per Melchiorem Sessa.* Mviii. Die 14 Mensi Martii. In-4. Veau
jaspé.

Le volume se termine par 44° feuillet blanc, portant en tête la date de l'impression
& la marque de l'imprimeur.
On a relié dans le volume une lettre autographe de Van Praet annonçant que la
Bibliothèque Impériale ne possède pas cette édition ; & une autre lettre autographe
de M. Ameilhon qui dit ne posséder pas cette édition.

1020. La Singolare maniera dell' Imbrigliare, Attegiare,
e ferrare Cavalli. Trattato di Cesare Fiaschi Nobile Ferra-
rese, Diuiso in tre Libri. Ne' quali sono tutte le figure à
proposito, delle Biglie, de gli attegiamenti, e de' ferri. Et in
questa impressione si sono aggiunte con molta diligenza
tutte le infirmità, che possono patire i Caualli sin qui co-
nosciute, con i suoi efficacissimi rimedij. *In Venetia*, MDxcviii.
Appresso Vicenzo Somascho. In-4. fig. f. bois. mar. vert. Aux
Armes de De Thou.

1021. Trattato del Modo dell' Imbrigliare, Muneggiare, et
ferrare caualli, diuiso in tre parti, con alcuni discorsi sopra
la natura dei caualli, con disegni di briglie, maneggi, e di

Cauallieri à cauallo, et de’ feri d’effo. di M. Cefare Fiafchi Gentil’ huomo Ferrarefe. *In Vinegia. Per Francifco di Leno*, MDxliii. Petit in-8. caract. ital. fig. f. bois. Veau fauve, fil. tr. dor. (*Niedrée*).

1022. Traicte de la Maniere de bien Embrider, Manier, et ferrer les Chevavx : Avec les figvres des mors de bride, tours et maniemens, et fers qui y font propres. Faict en langage Italien par le S. Cefar Fiafchi Gentil-homme Ferrarois, et nagueres tourné en François. *A Paris, Chez Charles Peries, rue S. Jean de Beauuais, au Bellerophon.* 1564. In-4. réglé, fig. f. bois. Veau antiqué, fers à froid.

1023. L’art de nager, avec des avis pour fe baigner utilement,..... par Thevenot. *Paris, Lamy*, 1782. In-12. grand papier format in-8. Veau écaillé, fil. tr. dor.

1024. Hieronymi Mercvrialis de Arte Gymnaftica libri fex, in qvibvs exercitationem omnivm vetvftarum genera, loca, modi, facultates, et quidquit demique ad corporis humani exercitationes pertinet, diligenter explicatur. *Venetiis*, MDLxxxviii. *Apud Juntas.* In-4. réglé. fig. f. bois. Veau rouge, filets.

1025. Le Combat de Mvtio Ivftinopolitain, Auec les refponfes Cheualereffes, traduit nouuellement d’Italien en Francoys, par Antoine Chapuis Dauphinois. *A Lyon, Par Gvillav. Roville.* 1561. In-4. Veau acajou, fil. tr. dor. (*Rel. anglaife de Smith*).

1026. L’Academie de l’admirable art de la lutte montrant d’une manière très-exacte non-feulement la force extraordinaire de l’Homme, mais auffi les mouuemens merveilleux, l’ufage fingulier, et les foupleffes des principales parties du corps humain. Auec une inftruction claire et familiaire, comment on peut en toutes les occafions repouffer fûrement et adroitement toutes fortes d’infultes et d’attaques. Reprefentée en foixante et onze tailles douces, deffinées par Romein de Hoegue. *A Leide, chez Ifaac Severinus.* In-4. mar. rouge, fil. tr. dor. (*Derome*).

1027. Trois Dialogves De l'Exercice de Savter, et Voltiger en l'air. Auec les figures qui feruent à la parfaite demonf-tration et intelligence du dit Art. Par le Sʳ Archange Tvc-caro, de l'Abruzzo, au Royaume de Naples. *A Paris, Che₂ Claude De Montr'Oeil.* MDLxxxix. In-4. fig. f. bois.

CHASSE ET PÊCHE

1028. Bibliotheca Scriptorvm Venaticorvm Continens Aucto-res, qui de Venatione, Sylvis, Avcvpio, Pifcatvra et aliis eo fpectantibvs commentati fvnt. Conceffit George Chriftoph Kreyfig. *Altenbvrgi*, 1750. In-8. cart. Non rogné.

1029. Arrian on Coursing. The Cynegeticus of the Younger Xenophon, tranflated from the Greek, with Claf-fical und Practical anontations, und a brief Schefch of the life and writings of the Autor. *London, J. Bohn*, 1831.

mar. olive, riches compartiments, mors de maroquin avec large dentelle, tr. dor. Belle reliure anglaife de Mac-kenzie.

Toutes les figures que contient ce beau volume font tirées fur papier de Chine & collées avec le plus grand foin à leur place. En tête du volume il y a une lettre auto-graphe du traducteur William Danfey, fuivie, fur un feuillet féparé, d'une note auto-graphe du même.

Cet exemplaire eft fingulier, dit M. Huzard dans une note de fa main. Il n'y en a qu'un feul autre qui lui foit femblable. Il contient en plus : Un double de l'arche de Conftantin (le frontifpice) avant la gravure du nom des auteurs. Une planche fuppri-mée à la page 10 repréfentant un chien. Une épreuve de graveur de la planche d'après Bartoli. Enfin deux exemplaires de la planche du chien d'après Maffei, placés à la fin du volume, & fur l'un defquels fe trouvent des figures acceffoires.

1030. Belisarii Aqvivivi Aragonei Neritinorvm Dvcis : De Venatione et de Avcvpio : De Re Militari et Singulari Certamine. Au recto du dernier feuillet blanc de ce traité : *Impreffum Neapoli in Bibliothecam Ioan. Pafquet. de Scello* Anno dñi MDxix. primo Augufti. Une grande marque portant les lettres L. P. — Belifarii A Aragonei Neritonorvm Dvcis De Inftitvendi Liberis Princ. *Impreffum* (ibidem) Anno MDxix. vii Maii. — Belifarii.... Praefatio Paraphrafis in Economica Ariftotelis. Au recto du dernier feuillet qui eft blanc : *Im-preffum* (ibidem) Anno & la même marque qu'au premier traité. In-4. Veau antiqué, dentelle or et à froid.

Beau volume à grandes marges, d'une parfaite confervation. Il contient quinze pages de notes bibliographiques, de M. Huzard, fur Bélifaire Aquaviva.

1031. Reliqua librorvm Friderici II Imperatoris, De arte venandi cvm auibus, Cum Manfredi Regis additionibus. Ex membranis vetuſtis nunc primùm edita. Albertvs Magnvs de Falconibus, Aſturibus, & Accipitribus. *Avgvſtae Vindelicorvm. Apud Ioannem Praetorium*, anno M D X C V I. In-8. Mar. rouge. fil. tr. dor. (*Trautȝ Bauȝonnet*).

1032. SENSUYT LE LIVRE du Roy Modus ȝ de la royne Raciō qui parle du deduit de la chaſſe a toutes beſtes ſauuaiges cōme cerfz : biches : daïs : cheureulz : lieures : ſangliers : loups : regnards : et loutres Auec le ſtille de faulconnerie : Et auſſi les ſubtilitez darcherie : contenāt pluſieurs manieres pour prēdre toutes fortes doyſeaulx : tāt a la raitz a la tatonelle qu a la pipee : et aultres nouuelles choſes trouuees pour les prendre. *On les vent a Paris en la grant rue Sainct Jacques a lenſeigne de la Roſe blanche couronnee.* Cy finiſt..... le liure du Roy Modus....... *Imprime a Paris par Jehan Trepperel Imprimeur et Libraire demourant en la Rue neufue noſtre Dame a lenſeigne de leſcu de france.* Sans date. In-4. goth. fig. ſ. ſ. bois. Mar. olive, compartiments, d. de mar. rouge, dent.

1033. SENSUYT LE LIURE du Roy Modus et de la Royne Racio q² parle du deduit de la Chaſſe a toutes beſtes ſauuaiges comme cerfz : biches : daïs : cheureulx : lieures : ſāgliers : loups | regnardz. et loutres Auec lē ſtille de faulcōnerie : Et auſſi les ſubtilitez darcherie | contenant pluſieurs manieres pour prendre toutes fortes doyſeaulx | tant a la raitz a la tōnelle q̄ a la pipee | ȝ autres nouuelles choſes trouuees pour les prendre. xxiiij c. Cy finiſt ce preſēt liure Intitulé le liure du Roy Modus et de la Reyne Racio. *Imprimé nouuellemēt a Paris par Jehan Trepperel Imprimeur et Libraire demourant en la Rue neufue noſtre Dame à l'enſeigne de leſcu de france.* Sans date. Suit la marque à l'Ecu de france. In-4. goth. fig. ſ. bois. Veau marbré, tr. dor.

1034. SENSUYT LE LIURE du roy Modius ȝ de la royne Racio qui parle du deduit de la chaſſe a toutes beſtes ſauuaiges cōme cerfz : biches : daïs : cheureulx : liures : ſangliers : loups : regnardz : et loutres Auec le ſtille de faulconnerie : Et auſſi les ſubtilitez darcherie : contenāt pluſieurs manieres pour prēdre toutes fortes doyſaulx : tāt a la raitz a la tonnelle que a la pipee : et aultres nouuelles choſes

28

trouuees pour les prendre. xxiiii. *On les vent a Paris en la grant rue sainct Jacques a lenseigne de la Rose blanche couronnee.* Cy finit ce p̄sét liure Intitule le liure de Modus z de la Royne racio *Nouuellement Imprime a Paris en la rue sainct Jacq̄s a lenseigne de la Rose blanche couronnee.* Et fut acheue le Premier iour du moys de mars mil cinq centz vingt six. Petit in-4. goth. fig. s. bois. mar. rouge, fil. tr. dor. anc. rel.

4 ff. pour le titre, la dédicace & la table, non chiffrés. 20 cah. A-V. 3 cah. AA-cc. par 4 ff. plus 2 feuillets. Total 94 ff. chiffrés.

1035. LE ROY MODVS Des Dedvictz de la Chasse. Venerie et faulconnerie. *A Paris, On les vend au Palais, en la boutique de Gilles Corrozet, Ioingnant la chambre des consultations.* 1560. In-8. fig. s. bois. mar. rouge, compartim. tr. dor. (*Thompson*).

1036. PHEBUS DE LA CHASSE.
In-fol. mar. jaune, compartiments genre Grolier.

Manuscrit sur vélin, de 134 ff. à 2 colonnes. Grandes lettres & ornements en or & couleurs. Les 115 premiers feuillets sont enrichis de 79 miniatures, des plus curieuses. Les 19 derniers feuillets forment une seconde partie ; elle porte en tête une miniature, au verso du 116ᵉ feuillet, dont le recto est blanc.

1037. LA VENERIE et fauconnerie de Jacqves Dv Fovillovx, Jean de Franchieres, et avtres diuers autheurs. Reueües, corrigees et augmentees de choses non encore par cy deuant imprimees. Par L. D. S. Gentil-homme P. *A Paris, Pour Felix le Mangnier, rüe neufue nostre Dame à l'image S. Jean Baptiste : et au Palais en la gallerie allant à la Chancellerie.* MDLxxv. 2 vol. in-4. fig. s. bois. Veau jaspé.

1038. LA VENERIE de Iaqves Dv Fovillovx Seigneur dv dit Lieu, Gentil-homme dv Pays de Gastine en Poictou, par luy jadis dediee au Tres-Chrestien Roy Charles neufiesme, et de novveav Reveve, et avgmentee, outre les precedentes impressions. *A Paris, Chez la veufue Abel l'Angellier, au premier pillier de la grand'salle du Palais.* MDcXIIII. — La Favconnerie de Jean de Franchieres, Grand Prievr d'Aquitaine, avec tous les autres autheurs qui se sont peu trouuer traictans de ce subject. De nouueau reueüe, corrigee et augmentée, outre les precedentes impressions. *A Paris, idem,* MDcXVIII. 2 parties en un vol. in-4. fig. s. bois. mar. rouge, filets à compart. tr. dor. (*Thompson*).

1039. La Venerie de Iaques du Foüilloux, Gentil-homme Seigneur dudit lieu, pays de Gaftine, en Poitou. Dedice au Roy Trefchretien Charles, neufiefme de ce nom. Avec plu-fieurs Receptes et Remedes pour guerir les Chiens de di-uerfes maladies. Plvs l'Adolescence de l'Autheur. *A Poi-tiers, Par les De Marnef*, *et Bouchet*, *frères.* 1562. In-4. fig. f. bois.

Exemplaire du Catalogue de Blaifot, n° 1270, indiqué fous la date de 1564, parce que le dernier chiffre a été furchargé à la plume. Il eft bien de l'édition de 1562.

1040. Livre de Faulconnerie et des chiens de Chaffe Compile par frere Jehan de franchieres. Petit in-fol. Velour rouge.

Manufcrit du XV° fiècle fur vélin, de 74 feuillets, orné de cinq belles miniatures, & d'initiales en or & couleurs.

1041. La Fauconnerie de f. Ian de Franchieres, Grand Prievr d'Aqvitaine : recveillie des Liures de M. Martino, Malopin, Michelin, et Amé Caffian. Avec vne autre Fau-connerie de Guillaume Tardif, du Puy en Vellay, Plus, La vollerie de meffire Artelouche, d'Alagona, feigneur de Ma-raueque, D'avantage, Vn recueil de tous les Oifeaux de proye, feruans à la Fauconnerie et Vollerie. *A Poitiers, par Enguilbert de Marnef, et les Bouchets, frères.* MDLxvii. In-4. fig. f. bois. mar. vert, fil. tr. dor. (*Koehler*).

1042. La Favconnerie de Jean de Franchieres, Grand Prievr d'Aqvitaine, avec tous les autres autheurs qui fe font peu trouuer traictans de ce fubiect. *A Paris, Pour Abel l'Angelier, au premier pillier de la Grand'falle du Palais.* MDLxxxv. In-4. fig. f. bois. mar. bleu, filets à compart. tr. dor. (*Cofnar*).

Le faux titre de la Fauconnerie de Guillaume Tardif, qui doit fe trouver entre le 51° & le 53° feuillet, a été placé à la fuite du 73°. On a mis en tête du volume un beau frontifpice de Chaffe, gravé par Phil. Galle.

1043. L'art de Faulconnerie. Et des Chiens de Chaffe. Cy finift le liure des oyfaulx de proye | z chiens d'chaffe. Compofe par Guillaume Tardif du puy en va lay. *Imprime a Paris par Jehan trepperel demouran en la rue neufue noftre dame à léfeigne de lefcu de france.* Le huytiefme iour de may. Lan mil cinq cens z fix. In-4. goth. de 38 ff.

A-D par 6 ff. E & F par 4. G de 6. Le dernier feuillet, blanc, porte la marque de Trepperel. Mar. rouge, fil. tr. dor.

1044. LA CHASSE ROYALE. Compoſee par le Roy Charles IX. Et dediee au Roy Tres-Chreſtien de France et de, Nauarre Lovys XIII. *A Paris, Chez Nicolas Rouſſet, et Gervais Alliot, au Palais.* MDCXXX. In-8. mar. rouge, fil. tr. dor. Aux Armes et Chiffre de Charles VIIII.

1045. LA CHASSE ROYALE Compoſée par le Roy Charles IX et dédiée au Roy très-chreſtien de France et de Navarre Lovys XIII très-utile aux curieux et amateurs de chaſſe. nouvelle édition précédée d'une introduction par Henri Chevreul. *Paris, Aug. Aubry.* 1858. Petit in-8. broché.

Exemplaire ſur papier de Chine.

1046. Le livre de la chaſſe du Grand Senechal de Normandie et leſditz du bon chien Souillard qui fut au Roi Louis de France XIe de ce nom, publié par le Baron Jerome Pichon. *A Paris, chez Aug. Aubry.* 1858. Petit in-8. broché.

1047. Comptes de Vénerie et Fauconnerie du Roi Charles VIII. Extrait du premier volume des documents pour ſervir à l'hiſtoire de Marguerite d'Autriche publiés par M. le Comte de Quinſonas. *Lyon, impre de Louis Perrin,* 1860. In-8. orné de vues et d'un beau portrait de Marguerite d'Autriche, colorié.

Tiré à 50 exemplaires & non mis en vente.

1048. LA VENERIE ROYALE diviſée en IV Parties. qvi contiennent les Chaſſes du Cerf, du Lievre, du Chevreüil, du Sanglier, du Loup, et du Renard. Avec le denombrement des foreſts et grands Buiſſons de France, où ſe doiuent placer les Logements, Queſtes et Relais pour y chaſſer. Dediée au Roy, par Meſſire Robert de Salnove, Conſeiller... *A Paris, chez Antoine de Sommarville, au Palais, au cinquieſme Pillier de la grande Salle, à l'Eſcu de France.* MDCLXV. In-4. Veau fauve, filets à compart. tr. dor. (*Niedrée*).

A la fin, il y a confuſion de pagination dans l'impreſſion de la Table & du Privilége. A la ſuite de la ceſſion du Privilége on lit :

Achevé d'imprimer pour la ſeconde fois le quinzième iour d'Aouſt, mil ſix cens ſoixante quatre.

Vient enſuite un

Dictionnaire de Chaſſeurs de 38 pages.

Le titre eſt précédé d'un frontiſpice gravé.

1049. LA VENERIE ROYALE divifée en devx parties. tome premier, qui contient les chaffes du cerf, du lièvre, et du chevreuil; et la maniere d'élever les chiens pour toutes ces chaffes. Enfemble un traité des proprietez qui fe rencontrent en chacun de ces animaux. dédiée au Roy. tome fecond, qui contient la chaffe du cerf, du loup, du fanglier et du renard, tant en france qu'en Piedmont, avec un traité des remedes pour les maladies des chiens. Avec le dénombrement des forefts et grands buiffons de France, où fe doivent placer les logemens, queftes, et relais, pour y chaffer. dédiée à S. A. R. de Savoye. Par Meffir. Robert de Salnove. *A Paris, chez Mille de Beavjev.* MDCLxxII. In-12. mar. ponceau. fil. tr. dor. (*Bauzonnet*).

1050. Le Miroir de Favconnerie, ov fe verra Linftruction pour choifir, nourrir, et traicter, dreffer et faire voler toute forte d'Oyfeaux, les müer et effimer, congnoiftre les maladies et accidents qui leur arriuent; et les remedes pour les guerir. Dedié à Monfeigneur le Duc de Luynes. Par Pierre Harmont dit Mercvre, Fauconnier de la Chambre. *A Rouen, Chez Clement Malaffis, dans l'Eftre Noftre Dame.* MDCL. In-4. fig. f. bois. Veau jafpé.

1051. L'Avtovfferie de P. de Gommer, Seigneur de Lufaney : Affifté de F. de Gommer, Seigneur de Breuil, fon frere. Av Seignevr de Forges. *A Chaalons, Chez Clavde Gvyot, Imprimeur du Roy.* 1594. In-8.

Un Pierre de Pontoife, Sr de Gomer, était Chevalier de St Michel le 17 mars 1644. Il fut confirmé le 12 janvier 1663. Gomer eft de Touraine.

1052. La Favconnerie de Charles d'Arcvffia de Capre, Seigneur d'Efparron, de Pallieres, et dv Reveft en Prouence. divifee en cinq parties. La premiere eft de la connoiffance des oyfeaux, auec leurs portraicts : de leur nature, et de la façon de les dreffer. en la Seconde eft traicté de leurs maladies, et des remedes a icelles. en la Troifieme font donnez les moyens de fe feruir des oyfeaux. la Quatrieme fait voir l'Anatomie des dicts oyfeaux, reprefentee tant par difcours que par figures; enfemble un traicté qui monftre comment les faucons parient, pondét leurs oeufs, les efclofent, et comment ils efleuent leurs petits. la Cinquiefme eft de l'Autoufferie, avec un traicté des Efperuiers. *A Paris, Chez*

*Jean Hovȝé, au Palais, en la gallerie des priſonniers, allant
à la Chancellerie.* MDCxv. — La Favconnerie du Roy.
Avec la Conference des Fauconniers, Par le même. *A Paris*,
ibidem, MDCxvii. In-4. figures. Veau jaſpé.

1053. La Favconnerie de Charles d'Arcvſſia, Seigneur d'Eſ-
parron, de Paillieres, et de Courmer, Gentilhomme Pro-
uencal, diviſee en trois Livres. Avec vne briefve Inſtruction
p traitter les Autours. *A Aix, Par Jean Tholoſan.* ↃIƆIↃↃ.
In-8.

1054. Nouveau Traité de Vénérie, Contenant la Chaſſe du
Cerf, celles du Chevreuil, du Sanglier, du Loup, du Lièvre
et du Renard, avec la connoiſſance des Chevaux propres à
la Chaſſe, et des Remedes pour les guerir, lors qu'ils ſe
bleſſent. Des Inſtructions et des Remedes pour garantir et
guérir les Chiens de la Rage, la maniere de dreſſer les
Chiens couchans à l'arrêt, de les mettre à commandement,
et de leur apprendre à rapporter. Un Traité de la Pipée, de
la Fauconnerie, et les termes de cette eſpece de Chaſſe. On
y a joint un Dictionnaire de la Chaſſe du Cerf et du Chevreüil. Par un Gentilhomme de la Venerie du Roy (Antoine
Gaffet, ſieur de la Britardière, publié par P. Clement de
Chappeville). *A Paris, Chez Nyon.* MDccl. In-8. Figures.
Veau antiqué, filets.

1055. Le Veritable Fauconnier, par Mʳᵉ C. de Marais, Chevalier, Seigneur de Fortille, cy-deuant Chef du Heron de
la grande Fauconnerie. Dedié au Roy. *A Paris, chez Gabriel
Quinet*, MDCLxxxiii. In-12. mar. rouge, filets à compart.
tr. dor. (*Cloſſ*).

1056. Novvelle invention de chaſſe. povr prendre et oſter les
lovps de la France. comme les tables le demonſtrent, avec
trois diſcours aux Paſtoureaux françois. par M. Lovys Grvav,
preſtre cvré de Sarge Dioceſe de Mans. *A Paris, chez Lav-
rent Sonnivs*, MDCxiii. In-8. fig. ſ. bois. Mar. rouge, tr.
dor. (*Capé*).

1057. La Chaſſe du Lovp, neceſſaire a la Maiſon Rvſtique.
Par Jean Clarmorgan, Seigneur de Saane, premier Capitaine de la Marine du Ponant. Derniere édition. En la quelle
eſt contenüe la nature des Loups, et la maniere de les pren-

dre, tant par chiens, filets, pieges, qu'autres inftrumens : A Roy Charles IX. *A Lyon, de l'imprimerie de Simon Rigavd, Marchant Libraire, en rüe Merciere, à l'Efcu de Veniʒe.* MDCxxxvii. In-4. fig. f. bois. dem. rel. dos et coins de mar. rouge.

1058. L'Ecole de la Chaffe aux Chiens courans, par M.ʳ Le Verrier de la Conterie, Ecuyer, Seigneur d'Amigny, Les Aulnets, &c. précédée d'une Bibliotheque hiftorique et critique des Thereuticographes. *A Rouen, de l'impr.ᵉ de Nicolas de Richard Lallemant.* MDcclxxiii. 2 parties en un vol. in-8. Figures. Veau orange, filets.

1059. Traité de Venérie, et de Chaffe. Sçavoir : Du Cerf. du Daim. du Chevreuil. du Liévre. du Sanglier. du Loup. du Renard. du Bléreau ou Taiffon. du Loutre. de la Belette, de la Marte ou Fuine, Putois, &c. du Lapin. par M. Goupy de Champgrand. *A Paris, Cheʒ Moufard.* MDCLxxvi. 2 parties en un vol. in-4. Figures. Veau marbré.

1060. Traitez de la Chaffe, compofez par Arrian Athenien, et par Oppian (traduits par Sam. de Fermat). *A Paris, cheʒ Daniel Hortemels,* MDCLxxxx. In-12. Mar. vert, fil. tr. dor.

1061. I qvattro Libri della Caccia, di Tito Giovanni Scandianefe. Con la dimoftratione de Lvoghi de Greci et Latini Scrittori, et con la Traduttione della Sfera di Proclo Gr in lingua Italiana. Allo Jllvs. et Eccellentiff. Dvca Hercole Eftenfo Secondo, di Ferrara Dvca quarto. *In Vinegia Appreffo Gabriel Giolito de Ferrari, et fratelli.* MDLvi. In-4. fig. f. bois.

A-x ij. 164 pages chiffrées. 10 ff. non chiffrés. Les fignatures fe fuivent à z iiii. caraᶜᵗ. italiques.

Poème. Vient enfuite La Sfera di Paolo. Un feuillet pour le titre. 11 ff. de texte, fignés A ii-C iiii. en lettres rondes.

1062. Le Caccie delle Fiere Armate, e difarmate, et degl'Animali Qvadrvpedi, Volatili, et Aquatici, opera nvova et cvriofa di Evgenio Raimondi Brefciano, nella quale pienamente fi difcorre del gouerno, cura, e medicamenti degli Vccelli rapaci, et Innocenti, et de' Cani. con perfetiffimi Ammaeftramenti di tutte le maniere dell' vcellare, et del pefcare con le loro figure. Aggiuntoui il modo di ben alleuare i Bigati, ouero Caualieri della Seta. *in Breſcia, Per Bartolomeo Fontana.* MDCxxi. In-8. Sept planches ſ. bois.

1ʳᵉ édition, donnée par le libraire Fontana. C'eſt aux pp 401 à 410 qu'on trouve la manière de bien élever les vers à ſoie.

1063. Della Caccia Poema del Signor Eraſmo Di Valvaſone. All' Jll. Signor Ceſare Di Valvaſone ſvo nepote. Con gli Argomenti a ciaſcvno Canto del Sig. Domenico de gli Aleſ-ſandri. *Jn Bergamo, Per Comin Ventura.* cɪɔɪɔxcɪ. In-4. Mar. rouge, fil. tr. dor.

1064. Lo Strvciero di Bernardino Gallegaris Nobile Opiter-gino. Doue ſi diſcorre il modo di conoſcere, alleuare, e ridurre gli Vccelli rapaci all' vſo della caccia, e come ſi cvrino li loro mali. *Venetia,* MDCxlvi. Petit in-8. dans toutes ſes marges. dem. rel. de cuir de Ruſſie.

1065. Baldvini Bonſſei Gandenſis Venatio medica, Conti-nens remediaᶜ ad omnes, à capita ad calcem víque, mor-bos. *Lvgdvni Batavorum, ex off. Plantiniana.* cɪɔɪɔlxxxɪx. Pet. in-8. Veau jaſpé.

1066. Les Ruſes innocentes, Dans les quelles ſe voit com-ment on prend les Oiſeaux paſſagers, et les non paſſagers : et de pluſieurs ſortes de Bêtes à quatre pieds. Avec les plus beaux ſecrets de la pêche dans les Rivieres et dans les Etangs. Et la maniere de faire tous les Rets et filets qu'on peut imaginer. par ſ. f. F. R. D. G. dit le ſolitaire Inventif. *Suivant la Copie de Paris. A Amſterdam, Chez Pierre Brunel,* MDCxcv. In-12. Figures mar. vert, filets, mors de ma-roquin, dent. tr. dor. (*Koehler*).

1067. Les Ruſes du Braconage, miſes à découvert : ou Mé-moires et Inſtructions ſur la Chaſſe et le Braconage, par L. Labruyere, Garde de S. A. S. Mgʳ le Comte de Clermont, Prince du Sang. *A Paris, chez Lottin l'aîné,* 1771. In-12. mar. rouge, fil. tr. dor.

Exemplaire du Comte de Clermont, & à ſes Armes.

1068. Recueil des Chaſſes de la Venerie du Roi, pendant les années 1814-1819. 5 vol. in-12. mar. rouge, armorié, dent. tr. dor.

Manuſcrit ſur papier, formé par le Duc de Berry. Exemplaire unique, provenant de Roſny.

1069. Almanach du Chaſſeur (Par De Changran). *Paris, Chez Piſſot*, 1773. In-12. mar. rouge, fil. tr. dor. aux Armes de la maiſon d'Orleans.

Le volume ſe termine par 19 feuillets de muſique : Fanfares de Chaſſe.
Le libraire Royet ayant acquis quelques exemplaires de cet ouvrage gratta adroitement la date & ſubſtitua ſon nom & ſon adreſſe ſur de petits papiers qu'il colla ſur les anciens. Quelques libraires en ont fait une édition ſans date ſur les catalogues. Il ſupprima auſſi les deux feuillets de l'approbation & du privilége qui indiquent la date & le nom de l'auteur (M. de Changran). Mais il n'a pu ſupprimer la page 207 où la date ſe retrouve. Lamy, libraire, ayant acquis le reſte de l'édition, en fit un ouvrage nouveau ſous le titre de : *Manuel du Chaſſeur, &c. Paris*, 1780. Il fit regraver ce titre nouveau, & ſon nom, ſur la planche du frontiſpice. Il fit imprimer un nouveau titre, ſupprima l'avertiſſement & le privilége, & mit le nom de l'auteur ſur le titre.

1070. Joannis Darcii Venuſini Canes, recens in lucem aediti. Item Epiſtola Deidamiae ad Achillem cum aliquot epigrammatis, eodem Authore. *Pariſiis, Apud Simonem Colinaeum.* 1543. In-8. de 16 feuillets. Mar. rouge, tr. dor.

1071. (LONICERUS) Recueil de figures de Chaſſe, gravées ſur bois, par Joſt. Aman. Titre et dédicace en Allemand. *Francfort ſur Meyn.* 1582. In-4.

Volume de 40 ff. Les 2 premiers contiennent la dédicace en tête de laquelle eſt un beau portrait gravé ſ. bois. Les 38 feuillets qui ſuivent contiennent 40 figures. 4 tirées au recto & au verſo des 2 premiers. Les 36, tirées au verſo de chacun des ſuivants. Les figures ſont accompagnées de quatrains en latin & en allemand.

1072. Weydtwergk — (Jägerie). *Zü Strasburg bei Chriſtian Egenolphen.* MDvnd xxx. Venerie ou Chaſſe. In-4. dem. rel. de veau antiqué.

1073. NEW JAEG und Weydwerck Buch. Traité de la chaſſe aux chiens courants et au faucon, avec un traité de la pêche. en Allemand. *Francfort, Sig. Feyrabend.* 1582. In-fol. figures ſ. bois. mar. jaune à compartiments, anc. reliure.

Ce volume de chaſſe, fort curieux & fort peu connu, eſt diviſé en pluſieurs parties. La première traite des chiens de chaſſe, & contient les fanfares notées ; la deuxième traite de la chaſſe au cerf ; la troiſième, de la chaſſe au ſanglier, au renard, au loup, au lièvre, &c. La quatrième, de la manière d'élever les faucons, & de la chaſſe au faucon. Enfin, la cinquième eſt un traité de pêche. Ce livre, qui doit aller à côté de tous les vieux traités français ſur la chaſſe, eſt très-remarquable par les gravures ſur bois de Joſſe Ammon.

1074. Kueſlſtliche Volgertſlene new figuren, von alleltat Jug und weidtwerck, durch den Kunſtreichen Joſt Ammon, Wonhafft zu Nuenberg, an Taggebrach..... *Franckfort am Mayn*, Martin Lechler. 1582. In-4. figures ſur bois. mar. noir.

Recueil de figures ſur la chaſſe.

1075. NICOLAI PARTHENII Giannettaſſii Neapolit. Soc. Jeſu, Halieutica. Neapoli, ex officina Jacobi Raillard. Anno MDCLXXXIX. Petit in-4. mar. rouge à compartiments et à petits fers, tranches dorées et gauffrées. aux Armes du Cardinal de Medicis.

Douze gravures par F. de Louvemont & H. Vincent, d'après les deſſins de F. Solimen. On lit ſur la 1ʳᵉ feuille de garde :

Di Gio. Bachiano Franchi, comprato dall' Eredità del Serᵐᵒ. Principe Franceſco Mᵃ de Medici.

1076. Comptes de Vénérie et Fauconnerie du Roi Charles VII. Extrait du premier volume des Documents pour ſervir à l'hiſtoire de Marguerite d'Autriche, publiés par M. Le Comte de Quinſonas. *Lyon, imprimerie de Louis Perrin*, 1860. In-8. br.

Enrichi de portraits & vues. Tiré à 50 ex. & non mis en vente.

INDUSTRIE DE SOIE, ETC.
TRAVAUX DE L'AIGUILLE

1077. Statvts, et Reglements vievx, faits ſur la Soye et Velutiers d'Avignon, tirés ſur l'original. *A Avignon, Par George Bramereav*, 1665. 66 pp. — Statvts et Reglements novveavx, ſur l'Art des Maiſtres Marchants Ouvriers en Draps d'or et de Soye de la ville d'Avignon. Ibidem, 1674. 16 pp. — Moderation du dixieme Article del' ſtatut precedent fait à l'inſtance de..... Richard Joſeph de Cambis Seigneur de Fargues,.... Louys Roubert et Thomas Coulombet Conſuls..... et de... André Guintrandy Aſſeſſeur. 10 pp. et 2 ff. année 1680. In-4. Veau fauve; filets à compartiments et à froid, et fleurons. tr. dor. (*Simier*).

1078. Statvts et Reglements vievx, faits ſur la Soye et Velutiers d'Avignon, tirés fur l'original. *Avignon*, 1682. In-4. Veau brun.

A-X, plus A & B. Tout par 2 ff.

1079. Edict du Roy François fur les Draps d'or, d'argent et de foye, et pareillement fur toutes efpeces de crefpes, paffemens, rubans, ceintures, franges, pannes, tiffures, et autres ouvrages de fil d'or, d'argent ou de foye. Auffi de toutes autres marchandifes d'Efpiceries et Drogueries, et toutes marchandifes fujettes au fubfide de fix deniers par Livre. *A Valence, chez Charles Barbier*. MDCLxxxvii. — Recueil de Sentences, rendues par les Juges de la Doüane de Lyon, en exécution des Edits et Lettres Patentes, données par les Rois François I. Henry II. Charles IX. Henry III. Henry IV. et Louis XIII. fur le fait de la dite Douane. *A Valence, chez Charler Barbier* MD

(Il manque à ce Recueil le feuillet chiffré 181 | 182). In-8. Veau marbré.

1080. Reglements et Statuts, concernant le commerce, art et fabrique des Draps d'or, d'argent et de foye, et autres étoffes mêlangées, qui fe font dans la ville de Lyon et fauxbourgs d'icelle, et dans tout le païs de Lyonnois, augmenté de tous les arrets, lettres patentes et ordonnances fervans de reglemens, qui ont été rendus depuis les années 1667, jufques en 1718. *A Lyon, chez André Laurens*, 1720. In-8. Veau fauve, fil. tr. dor. Exemplaire de l'Echevin Jouvencin.

La fignature B b eft répétée.

1081. Arreft du Confeil d'Etat du Roy, qui ordonne l'exécution des Statuts et Reglement pour les fabriques de Lyon. du 19 juin 1744. *A Paris, de l'Imprimerie Royale*, 1744. In-4. mar. rouge.

1082. Statut du corps des Marchands fabriquants de draps d'or, d'argent et de foie, d'établiffement Royal, de la Ville, fauxbourgs et Banlieue de Paris. *A Paris, chez Valade*. 1773. In-12. Veau fauve, fil. tr. dor.

1083. Arrêts et Reglements concernant la manufacture et fabrique des Bas, et autres ouvrages de foie, laine, fil et coton, de la ville de Lyon. *A Lyon, de l'imprimerie de Louis Buiffon*. 1775. In-8. Veau marbré.

1083 *bis*. Les Reglements concernant les Manufactures et Teintures des Etoffes, depuis 1672 jusqu'à 1727. *Paris*, 1727.
3 vol. in-12. dem. rel. de veau fauve.

1084. Projet de Reglement pour la fabrique des Etoffes d'or,
argent et foie, de la ville de Lyon, préfenté et dédié au cit.
Chaptal, Miniftre de l'Intérieur, par J.-C. Déglife. *A Lyon,
de l'impᶜ de Ballanche et Barret*. an 9. In-8.

1085. Projet de Reglement pour la fabrique des Etoffes d'or,
argent et foie, de la fabrique de Lyon. an 9. — Projet de
reglement pour la fabrique des étoffes d'or, argent et foie,
de la ville de Lyon, par J.-C. Déglife. *Lyon*, an 9.
In-12. dem. rel.

1086. Du Commerce et des Manufactures diftinctives de la
ville de Lyon, par l'Abbé Bertholon. *A Montpellier*, 1787.
In-8.

1087. Hiftoire du Commerce, de l'induftrie et des fabriques
de Lyon, depuis fon origine jufqu'à nos jours, par C. Bau-
lieu. *Lyon*, 1838. In-8.

1088. Mémoire fur les Manufactures de Lyon, par M. Mayet,
Directeur des fabriques du Roi de Pruffe. *Paris*. 1786. =
Des fabriques de Soye de Brandebourg, par M. Mayet,
Directeur des fabriques du Roi. *Berlin*, 1788. = Des Ma-
nufactures des Soies, et du Murier, par M. E. Mayet. *Paris*,
1810.
Réunis en un vol. in-8. dem. rel. de veau fauve.

1089. Obfervations fur les Manufactures des Etoffes d'or,
d'Argent et de Soie, de la ville de Lyon. In-8. dem. rel. de
veau antiqué.

1090. Etudes pour fervir à l'hiftoire des Châles, par J. Rey.
Paris, 1823. In-8. broché.

1091. L'Art du fabriquant d'Etoffes de foie, par Paulet.
Paris, 1773-1776. 3 volumes in-fol. dem. rel. de veau
antiqué.

1092. Le Deffinateur, pour les Fabriques d'Etoffes d'or, d'argent et de foie, avec la Traduction de fix Tables raifon-
nées, tirées de l'Abecedario Pittorico, imprimé à Naples en

1733. par Ioubert De l'Hiberderie. *cA Paris, Cheℨ Sebaſ-*
tien Jarry. 1765. In-8. Figures. Veau antiqué, fers à froid,
tr. dor. (*Simier*).

1093. Recherches ſur le commerce, la fabrication et l'uſage
des étoffes de ſoie, d'or et d'argent, et autres tiſſus précieux en Occident, principalement en France, pendant le
moyen age, par Franciſque Michel. *Paris, imprimerie de*
Crapelet. 1852. 2 vol. in-4. mar. cramoiſi, fil. tr. dor.
(*Trautℨ Boℨonnet*).

Un des 3 exemplaires que j'ai fait tirer, & que je me ſuis réfervés, ſur papier de
Hollande.

1094. Retabliſſement des manufactures et du commerce d'Eſpagne, traduit de l'Eſpagnol de Don Beroarde du Ulloa,
imprimé à Amſterdam. *Paris, frères Eſtienne,* 1753. In-12.
mar. jaune, fil. tr. dor. anc. rel.

1095. L'art de fabriquer la ſoie. Douze grandes peintures
Chinoiſes. In-fol. maximo.

1096. Recueil de Vingt quatre peintures Chinoiſes, repréſentant les travaux relatifs à la fabrication de la ſoie. In-4.
relié en étoffe de Chine.

1097. Reglement général, pour toutes ſortes de teintures des
ſoyes, laine et fil, qui s'employent aux manufactures des
draps d'or et d'argent, de ſoye, tapiſſeries et autres étoffes
et ouvrages. *cA Paris, cheℨ Frederic Leonard,* MDLxix.
30 pp. — Déclaration du Roi, qui ordonne l'établiſſement
des Communautés de teinturiers dans différentes villes du
reſſort du Parlement de Paris. *cA Paris, cheℨ P.-G. Simon,*
1778. 2 feuillets.   In-4.

1098. Jnſtruction générale pour la teinture des laines, et manufactures de laine de toutes couleurs, et pour la culture
des drogues ou ingrediens qu'on y employe. *Suivant la copie*
imprimée à Paris, cheℨ François cMuguet MDCLxxii. Petit
in-12.

1099. Plictho de larte de tentori che inſegna tenger pani
telle bonbaſi et ſede ſi per larthe magiore come per la
comune, compoſto per Gioanventura Roſetti proviſionato

ne lo Arſena dallo illuſtriſſimo Senato Venitiano. *In Venetia per Franciſco Rampaʒetto.* MDXL. In-4. Figures ſur
bois.

———

1100. Wol-anſtündige und Nutzen-bringende Frauenzimer-
Ergoetzung, c'eſt-à-dire : L'amuſement des dames, par A.
Beer. *Nurnberg, Weigel.* In-fol. oblong. dem. rel. dos et
coins de mar. rouge (*Trautʒ Bauʒonnet*).

ʃo planches, dont la majeure partie grandes & repliées, numérotées 1 à ʃo.

1101. DV DEBVOIR DES FILLES, Traicte brief et fort vtile,
diviſé en devx parties : la premiere eſt, De la dignite de la
femme, de ſes bons déportements, et debuoirs ; des bonnes
parties et qualités requiſes aux filles, qui tendent en mariage. L'autre traicte de la Virginité, de ſon excellence, et
des perfections neceſſaires à celles, qui en font profeſſion,
des moyens de la conſeruer ; et de pluſieurs autres choſes,
qui ſe verront plus a plein au Sommaires des chapitres, par
frere Jean Baptiſte De Gleen, Docteur en Theologie, de la
de la faculté de Paris, et Prieur des Auguſtins de Lyon. Item
pluſieurs patrons d'ouvrages, pour toutes ſortes de Lingerie,
de Jean De Glen : le tout dédié à Madame Anne de Croy,
Marquiſe de Renty, &c. *A Liege, cheʒ Jean De Glen.* 1597.
In-8. oblong, mar. rouge, fil. tr. dor. anc. rel.

20 planches f. bois, 6 feuillets liminaires, titre compris. Un feuillet, titre de la
2ᵉ partie. Texte A-P par 4 ff. 20 planches Q-U par 4 ff.

1102. LA PRATIQVE de l'aigville indvſtrievſe. Du tres-excellent Milour Matthias Mignerak Anglois. ouurier fort expert
en toute ſorte de lingeries. où ſont tracez diuers comparti-
mens de carrez tous differans en grandeur et inuention, auec
les plus exquiſes bordures, deſſeins et ordonnances qui ſe-
roient veuz iuſques à ce iourd'hui tant poetiques hiſtoriques,
qu'autres ouvrages de poinct de rebord. Enſemble les nouuelles inuencions Françoiſes pour ce qui eſt de deuotion &
contemplation.
A la tres-chreſtienne Roine de France et de Navarre. 1605.
*A Paris, par Jean Le Clerc rve S. Jean de Latran à la Sala-
mandre Roialle.* In-4. dans toutes ſes marges, nombreux

témoins. Mar. amarante, écuſſons, tr. dor. (*Traut3 Bau-
3onnet*).

4 ff. ſignés a. 132 planches, ſignᵉˢ b-t par 4 ff.

1103. Livre de point coupé et deſſins de broderie, de Mary
Ziegler d'Ulm (en allemand). *Augsbourg*, 1677. In-4.
oblong. planches ſ. bois.

A-J par 4 ff.

1104. LIURE NOUUEAU dict patrõs de lingerie | ceſtaſſauoir
a deux endroitz | a point croiſe | poït couche 3 point
picque | en fil dor | dargẽt | de ſoye | ou aultre | en quel-
que ouuraige que ce ſoit | en cõprenant lart de broderie
et tiſſuterie. *On les Vend a Lyon en la maiſõ de Claude nourry
dict Leprince*. 28 ff. — Senſuyẽt les patrõs de meſſire Anthoine Belyn Recluz de ſainct Marcial de Lyon. Itẽ pluſieurs
aultres beaulx patrõs nouueaulx qui ont eſte inuentez par
frere Jehã carme de Lyõ. 16 ff. 2 parties en un vol. petit
in-4.

La marque avec la légende : *Cor contritum et humiliatum Deus non reſpicies*, eſt
au verſo du dernier feuillet de la première partie, ſur le titre, & au verſo du dernier
feuillet de la ſeconde.

1105. Novveavx Povrtraicts de Point Covpé et Dentelles en
petite, moyenne et grande forme. Nouuellement inuentez
et mis en lumiere. *Imprimé à Montbeliard, par Jaqves Foaillet*.
CIƆIƆXCIIX. In-4.

1106. Les ſingvliers et novveavx povrtraicts, dv Seignevr
Frederic de Vinciolo Venitien, pour toutes ſortes d'ou-
vrages en Lingerie. *Imprimé à Baſle Par Lavy Roy*. 1599.
Pet. in-4. oblong de 48 ff. dem. rel. de mar. vert.

1107. Les ſingvliers et novveaux pourtraicts, du ſeigneur
Frederic Vinciolo Venitien, pour toutes ſortes d'ouvrages de
lingerie. Derechef et povr la cinquieſme fois augmentez,
oultre le reſeau premier et le point couppé en lacis de pluſieurs beaux et differents pourtraits de reſeau de point
compté avec le nombre des mailles, choſe non encore ueüe
ny inuentee. *A Lyon, par Leonard Odet*. MDCIII. 2 parties
en un vol. in-4. mar. vert, tr. dor. (*Bau3onnet Traut3*).

1108. Les ſecondes Oevvres, et Svbtiles Inventions de Lin-

gerie du Seigneur Federic de Vinciolo Venitien ; Nouuellement augmenté de plufieurs carrez de point de rebord. *A
Paris, Par Jean Le Clerc*. 1613. In-4. dem. rel. de mar.
violet.

1109. OPERA NUOUA che infegna alle Donne a cufcire, a
raccamare et a difegnar a ciafcuno, Et la ditta opera fara
di molta utilita ad ogni artifta, per effer il difegno ad
ognuno neceffario, la qual e intitolata effempio di reccami.
MDxxviii. Sans lieu.

On lit au commencement du 2ᵉ feuillet :

A qualunque nobile et illuftre Madonna, et a ciafcun altro
moderato et candido lettore, Giouanni Antonio Tagliente.
In-4. de 26 ff. Mar. vert, filets à compart. tr. dor. (*Traut̄z
Bauz̄onnet*).

Exemplaire magnifique de confervation & de reliure.

1110. Libro fecondo di belliffime : z variate moftre intitulato
fior de gli Effempi. *Nouamente ftampato per Giouanni Andrea
Vauaffore, detto Guadagnino et Florio fratello*. Guipures et
points coupés. In-4. oblong.

1111. Fiori di ricami nvovamente pofti in luce, nei qvali
fono varii, et diverfi difegni di lavori, Come Merli, Bauati,
Manichetti, &c. (da Matteo Florini). *in Fiorenz̄a*, 1596.
Petit in-4. obl. dem. rel. dos et coins de mar. rouge

1112. Bellezze de ricami, et diffegni, opera nova, nella
quale fi ritrovano varie et diverfe forti di moftre, di punti
tagliati, et punti in aiere, a fagliami, punti in ftuora, et
altre forte..... *in Venetia*, MDLviii. In-8. obl.

Un feuillet préliminaire, 19 feuillets de deffins, les 18 premiers remplis des deux
côtés.

1113. CORONA delle nobilé et virtvofe donne, Libro primo
(e fecondo) nelqual fi dimoftra in varij Diffegni, tutte le
forti di Moftre di punti tagliati, punti in aria, punti a Reticello, e d'ogni altra forte, cofi per Freggi, come per Merli,
& Rofette, che con l'Aco fi vfano hoggidi per tutta l'Europa.
Et molte delle quali Moftre poffono feruire ancora per Opere
a Mazzette. Aggiuntoui in quefta Quarta Impreffione molti
belliffimi Diffegni non mai più veduti. *In Venetia Appreffo
Cefare Vecellio, in Frez̄z̄aria nelle cafe de' Preti*. 1598. —

Corona.... Libro terzo. nel quale fi dimoftra..... per tutta l'Europa. Con alcune altre nuoue inuentioni di Bauari all' vfanza Venetiana. Opera nuoua, e non più data in luce. *In Venetia*..... 1598. — Gioiello della Corona per le nobili, et virtvofe donne, Libro qvarto. Nel quale fi dimoftra altri nuoui belliffimi Diffegni di tutte le forte di Moftre..... per Opere à Mazzette. Nuouamente pofto in luce con molte belliffime inuentioni non mai più vfate, ne vedute. *In Venetia*..... 1598. In-4. obl. filets d'or, dent. à froid. rel. italienne.

1ᵉ partie. A de 4 ff. Titre. Epître Alla Signora Viena Vendramina Nani, fignée Cefare Vecellio, Venetia, 20 Genaro 1591. Et 2 ff. de planches. B-G par 4 ff. Total 26 planches.

2ᵉ partie. A A-G G par 4 ff. Les 2 premiers font pour le titre & l'Epître de Vecellio. 26 planches. Sur la 4ᵐᵉ du feuillet FF on lit : Fazoletti, Inventi Onf p La planche du dernier feuillet GG repréfente une figure avec le mot : Vefta.

3ᵐᵉ partie. Aaa-G G G par 4 ff. dont 2 pour le titre & l'Epître, & 26 de planches. La dernière contient le Renard & la Beauté, & le fixain, mentionnés dans l'article précédent (1112).

4ᵐᵉ partie. Aaaa-G G G G par 4 ff. Sauf F F F F qui eft de 6. Ce qui donne 28 feuillets de planches, & 2 ff. pour le titre & l'Epître. La 1ᵉ planche du premier livre eft compofée de figures de femmes occupées à différents travaux fous la préfidence de Vénus. Et on y lit :

Conuienfi che della Donna la bontà , & non la belleza fia diuulgata, avec ce fixain :

> Vener io fon, de le mirabili mani
>> Del dotto Fidia d'un bel marmo finta,
> In me vedete atti gentili, e humani,
>> Ch' effer de Donna, à gentilezza accinta.
> Fò fopra vna Teftudine dimora,
>> Perche ftia in cafa, e fia tacita ogn'ora.

1114. CORONNA delle nobili et virtvofe donne. Libro primo (e fecondo), nel quale fi dimoftra in varij diffegni tutte le forti di Moftre di Punti tagliati, Punti in aria, Punti à reticello, e d'ogni altra forte, cofi per Freggi, come per Merli, et Rofette, che con l'Aco fi vfano per tutta l'Europa..... *In Venetia, Appreffo Giorgio Angelieri, à iftantia di Cefare Vecello* (1591). In-4. obl.

Dans cet exemplaire, la première partie eft ainfi compofée. A. 2 ff. préliminaires & 2 de planches. B n'a que 2 planches. C-F par 4 ff. de planches. La feconde partie, complète, A A 4 ff. dont 2 de planches. B B-FF par 4 ff. de planches. Total 22 planches. On trouve à la fuite une planche, premier feuillet d'un cahier figné H hh avec ces infcriptions :

Inventi Onf. p. diverfe cantoni dee Fazoletti.

Puis un autre feuillet à bordures & une figure de Renard & de la Beauté, avec ce fixain au milieu :

che più val l'inteletto,　　　　la Bellezza
Trovò la Volpe d'un fcultore eletto
　　Vna tefta fi ben formata, tale,
che fol le manca fpirto haureffi detto,
　　tanto l'induftria, e l'arteficio vale,
La prendre in man, poi dice ; à che perfetto
　　Capo, e gentil, ma voto è d'intelletto

(Imitation du Grec : ὦ δία κεφαλὴ, καὶ ἐγκέφαλον ὀυκ ἔχει.)

1115. Serena opera nova di recami, nella qvale fi ritrova varie et diuerfe forte di punti in ftuora, et punti a filo, et medefimamente di punto f ed a fogliami, et punti in ftuora a facchetti, ed alcuni groppi incordonati, et rofete....... *In Venetia, appreffo Domenico de' Francefchi,* M D L x i i i i. In-4. obl.

Un feuillet préliminaire & 15 ff. de deffins, dont les 14 remplis des deux côtés.

1116. Prima parte de' fiori, e difegni di varie forti de' ricami moderni. come Merli, Bavari, Manichetti ed altri nobili lauori (da Giouanbattifta Ciotti). *In Venetia, appreffo Francefco di Francefchi Senefe.* 1591. In-4. obl.

2 feuillets préliminaires, i. ii. 14 ff. de deffins i i i à x v i.

1117. La vera perfettione del difegno di varie forti di ricami, et di cucire ogni forte di punti à fogliami, punti tagliati, punti à filo, et rimeffi, punti incrociati, punti à ftuora, et ogn' altra arte, che dia opera à difegni. e di nuouo aggiuntoui varie forti di merli, e moftre che al prefente fono in vfo et in pratica (da Giouanni Oftaus). *In Venetia, appreffo Francefco di Francefchi Senefe all' infegna della pace.* 1591. In-4. obl.

Au verfo du dernier feuillet eft le regiftre. A-E par 8 ff. La figure de la Paix, & au deffous :

In Venetia, M D x c.

1118. Mélanges de modèles de broderie et d'écriture.

Ce volume, qui paraît être un recueil factice, contient des Instructions sur la Suscription des Lettres, sur la manière de tenir les Ecritures en partie double, une table de multiplication. 36 feuillets de modèles d'Ecriture, & de suscriptions de Lettres. 16 feuillets de sujets allégoriques. Le tout enfermé dans des cartouches variés, très-élégants & offrant autant de modèles de broderie. Il se termine par 12 feuillets de modèles de travaux d'aiguille, dont les quatre premiers sont gravés des deux côtés.

1119. Livre de modèles de broderie, sans lieu ni date. exécuté en Allemagne. 40 planches numérotées, et frontispice gravé. In-4. obl. mar. violet, fil. tr. dor. (*Capé*).

1120. Nouveaux liure d'ornements propres pour faire en broderie et petit point. Pet. in-fol. obl. 6 planches numérotées, exécutées par Daniel Marot. Dem. rel. dos et coins de mar. rouge.

JEUX DIVERS ET CARTES A JOUER

1121. LE LIURE de passe téps de la fortune des dez (ingenieusement compile par maistre Laurens Lesperit pour responce de vingt questions par plusieurs souuétesfois faictes et desirees a scauoir) qui sont specifiees au retour de ce feuillet en la Roue de fortune | Desquelles selon le nombre des pointz d'ũg trait de troys dez les responses sont par subtilles calculations | selon lordonnance de praticquer ce petit volume apres le réuoy des signes aux spheres de ce present liure mises es pphetes | situes apres les dictes spheres cõme se peult facillement apperceuoir) Translate Dytalien en francoys par maistre Anthitus Faure | Lequel a este nouuellement visite et diligémént corrige de plusieurs faultes qui estoyét en icelluy. A la suite de quatre huitains est la date 1528. Sans lieu. In-4. goth. mar. rouge, tr. dor.

1122. Le Plaisant Jev dv Dodochedron de fortune, non moins recreatif, que subtil et ingenieux. Renouuellé et changé de sa premiere édition. *A Lyon, Par Jean Hvgvetan.* 1581. In-8. mar. vert, fil. tr. dor.

1123. Cinquante Jevs divers d'honnete entretien, indvstriev

fement inuentés par Meffer Innocent Rhinghier, Gentil-
homme Boloignoys, et fais francoys par Hubert Philippe
de Villiers. *A Lyon, Par Charles Pefnot.* 1555. In-4. Veau
fauve, filets.

1124. J Giuochi Numerofi fatti Arcani Palefati da Giufeppe
Antonio Alberti Bolognefe. *in Venezia.* 1795. *Preffo Giufeppe Orlandelli.* In-8. dem. reliure de veau bleu. Non
rogné.

1125. Libro di Givocho di Scachi intitolato de coftumi
deglhuomini e degli offitii de nobili. Incomincia un tractato
gentile et utile della virtu del giuocho deglifcachi croe intitolato de coftumi deglhuomini et degliufitii de nobili : compofto p'el Reuerédo maeftro Jacopo dacciefole dellordine
de frati predicatori. *Impreffo in Firéze per Maeftro Antonio
Mifcomini.* Anno MCCCCLXXXIII. Adi primo di Marzo.
In-4. fig. f. bois. mar. rouge, dentelle.

Cet ouvrage ferait peut-être mieux placé dans la claffe de Morale. Mais fon titre,
qui s'accorde avec le *Noble jeu des Echecs*, & quelques démonftrations ou entretiens
fur les Echecs, m'a engagé à le placer ici, ainfi que le fuivant.

1126. Incipit libellus de ludo fachorum z de dictis factifq3
nobiliu viroru philofophorum et antiquorum prologus
libellis. Explicit doctrina vel morum informatio accepta de
modo z ordine ludi fcacho. Deo gratias. Sans lieu ni
date. In-4. goth. Les initiales en encre rouge. Veau fauve,
fil. tr. dor. (*Niedrée*).

1127. Libro da imparare giocare a Scachi : Et de belitiffimi
Partiti : Reuifti, et Re retti. Con fomma diligétia emédati,
da molti famofiffimi Giocatori, In lingua Spagnola, et Taliana. Nouamente Stampato. Finiffe el libro da imparare
giocare a Scachi et delle partite. Cópofto p r Damiano
Portughefe. Sans lieu ni date. Lettres rondes. Petit in-8. fig.
f. bois. Mar. olive, fleurons, tr. dor.

1128. Libro da imparare giocare à Scachi, Et de Beliffimi
Partiti, Reuifti et recoretti, et con fomma diligentia da
molti famofiffimi Giocatori emendati. In lingua Spagnola,
et Taliana, *nouamente Stampato.* Sans lieu ni date. Pet. in-8.
femi goth. fig. f. bois, le titre en lettres rondes. Mar. noir,
dent. à froid, tr. dor.

1129. LIBRO da imparare giocare à Scachi, Et de Belliſſimi Partiti, Reuiſti et recoretti, et con ſomma diligentia da molti famoſiſſimi Giocatori emendati, In lingua Spagnola et Taliana, nouamente ſtampato. Sans lieu ni date. Pet. in-8. fig. f. bois. Veau antiqué, filets à froid et coins en or. tr. dor. (*Thompſon*).

1130. Le plaiſan Jev des Eſchez renouuellé. Auec inſtruction pour facilement l'apprendre et le bien iouer. Nagueres traduit d'Italien en François, par feu Claude Gruget Pariſien. *A Paris, Par Guillaume le noir, rue S. Jaques, à la Roſe blanche couronnee*. 1560.

Grand nombre de coups tracés ſur l'échiquier.

1131. Le royal jeu de l'Ombre et du Piquet, augmentez du jeu des Echets, et d'un nouveau jeu de l'Ombre, comme on le joue preſentement à la Cour et à Paris, et aultres nouuellement inventez. *La Haye*, 1703. 2 parties en un vol. in-12. Veau brun.

On trouve parmi les jeux encore connus aujourd'hui, comme le Reverſy, le Breton, le Lanſquenet, des jeux parfaitement inconnus, l'Hère, l'Emprunt, le Hoc & pluſieurs autres.

1132. Le Jeu de l'Ombre, comme on le joue preſentement à la Cour, et à Paris. *A Paris, chez Pierre Ribou*, 1718. In-8. dem. rel. de veau olive. Non rogné.

1133. L'Egide de Pallas, ou théorie et pratique du Jeu des Dames. *A Paris, chez Rebuffé*. 1727. In-8. Veau brun.

1134. Traité du Jeu du Wisk, Contenant les loix de ce Jeu, des Regles pour le bien jouer, des Calculs pour en connaître les chances, et la ſolution de pluſieurs cas embarraſſans, trad. de l'Anglois d'Edmond Higle. *A Amſterdam, et à Paris chez Fournier*, 1781. In-18. cart. Non rogné.

1135. Eclairciſſements hiſtoriques et critiques ſur l'invention des Cartes à jouer, par l'abbé Rive. *Paris*, 1780. In-18.

1136. Etudes hiſtoriques ſur les Cartes à Jouer, principalement ſur les Cartes françaiſes, par M. C. Leber. In-8.

Figures. dem. rel. dos et coins de mar. rouge, non rogné.
Tête dorée.

Tiré à part, Extrait du tome XVI des Mémoires de la Société Royale des Anti-
quaires de France.

1137. Recherches hiſtoriques ſur les Cartes à Jouer, avec
des notes critiques et intéreſſantes, par l'Auteur des Mé-
moires ſur la Langue Celtique (Bullet). *A Lyon, Cheʒ J.
Deville*, 1757. In-12. Veau fauve, dent. tr. dor.

1138. Sur d'Anciennes Cartes à jouer, par le baron de Reif-
fenberg, brochure in-8. avec une planche de Cartes
anciennes. = Obſervations ſur les Cartes à jouer, par
Ducheſne aîné. *Paris, imprᵉ de Crapelet*, 1836. In-12.

Réunis en un volume.

1139. Jᴇᴜx ᴅᴇs Cᴀʀᴛᴇs Tarots et de Cartes Numérales
du quatorzième au dix-huitième ſiècle, repréſentés en cent
planches d'après les originaux, avec le précis hiſtorique et
explicatif, publiés par la Société des Bibliophiles Français.
Paris, imprimerie de Crapelet, 1844. In-fol. Mar. rouge, tr.
dor. (*Niedrée*).

Un des 32 exemplaires tirés ſur grand papier, planches noires & coloriées, &
réſervés pour les membres de la Société.

1140. Jeu de cartes (52) allemandes artiſtement gravées ſur
cuivre, avec des inſcriptions en caractères mobiles. Chaque
carte repréſente une figure. Jeu complet et parfaitement
conſervé. Dans un étui.

Ces cartes ont été gravées vers 1640. Le roi d'Eichel porte cette inſcription :

L'Amérique découverte il y a près de 150 ans.

1141. Jeu de cartes (52) françaiſes, de la même époque que
celles qui précèdent, gravées auſſi ſur cuivre et repréſentant des ſujets mythologiques. Les ſouſcriptions ſont en
allemand, les noms des ſujets en latin et en français. Dans
un étui.

Jeu de whiſt complet & parfaitement conſervé. L'explication en eſt un peu facé-
tieuſe.

1142. Jeu de cartes (52) Whiſt, parfaitement conſervé, et
de la même époque que les précédents, gravées ſur cuivre
et repréſentant des blaſons. La couleur de Coeur eſt la couleur de France, ſur blanc. Dans un étui.

1143. Bois gravés d'anciennes cartes à jouer, tirés fur 7 feuilles.

= April kaart, of kaart-fpeel naur de nicwfte mode. Sans date (1720).

Jeu de whift de 52 cartes (françaifes) gravées fur cuivre. Chaque carte repréfente un fujet avec une infcription en hollandais. Elles font tirées fur une feuille, non découpées. In-fol. dem. rel.

J'y ai joint, une lettre autographe de M. Merlin, chef de bureau au Miniftère d'Etat, annonçant les planches de Cartes qu'il m'a envoyées, &c.

Le tout eft enfermé dans un cartable.

FIN DU PREMIER TOME.

TABLE DES DIVISIONS

THÉOLOGIE

JURISPRUDENCE

SCIENCES ET ARTS

SCIENCES MEDICALES

PHILOSOPHIE OCCULTE

IN PRINCIPIO ERAT VERBUM

www.ingramcontent.com/pod-product-compliance
Lightning Source LLC
Chambersburg PA
CBHW070805270326
41927CB00010B/2309